俄罗斯认知语言学研究

句云生 著

中国社会科学出版社

图书在版编目（CIP）数据

俄罗斯认知语言学研究 / 句云生著. —北京：中国社会科学出版社，2024.5

ISBN 978-7-5227-3035-6

Ⅰ.①俄⋯ Ⅱ.①句⋯ Ⅲ.①认知语言学—研究 Ⅳ.①H0-06

中国国家版本馆 CIP 数据核字（2024）第 037555 号

出 版 人	赵剑英
责任编辑	许　琳
责任校对	苏　颖
责任印制	郝美娜

出　　版	中国社会科学出版社
社　　址	北京鼓楼西大街甲 158 号
邮　　编	100720
网　　址	http://www.csspw.cn
发 行 部	010-84083685
门 市 部	010-84029450
经　　销	新华书店及其他书店

印刷装订	北京君升印刷有限公司
版　　次	2024 年 5 月第 1 版
印　　次	2024 年 5 月第 1 次印刷

开　　本	710×1000　1/16
印　　张	18.5
插　　页	2
字　　数	267 千字
定　　价	108.00 元

凡购买中国社会科学出版社图书，如有质量问题请与本社营销中心联系调换
电话：010-84083683
版权所有　侵权必究

目　　录

绪　论 …………………………………………………………（1）

第一章　国内外研究现状述评 ……………………………（16）
　第一节　欧美研究现状 ……………………………………（16）
　第二节　俄罗斯研究现状 …………………………………（18）
　第三节　国内研究现状 ……………………………………（22）
　本章小结 ……………………………………………………（25）

第二章　术语学研究的认知转向 …………………………（26）
　第一节　术语学的历史与现状 ……………………………（27）
　第二节　术语学研究的范式嬗变 …………………………（32）
　第三节　术语学研究的核心对象 …………………………（40）
　第四节　术语学的分支学科 ………………………………（50）
　本章小结 ……………………………………………………（58）

第三章　"核心术语"的术语学解读 ……………………（60）
　第一节　核心术语的内涵 …………………………………（60）
　第二节　核心术语的作用 …………………………………（65）
　第三节　认知语言学核心术语体系建构 …………………（69）
　本章小结 ……………………………………………………（74）

第四章 俄罗斯认知语言学的理论体系 （75）
第一节 认知语言学的主要学派 （75）
第二节 认知语言学的研究方法 （88）
第三节 核心术语"认知"的术语内涵 （103）
第四节 术语的科学认知问题 （112）
本章小结 （121）

第五章 核心术语"概念"的术语学阐释 （122）
第一节 核心术语"概念"的术语内涵 （122）
第二节 концепт 的汉译及内涵解读 （142）
第三节 概念体系的建构 （152）
第四节 概念化 （162）
第五节 概念的民族内涵 （169）
第六节 概念的称名场研究 （178）
本章小结 （189）

第六章 核心术语"语言意识"的术语学阐释 （191）
第一节 核心术语"范畴"的术语内涵 （191）
第二节 核心术语"语言意识"的术语内涵 （199）
第三节 核心术语"联想"的术语内涵 （209）
第四节 概念联想场的建构 （234）
本章小结 （252）

结　语 （253）

参考文献 （257）

附　录 ·· （276）
　附录1：认知语言学主要术语对照表 ·················· （276）
　附录2：俄语、英语人名译名对照表 ················· （277）

致　谢 ·· （288）

绪　　论

一　问题的提出与选题意义

2016年，习近平总书记在哲学社会科学工作座谈会上的讲话（"517讲话"）中指出："我国哲学社会科学领域还存在一些亟待解决的问题。比如，哲学社会科学发展战略还不十分明确，学科体系、学术体系、话语体系建设水平总体不高，学术原创能力还不强；哲学社会科学训练培养教育体系不健全，学术评价体系不够科学，管理体制和运行机制还不完善；人才队伍总体素质亟待提高，学风方面问题还比较突出，等等。总的看，我国哲学社会科学还处于有数量缺质量、有专家缺大师的状况，作用没有充分发挥出来。改变这个状况，需要广大哲学社会科学工作者加倍努力，不断在解决影响我国哲学社会科学发展的突出问题上取得明显进展。"[1] 自此，构建学术话语体系的基础、方法、路径已成为哲学社会科学各个领域的热议话题之一。

俄罗斯认知语言学问世之初就受到语言学界的极大关注，其阐释力强、范式新颖，理论和应用价值较高。当下，所有学科方法论视角下对自身概念术语体系的整理都是本学科的重要课题。经过多年的发展，这一学科取得了巨大成就，但是，伴随着学科发展问题也接连显现，如核心术语不明确、术语解释乏力、术语乱用、术语乱译等。俄罗斯术语学在行业术语研究、术语标准化等方面著述颇丰，在语言学术语定名、翻译、研究与标准化等领域工作成绩斐然。

---

[1] http://www.xinhuanet.com//politics/2016-05/18/c_1118891128.htm.

本书用俄罗斯术语学的核心术语研究方法研究俄罗斯认知语言学的核心术语，对认知语言学理论在中国的引介和本土化、俄语语言研究、认知语言学术语标准化、认知语言学术语词典编纂等领域的探索意义深远。阐释俄罗斯认知语言学术语体系特点、一般规律、发展趋势对深化其学科知识和理论稳定性具有重要意义。某一学科的发展历史就是其术语的发展变化史。认知语言学核心术语具有复杂性、多层次、多维度的特征，其形成是人类认识客观世界及对自身的深度思考与加工的结果。认知语言学存在一定跨学科属性，受到心理学、语言学、哲学、人工智能、生理学等学科的影响，所以术语构成复杂，核心术语遴选相对困难。

本书主要利用俄罗斯术语学的核心术语理论来探讨认知语言学领域的核心术语。从阐释力视角来看，术语学是一门方法论科学，对核心术语的研究可以为整个科学研究提供内参和完善的方法。核心术语遴选和研究可总结出认知语言学术语体系特点，助力学界同仁知晓认知语言学术语体系建构现状、优缺点，提炼认知语言学术语研究方法，推广术语学方法论，提高认知语言学研究中术语引介及本土化工作的质量。

本书以术语学视角挖掘认知语言学核心术语发展的规律和特征。准确理解核心术语的内涵不仅对理解这些词语及其所指称的概念本身，甚至对把握整个术语学的研究内容走向都是非常重要的。反之，对它们的理解若差之毫厘造成的偏颇则可能谬以千里。虽然认知语言学术语体系发展迅速，但其理解、使用、翻译都有一定程度的不准确性。① 所以本研究建构了核心术语遴选方法，介绍了俄罗斯认知语言学主要学派，分析了能够"以点带面"建构整个学科的核心术语，在综合考虑俄罗斯认知语言学术语特色的基础上进行了定性和定量分析，以期达到预定目标。

---

① Шелов С. Д. Об определении лингвистических терминов опыт типологии и интерпретации [J]. Вопросы языкознания 1990, (3): 21-30.

二 理论价值和现实意义

（一）理论价值

1. 查找认知语言学发展过程中的术语问题

国内语言学界开始认知语言学研究已有 40 多年的历史，但视角大都不是从术语入手，有学者也发现，认知语言学的术语现状令人担忧，但未做进一步探讨。在中国知网数据库（CNKI）检索"认知语言学核心术语"仅有一篇报纸文章以此为题目。究其原因，并非是认知语言学核心术语不值得研究，而是认知语言学核心术语研究十分复杂、困难，加之中国术语学刚刚起步，对自然和人文社会科学术语进行分类和标准化的工作尚未完善，更别提某一分支语言学科的术语体系。反观俄罗斯术语学界，对行业术语进行加工是它的一大特色，尤其对语言学术语的研究走在世界前列，基础雄厚，理论扎实，体系健全，值得我国学界借鉴和学习。

2. 推动认知语言学本土化研究

我国引进认知语言学时间已经不短，但各种外部理论在引入过程中并未充分结合本国语言学研究实际情况，很多都是生搬硬套过来，并未结合术语学理论进行本土化研究。学者们对认知语言学术语并非完整地进行了本土化加工，未利用术语学、词典学的理论将其固化在汉语语言学理论体系内。透过术语学的类义分析和词典分析方法可加速认知语言学术语本土化，使其融入母语研究。如今，认知语言学研究成果很多，但很多都缺少术语学支撑，术语乱用现象也比较明显。通过规范核心术语以及外汉术语内涵准确对标可促进国内语言学、认知科学的发展。国内认知语言学论文为数很多，然而探讨术语问题的委实不多，规范认知语言学术语迫在眉睫。

3. 推动我国术语学和认知语言学的理论研究

我国对术语学和认知语言学的研究均起步较晚，对认知语言学核心术语进行术语梳理，有助于将认知语言学的理论传承和传播，对认知

（когниция）、概念（концепт）、概念化（концептуализация）、范畴（категория）、范畴化（категоризация）、语言意识（языковое сознание）、联想（ассоциация）、联想实验（ассоциативный эксперимент）、称名场（номинативное поле）、联想场（ассоциативное поле）10个核心术语的分析为术语研究注入了认知科学的力量，有助于提高对术语理论的科学认知，概念、范畴、语言意识等理论对术语学理论创新和发展提供了方法的内参和理论动力。另外，术语学已经进入认知主义范式，本书将二者有机结合，推动认知术语学交叉学科的发展和研究，为两个领域研究提供新视角、新思路。

4. 推动我国词典学的发展

行业术语加工一直是俄罗斯术语学的重要研究方向，对语言学术语的分析无论是质量还是数量都显现出其学理特色。从微观层面看，对单一语言学领域核心术语的加工对术语规范和标准化有推动作用。本研究可用于指导专业领域术语词典的编纂。俄罗斯20世纪90年代就已经出版了《认知术语简明词典》。词典阐释了认知语言学领域核心术语。我国语言学界20世纪80年代引进认知语言学研究，一直没有专门的认知语言学词典，比较常见的认知语言学术语，虽然在语言学术语词典可以浏览到，但也不甚详尽。俄罗斯术语词典学对术语类义现象的研究也很深入，能指导认知语言学核心术语的选取及词条制定。另外，语言意识理论对我国联想辞书的编撰同样具有指导意义。

（二）现实意义

1. 为分析语言学术语提供指导方法

认知语言学术语繁多，构成复杂。笔者对认知语言学核心术语进行梳理和分析，侧重从术语结构和术语表达间关系进行阐述，为我国认知语言学的术语名称、规范和编纂提供方法参考。本书核心术语体系建构的方法具有一定的创新性，对分析其他语言学术语有借鉴意义。

2. 拓宽认知语言学研究视角

本书将术语理论应用于认知语言学，分析其术语构成、术语内涵、术语阐释力,包括用核心术语法建构认知语言学术语体系,为认知语言学研究提供了新视角。国内认知语言学术语研究基础相对薄弱,对术语现象分析较少。一个新的分析视角的引入不仅对该学科进一步完善学科话语体系,而且对构建中国特色的认知语言学派都会产生积极作用。

3. 拓展认知语言学的实际应用领域

本书以俄罗斯沃罗涅日认知语言学学派(Воронежская школа когнитивной лингвистики)理论为基础,将概念、语言意识、联想、联想场、联想实验等俄罗斯语言学界的前沿理论和方法引入我国,不仅对俄汉词汇对比研究、对外汉语词汇教学及我国词典学的发展有一定参照意义,而且对拓展认知语言学理论空间和方法论更新有一定作用,同时对分析中俄民族文化特点和跨文化交际有重要启示作用。

俄罗斯认知语言学问世之初就受到语言学界的极大关注,其阐释力强、范式新颖,理论和应用价值较高。尤其是在当下,所有学科方法论视角下对自身概念术语体系的整理都是本学科的重要课题。经过30多年的发展,认知语言学在我国取得了巨大成就,但是伴随着学科的发展,接连显现如核心术语不明确、术语解释乏力、术语乱用、术语乱译等问题。

阐释认知语言学术语特点、一般规律、发展趋势对深化其学科知识和提高理论稳定性有重要意义。认知语言学的发展历史就是其术语的发展变化史。认知语言学核心术语具有复杂性、多层次、多维度的特征,其形成是人类认识客观世界及对自身的深度思考与加工。认知语言学存在一定跨学科属性,受到心理学、语言学、哲学、人工智能、生理学等学科的影响,所以术语构成复杂,核心术语遴选相对困难。

在当代语言学框架下,利用术语学核心术语理论研究认知语言学话语体系前景广阔。众所周知,术语学是一门方法论科学,对核心术语的研究可为整个科学研究提供参考和完善的方法。核心术语遴选和研究可总结出认知语言学术语特点,知晓认知语言学术语建构现状、优缺点,提炼认知语言学术语研究方法,推广术语学的方法论,提高认知语言学研究中术语引介及本土化的质量。以术语学的视角挖掘认知语言学核心术语发展的规律和特征有助于准确理解核心术语的内涵，不仅对理解这些词语及其所指称的概念本身，甚至对把握整个术语学的研究内容走向都非常重要。反之，对它们的理解若失之毫厘，则可能谬以千里。虽然认知语言学术语发展迅速，但对其的理解、使用、翻译都有一定程度的不准确性。建构核心术语遴选方法，介绍认知语言学主要学派，分析能够"以点带面"建构整个学科的核心术语，在综合考虑各国认知语言学术语特色的基础上进行定性和定量分析，以期达到学科话语体系建构的目标。

认知语言学核心术语具有很高的理论价值。一是查找认知语言学发展过程中的术语问题。国内语言学界开始认知语言学研究已有40多年的历史，但大都不是从术语视角进行，有个别学者也发现认知语言学的术语现状令人担忧，但并未做进一步探讨。究其原因，并非认知语言学核心术语不值得研究，而是认知语言学核心术语研究十分复杂、困难，加之中国术语学刚刚起步，对自然科学和人文社会科学术语进行分类和标准化的工作还有很大的完善空间。二是推动认知语言学本土化研究。我国引进认知语言学时间已经不短，但在结合我国语言学研究实际或本土化方面，依然有大量工作要做，还需要继续大力推进。通过术语学的语汇分析和词典分析方法可加速认知语言学术语的本土化，使其融入母语研究。如今，认知语言学研究成果很多，但很多都缺少术语学支撑，术语乱用现象也比较明显。通过规范核心术语以及外汉术语内涵准确对标可促进国内语言学、认知科学的发展。国内认知语言学论文数量很多，然而探讨术语问题的委实不多，规范认知语言学术语迫在眉睫。

为此，要加强我国术语学和认知语言学的理论研究。我国对术语学和认知语言学的研究均起步较晚，对认知语言学核心术语进行术语梳理，有助于认知语言学的理论传承和传播，对认知、概念、概念化、范畴化、语言意识、联想、联想实验、称名场、联想场等核心术语进行分析，可为术语研究注入认知力量，有助于提高对术语理论的科学认知。

概念、范畴、语言意识等理论为术语学理论创新和发展提供动力。另外，术语学已经进入认知主义范式，本书将二者有机结合，可以推动认知术语学交叉学科的发展和研究，为两个领域的研究提供新视角、新思路。

可进一步推动我国词典学的发展。对单一语言学领域核心术语的加工可推动术语规范和标准化，本研究可用于指导专业领域术语词典的编纂。我国语言学界20世纪80年代引进认知语言学研究，但至今尚无专门的认知语言学词典，比较常见的认知语言学术语，虽然可以在语言学术语词典中查到，但也不甚详尽。俄罗斯术语词典学对术语类义现象的研究比较深入，值得我国学界在认知语言学核心术语的选取及词条制定上予以思考和借鉴。另外，语言意识理论对我国联想辞书的编撰有指导意义。

核心术语对认知语言学发展有很大的现实意义，它在多个方面均有体现。首先，能够为分析语言学术语提供指导方法。认知语言学术语繁多、构成复杂。对认知语言学核心术语进行梳理和分析，侧重从术语结构和术语表达间关系进行阐述，能为我国认知语言学的术语称名、规范和编纂提供方法参考。核心术语体系建构有一定的创新性，对分析其他语言学术语有借鉴意义。其次，能够拓宽认知语言学研究视角。将术语理论应用于认知语言学，分析其术语构成、术语内涵、术语的阐释力，包括用核心术语的方法建构认知语言学术语体系，为认知语言学研究提供了新视角。国内的认知语言学术语研究基础相对薄弱，对术语现象分析较少。一个新的分析视角的引入对该学科进一步完善学科话语体系、构建中国特色的认知语言学派会产生积极作用。最后，能够拓展认知语言学的实际应用领域。认知语言学术语研究以各学派理论为基础，将概念、语言意识、联想、联想场、联想实验等语言学界的前沿理论和方法引入我国，对汉外词汇研究、对外汉语词汇教学及我国词典学的发展有一定参照意义，而且对拓展认知语言学理论空间和方法论更新有一定作用。

概括起来讲，认知语言学核心术语研究主要是为了实现以下目标：阐释认知语言学的核心术语；建构核心术语的研究方法；对比核心术语的不同内涵；推广认知语言学核心术语；助力认知语言学学科话语体系建构；从术语学角度解决认知语言学术语的基本问题，为我国认知语言学术语规范和理论推广提供理论指导。核心术语建构应立足于认知语言学发展原貌，考虑到欧美认知语言学对"认知"和"范畴"两个术语的研究，兼收俄罗斯认知语言学对"概念""语言意识"和"联想"研究的特色，在此基础上，对我国认知语言学核心术语进行遴选。认知语言学核心术语遴选力求参照各个学派的理论基础和遴选标准，整合心理语言学、语义学和认知语言学的研究成果，形成中西兼顾的话语体系。

三 研究对象、任务和方法

（一）研究对象

本书的研究对象是俄罗斯认知语言学的核心术语。核心术语是建构认知语言学话语体系的中心环节。话语建设的背后是思想、是学科。话语体系的困境就是核心术语体系的困境。建设学科话语体系要关注话语表达问题、表达内容，需要以理性思维与学科公设为根本，构建能把人文社会科学研究成果说透，实用且有层次的学术体系。核心术语体系的建构就是对学术内容的呈现、言说、传播，可确立相应学术研究的主旨、对象、路径、分析框架，塑造研究者的学术思维，影响学术研究的方向与走势。建设学术话语体系，既要提升学术质量、夯实我们的学术体系，也要建构学科术语体系。从这一点看，核心术语的建构事关一个学科学术共同体的范式更迭。

核心术语遴选是认知语言学产生、发展和完善的必然。当今学科交叉背景下，从相邻学科借用术语现象较多，对其进行解读和概括要依托自身的研究对象、目标和方法。科学理论的本质和意义体现在核心术语上。核心术语是一门学科理论的支撑，是建构学科理论的术语网络。一定程度上讲，它处在学科内部的主要研究环节。学界通过对核心术语的产生、演变历史的梳理可以呈现整个学科的发展脉络和历史，对解决学科发展的关键问题具有重要作用。

本书在借鉴俄罗斯主流认知语言学各大学派学者的核心术语基础上，结合我国认知语言学研究现状和现有术语阐释的实际情况，遴选了认知、概念、范畴和语言意识、联想等核心术语，兼顾了特色和广度，以阐释俄罗斯认知语言学核心术语为主，又不忽视世界认知语言学的公认核心术语，可以说中西兼顾，中西合璧。

国内外语言学界对认知语言学术语研究均不是十分充分，从术语学视角分析认知语言学核心术语更是不多。研究俄罗斯认知语言学核心术语对国内认知语言学术语研究有借鉴和指导意义。俄罗斯认知语言学学派众多，本书选取的核心术语是浮现率最高、使用率最多，且各个流派均有论证的。在库布里亚科娃（Кубрякова Е. С.）、波尔德列夫（Болдырев Н. Н.）、巴布什金（Бабушкин А. П.）、马斯洛娃（Маслова В. А.）、科列索夫（Колесов В. В.）、皮梅诺娃（Пименова М. В.）、戈洛万诺娃（Голованова Е. И.）、斯科列布佐娃（Скребцова Т. Г.）、斯捷尔宁（Стернин И. А.）、波波娃（Попова З. Д.）等认知语言学家的著述中均对"认知""概念""范畴"进行了论述和阐释。俄罗斯认知语言学受本国心理语言学和语义学研究的影响较大，所以，本书还遴选了"语言意识"和"联想实验"作为核心术语进行分析。本书的核心术语遴选主要依据沃罗涅日认知语言学学派的划分依据，其主要包括概念理论、范畴理论和语言意识理论三大主体。俄罗斯认知语言学的核心术语还有"隐喻"（метафора）和"世界图景"（картина мира）理论，这两个理论在国内已有众多文献论证过，且术语内涵和标准化方面认同度较高，囿于篇幅，不对上述两个术语进行论证。

（二）研究任务

本书的研究对象是认知语言学核心术语，主要包括"认知""认知语言学""概念""概念化""范畴""范畴化""语言意识""联想""联想实验""联想场"等。研究目的是从术语学角度对这些术语进行全新解读，研究其内涵以及形成和变化的过程，在综合分析该术语的内涵基础上，得出对该术语的整体认识。本书的语料就是认知语言学的术语，为我国认知语言学的核心术语研究提供理论借鉴。

本书的任务主要包括以下几个方面。

（1）阐释认知语言学的核心术语；

（2）建构核心术语的研究方法；

（3）对比核心术语的不同内涵；

（4）推广俄罗斯认知语言学核心术语体系；

（5）助力认知语言学学科话语体系建构；

（6）从术语学角度解决认知语言学术语的基本问题，为我国认知语言学术语规范和理论推广提供理论指导。

（三）研究方法

1. 核心术语法

核心术语是科学理论体系的主要范畴，一般术语伴生于核心术语之侧，是为核心术语服务的一般概念。核心术语实质上是一种描写语言，是自然语言的组成要素。术语的构成要素是符号。核心术语就是用来描写学科轮廓，梳理概念体系，打造一般理论的一种术语体系。核心术语的研究是为了展现学科发展的规模、复杂性、重要意义、社会需求，是科学研究、科学交流必备的术语知识。核心术语法就是依据学科现状、发展需求、术语地位、解释力等遴选关键术语。本书采用核心术语法建构认知语言学核心术语体系具有很大的创新价值和方法论意义。

2. 实验分析法

实验是科学研究的最佳佐证方法，也是最有说服力的研究方法之一。认知语言学是认知心理学与语言学的交叉学科，在阐述其核心术语体系时，以实验方法作为切入点符合其学科属性。俄罗斯认知语言学比较有特色的研究方法包括概念分析法、语义微分法和联想实验法，将其认知学科的特质展现得淋漓尽致。本书还在中外 40 多所大学开展了大规模联想实验，受试 900 多人，得到中俄核心概念的一些联想数据，对分析中俄语言意识的异同和词汇语义关系提供了有效佐证。

3. 辩证分析法

事物都是辩证统一的，术语亦是如此。在遴选核心术语过程中，本书既遵循了认知科学术语的科学性，又不忽略在其发展过程中人的作用和因素。术语反映人的认知，又不等同于人的认知。在实证分析的部分，坚持主观性与客观性相结合，以语言学二律背反的原则分析认知语言学核心术语的属性，既注重科学性，也不忽视人文性。

四　选择认知语言学术语的依据

（一）主客观相结合

1. 本书立足于俄罗斯认知语言学发展原貌，考虑到欧美认知语言学对"认知"和"范畴"两个术语的研究，突出俄罗斯认知语言学对"概念""语言意识"和"联想"的研究特色，在此基础上对俄罗斯认知语言学核心术语进行了遴选。

2. 本书核心术语遴选主要以俄罗斯沃罗涅日学派为理论基础和遴选依据。因为该学派整合了俄罗斯心理语言学、语义学和认知语言学的研究成果，独具俄罗斯特色。

3. 本书在选取核心术语过程中考虑了自身的知识背景和储备等因素。本书所选核心术语将俄罗斯心理语言学的"联想""意识"等理论融入进了俄罗斯认知语言学的"概念"和"范畴"理论，符合认知语言学研究的独特性和自身的研究方向。

4. 本书重视核心术语的阐释说明功能。核心术语是阐释学科话语体系的重要手段，在构建学科话语体系的过程中发挥了重要作用，具有规约性。所以本书所选的核心术语虽然具有一定主观性，但主要是为了反映认知语言学学科发展过程中"人"的因素，可以大体反映俄罗斯认知语言学的发展现状。

5. 本书注重抓住前沿研究，俄罗斯认知语言学界对核心术语的研究著述颇丰，热情很高。科学研究的重要原则就是创新和逐新，上面给出的核心术语是俄罗斯认知语言学前沿理论的缩影，因此，本书选取它们作为核心术语。

(二) 对象与目标相结合

1. 认知语言学的术语虽然突出"人"的主体因素，但着重强调人在认识客观世界中的主体作用。客观世界是研究认知语言学术语的根本依据，所以术语产生的词源、词典释义是核心术语的客观依托，对其认知机制及概念化、范畴化进程的研究可以证实术语在思维中的纽带作用，利于理解认知语言学术语的本质和发展规律。

2. 核心术语研究可为科学研究提供方法论指导，对学科话语体系建设和学科大繁荣意义重大。学科发展到一定程度后，其方法论必须随之完善，且应达到一定水平，否则会制约学科发展。从这个实际出发，核心术语遴选就成了研究一门学科理论的精髓所在，对于具体学科的发展以及术语体系建设意义非凡，对于研究特定民族的语言意识、民族意识以及科学文化发展意义重大。

3. 为人文社会科学尤其是语言学术语分析提供指导原则。对认知语言学术语进行系统分析整理，分析其概念框架及术语之间的相互关系，对认知语言学知识体系的建构，对认知语言学的学术研究推广作用较大。

4. 编纂认知语言学术语辞书。正如文旭等所言："认知语言学作为国际语言学新兴的语言学范式，经过40多年发展，在理论、实践上取得了令人瞩目成就，已经成为重要的语言学流派。但其理论框架庞杂，部分术语不统一，有些概念界定不清晰。"[①] 尽管认知语言学理论有着共同目标、工作假设和理论原则，但有些术语使用并不统一和规范，而且部分术语的内涵界定并不明确。[②] 对认知语言学进行核心术语研究，实质上就是对其进行术语的逻辑概念分析。波波娃（Попова Л. В.）认

---

① 文旭等：《认知语言学：反思与展望》，《中国社会科学评价》2018年第3期。
② 文旭等：《认知语言学：反思与展望》，《中国社会科学评价》2018年第3期。

为:"术语逻辑概念分析的结果具有集合性特征,可以成为编撰多功能认知语言学术语词典的依托,此处的多功能是术语间具有一定类义关系的术语词典。"①

五　本研究的创新之处

(一) 科学性

根据学科名目和学科内容来选定。认知语言学的学科名目是认知科学的子范畴,"认知"是这一学科的主要研究对象,因此,这个术语是当之无愧的核心术语。从学科内容来看,认知语言学整合了认知科学和语言学两部分,因此,应根据这两部分内容选择各自最为核心的词汇作为核心术语。遴选的术语要能体现这些领域特征至为关键的词汇,所以,概念、范畴和语言意识理所当然成为核心术语。

(二) 发展性

核心术语的选择标准应考虑到它们的意义是否发生了重大变化。由于结构主义语言学向近代认知语言学转换是一个质的飞跃,因此,支撑认知语言学的核心术语的含义必然与结构主义的阐释有所不同。因此,在选择核心术语过程中,要考虑到术语古今意义的演变。综合考虑认知语言学核心术语确定的各方面因素,来展示其学科发展性。

(三) 精准性

本书的认知语言学核心术语是根据学科属性、学科体系和概念关系来选择的。认知语言学是一种认知科学,其中心元概念就是认知。在认知体系中,范畴、范畴化、概念、概念化、形象、图式、脚本、格式都属于认知的基本范畴,是反映认知语言学的最本质、最重要、最普遍关系的术语,是对认知过程、认知结果的概括和总结。准确选择核心术语,以点带面,全面呈现俄罗斯认知语言学的发展态势和前沿理论。

---

① Попова Л. В. Моделирование многофункционального словаря терминов когнитивной лингвистики [J]. Наука о человеке: гуманитарные исследования, 2012 (3): 1.

俄罗斯认知语言学研究

六　本书结构

第一章国内外研究现状述评。

本章阐释介绍了中国、俄罗斯、欧美认知语言学的研究现状，体现的核心术语，指出了认知语言学在发展过程中所取得的成绩和存在的问题。

第二章术语学研究的认知转向。

本章阐述了核心术语必须的术语学知识，其中包括术语、核心术语及学术话语体系等的内涵，介绍术语学的研究方式、研究对象、研究目标等。

第三章核心术语的术语学解读。

本章论证了核心术语的内涵、类型、价值与意义。核心术语在我国学界已经有不少的研究成果，但大家对核心术语的内涵均未有细致阐述，一直处在模糊不清的状态，本书厘清了核心术语的内涵，阐释了核心术语遴选标准，对以后核心术语研究有一定的方法论参考意义。

第四章俄罗斯认知语言学的学理体系。

本章着力论证认知语言学主要学派、研究方法，界定本学科核心术语"认知"的重要地位和深刻内涵。

第五章核心术语"概念"的术语学解读。

本章主要研究俄罗斯认知语言学最为丰硕的研究领域核心术语——概念。概念研究在俄罗斯已经开展多年，涉及各个语言单位的研究。本章主要论述概念的术语内涵、概念的汉译、概念类型、概念衍生的核心术语、概念域、概念民族性、概念称名场等核心术语的内涵。

第六章核心术语"语言意识"的术语学解读。

本章突出俄罗斯认知语言学的研究特色。探讨语言意识的术语内涵是俄罗斯认知语言学的特色理论。在整合俄罗斯心理语言学和语义学研究成果的基础上，形成俄罗斯认知语言学学界的创新方法，具有突出的"俄罗斯"特质。语言意识与概念研究的相互关系、概念及其他相关核心术语的内涵等系列问题在此都有体现。综上，认知语言学核心术语研究不仅可以丰富语言学术语研究的视角，拓展语言研究理论深度，对解决我国认知语言学、术语学发展中一些术语实践问题也有较大意义。

第一章　国内外研究现状述评

第一节　欧美研究现状

现有研究数据表明，不管是在欧美、中国还是俄罗斯的语言学界，认知语言学都是语言学中发展最快的学派之一。迄今为止，在人类语言学研究历史上产生的影响之大是以往语言学范式不具备的，拥有令人印象深刻和复杂的术语词汇。

欧美认知语言学研究成果极为丰富，但是由于本书以术语为视角，所以文献均是从认知语言学学科话语体系建构视角进行选取和解读的。《认知语言学术语汇编》（*A Glossary of Cognitive Linguistics*）是由英国学者 Evans 于 2007 年编写的一部认知语言学词典。它构建了认知语言学的术语体系，为分析认知科学术语提供了语料。作者阐述了《词典》的研究目标和范围。其目的是说明、阐释认知语言学中具有特殊地位的核心术语，所收词条范围主要包括认知语言学中发展最具前景、最成熟的几个领域：认知语义学、认知语法学和概念隐喻理论等前沿领域。这本按字母顺序排列的术语指南对认知语言学中的关键术语进行了最新介绍，涵盖了几乎所有主要理论、方法、思想和许多相关的理论结构。该术语词典包括对认知语言学进行的简要介绍、详细的注释阅读清单以及认知语言学领域的一些主要研究学者的名录。该叙词表性质的词典可以用作 Evans 和 Green 的《认知语言学》的配套学习材料，是对认知语言学及其迄今为止发展最好的两个分支：认知语义学和认知语法研究方法的细致阐释。

第一章　国内外研究现状述评

Dirven 和 Verspoor 在《语言和语言学的认知探索》（*Cognitive Exploration of Language and Linguistics*）一书中论述了语言与思维的相互关系，指出二者是语言认知的基础。书中指出，语言反映人的概念世界，概念世界由人的概念范畴构成。范畴化是人认识世界的重要结果。概念范畴催生语言范畴，如语法范畴、词汇范畴等，探究词汇不同意义间的关系以及词汇与概念世界客体之间的对应关系。指示概念世界同一客体的多个词汇形成词汇场（概念域），其成员为基本词汇（原型词汇）。概念域组成成员之间的联系的认知过程为：隐喻、转喻、语义扩大、语义缩小。

Evans 和 Green 在 2006 年合著的《认知语言学导论》全面细致地体现了认知语言学的学科风貌。利用"意象—图式"理论说明了概念结构反映具身认知，系统阐述了隐喻、转喻以及概念隐喻理论，分析了理想认知模型理论、心智空间理论以及概念合成理论等。此书强调理论之间的系统关系以及术语体系的语义关系模型。

Croft 和 Cruse 合著的《认知语言学》一书系统阐述了认知语言学的基本原则、主要研究成果及其对语言研究的作用，涵盖了认知语言学的大部分术语和理论，是研究语言与大脑认知的重要文献。书中还着重论述了前景、框架、域、基底、空间等核心术语，分析了其概念结构，着重研讨了概念化的过程与范围，指出了其在语言学中的应用。作者还讨论了意象和意象图式。意象是特定具身认知的表征，是人经验的概念化。意象图式并非特定的意象，而是意象图示化的模式。此外，二位学者探讨了概念、范畴和意义的术语内涵及其相互关系，阐述了范畴化的理论内涵，探讨了原型术语意义，原型理论在认知语言学的实证应用。当然，他们还探讨了词汇语义的认知研究以及认知语法的部分内容，笔者在此不多做赘述。

《认知科学百科词典》（*Encyclopedia of Cognitive Science*, *4 Volume Set*）（2005）的内容涉及了哲学、心理学、计算机智能、神经科学、文化、认知以及语言学等六个领域，主题涵盖了包括认知语言学、符号与认识、记忆运作的神经基底、语言的联结主义手段、机器翻译、文化符号、模糊逻辑、心智模块等在内的学科术语。百科全书包含 696 个词条，深入涵盖了认知科学的整个范围，解释了信息处理、心理学、哲学、语言学、计算机科学和神经科学等领域的核心术语，还对包括教育、经济学、进化生物学和人类学等辅助主题中涉及认知科学的术语做了阐释。这些词条旨在提供多层次的信息，对本科生、研究生、大学教师等各层次读者了解认知科学大有裨益。词条有广泛的交叉引用、词汇表和主题索引，进一步帮助读者读懂认知科学。《认知科学百科全书》（ECS）共 4 卷 4000 页，696 篇词条，编者均系世界领先认知科学专家学者，配 1500 幅插图，有详细索引和附录，被学界广泛引用。词条后附有参考书目以及推荐阅读书目，为研究者梳理认知科学研究提供相关客体的研究依据。词典的引入可以增进认知科学研究学者的沟通，提供完整、新颖的术语体系，改变认知语言学研究各自为政的局面，对认知科学的研究影响深远。本节只是简要介绍了欧美认知语言学涉及术语建设的一些代表作。认知语言学源于欧美，所以，欧美的研究十分庞杂，出于研究目的本书不做大篇幅赘述。但这本术语词典无疑是一部激动人心的参考著作，它捕捉了当前对大脑和大脑运作的思考，关注与历史记载一样古老的问题，同时反映了 20 世纪 80 年代以来出现的新方法和技术。

第二节　俄罗斯研究现状

俄罗斯引入美国认知语言学理论要从学者格拉西莫夫（Герасимов В. И.）讲起。1985 年，《认知语法学科的建立》一书的出版在苏联语言学界掀起了西方认知研究风潮。此书观点虽说不新颖，但却起到了推广普及的作用。同年，他又译介了《心智空间》一书。格氏还陆续翻译并出版了蓝盖克的《认知语法基础》上下两卷。1988 年，第 23 卷《国外语言学的新成果》专门介绍了美国认知语言学的名家名篇。俄罗斯的认知语言学在产生之初深受美国认知语言学的影响。1989年之后俄罗斯学者翻译了《语言·认知·交际》《语言与智能》《语言·认知·文化》《语义共相与语言描写》等一些有影响力的认知语言学著作。

对当代俄罗斯认知语言学影响很大的另一位学者就是彼得堡认知学派的领军人物之一的斯科列布佐娃（Скребцова Т. Г.），她是俄罗斯著名的认知语言学家，在国立圣彼得堡大学讲授认知语言学课程。俄罗斯从事语言认知研究的学者都知道其经典著作《美国的认知语言学派》。后来，她陆续发表了许多认知语言学领域的文章，详细介绍了认知语言学的核心术语并对其进行实证分析，其中包括概念隐喻理论、政治隐喻认知研究、概念隐喻框架下的语义研究、范畴化、原型理论及基本范畴、理想化认知模式、体验哲学、认知语法、心智空间理论、概念整合（一体化）理论、拓扑语义学等理论。她把处于欧美认知语言学理论核心位置的概念隐喻、范畴化、认知语义、心智空间理论做了细致的阐介和解读，做了不少本土化研究的尝试。

库布里亚科娃（Кубрякова Е. С.）的一些著述奠定了俄罗斯认知语言学的术语基础。1997年，由她带头编著的《认知术语简明词典》系俄罗斯第一部认知术语词典，也是俄罗斯第一部简明认知术语百科词典。《认知术语简明词典》综合阐释了认知科学领域近百个核心术语，并对认知语言学研究的流派和方向进行了概述。词典继承了美国认知语言学思想与俄罗斯人本主义认知研究的优良传统，对于推进俄罗斯认知语言学研究意义重大。1997年她在《认知视域下的词类》一书中指出，从认知语言学术语角度阐述俄语的词类研究，阐述了家族象似性、概念化、范畴化进程在俄语词类研究中的作用等。她在其影响最大的专著《语言与认知：人类语言知识获取路径——词类研究的认知视角：人在认知世界过程中的作用》中明确指出，研究"语言""认知"这两个核心术语以及两者间的相互关系有助于更好地理解语言系统、语言的世界概念化与范畴化进程。与此同时，还可揭示语言在促进认知发展、完善过程中的作用。库布里亚科娃以"语言"与"认知"两个核心术语为中心来展开研究，立足于"语言是认知结构"和"语言是一种系统认知现象"两个基本论断做了大量理论积淀工作。

随后，俄罗斯科学院语言研究所组织出版了《探寻语言的真谛》一书，书中辑录了她后期撰写的认知语言学核心术语体系建构的思想，共17篇文章，论证了认知语言学的产生根源、发展过程以及学理形态，提出建立认知科学研究准则的必要性及学科前沿问题，阐明了认知语言学在认知科学中的地位。她着力论证了"在世界概念化、范畴化过程中语言发挥了重要作用"的论断，论述了语言的本质及其与思维间的关系。库氏立足认识、话语、心智体现等核心术语的阐释来厘清认知语言学的研究脉络，展开了对心智体现理论的本土化研究，利用认知话语范式分析了俄罗斯的戏剧语言，从语言文化学的角度分析了语言特点。她深化了抽象名词的认知研究，展开了俄罗斯学界研究意象的维度与视角等。总体来看库氏的理论虽然深邃，但与实际语料的结合比起俄罗斯其他语言学家略显欠缺，然该书仍是库氏后半生语言研究的结晶，值得深入研究。

博尔德列夫（Болдырев Н. Н.）结合俄罗斯言语活动论、语义学的研究成果，形成组建了俄罗斯的认知语言学学派，为俄罗斯认知语言学和语义学的发展做出了卓越贡献。他认为认知语义学是一种概念化和范畴化的理论，是人们如何感受和认识世界及认知经验在语言意义中外化的理论。其专著《认知语义学》成为继库布里亚科娃专著之后，俄罗斯认知学科发展的又一里程碑似的著作。他倡议并创办俄罗斯《认知语言学问题》（Вопросы когнитивной лингвистики）杂志，为俄罗斯认知语言学研究提供了刊发平台，探讨了认知语言学、语言文化学、神经语言学、心理语言学等学科的学术问题。他特别对原型理论情有独钟。其主要论文涉及心理学原型论和认知原型论对比原型论向语义学的转变，语义原型论的研究方法，在语法层面上动词词汇—语法范畴语义的原型特征等，他吸收欧美认知语言学理论，将概念（концепт）以认知心理学的视角进行层级划分，提出了认知语言学研究的核心术语体系。

波波娃（Попова З. Д.）和斯捷尔宁（Стернин И. А.）从事词汇语义、认知语言学、心理语言学研究的视角独特，俄罗斯在他们的影响下形成了独特的认知语义研究方向，也被称为"沃罗涅日认知语言学派"。他们将俄罗斯的语义学理论、语言世界图景理论与认知语言学理论结合起来开展研究。他们通过语义研究揭示概念意义，探讨语言语义表达概念域的模式，分析语言语义、民族概念域，展明语义与认知的互动关系。[①] 他们探讨语言单位的概念，及其中体现的民族语言图景。从某种程度上说，其观点更接近语言文化方向，其研究符合当前认知语言学的发展趋势，即实现从研究个别概念向反映总体民族文化概念环境或语言个性的转化。

马斯洛娃（Маслова В. А.）在《认知语言学》一书中系统地论述了认知语言学理论和方法论体系，阐释了认知语言学的基本概念，指出了认知语言学的研究目标和服务对象。她认为，认知语言学研究的核心对象是概念。语言中概念就是语言的心智属性，这种心智属性在语言中有自己的名称，就是概念。概念反映人的民族文化意识。在该书中利用认知语言学理论分析了空间（пространство）、时间（время）、数（число）、公平（справедливость）、真理（истина）、友谊（дружба）和爱情（любовь）。她还指出人类语言研究进入了新的范式——人本中心主义范式（анторпоцентрическая парадигма），在这种范式影响下语言学更加关注语言对知识的表征，以及概念、概念域等术语内涵的阐释。

韦杰尔尼科娃（Ведерникова Ю. В.）在其文章《认知语言学术语体系的类义研究视角——以认知语法的术语场为例》中用类义建模的方法研究了认知语言学术语系中的一些核心术语的语义关系，对于认知语言学术语的整理和标准化意义重大。构建认知术语场的类义模型，使用信息符号法和类义建模的方法都可以阐释认知语法的核心术语体系。

---

① Стернин И. А.，«Когнитивная лингвистика»，Восток-Запад，2007：40.

科列索夫（Колесов В. В.）在《认知语言学的术语研究视角》中阐释了认知语言学核心术语концепт（概念）①的内涵，认为ментальность（心智）和ментальтет（民族意识）是俄罗斯认知语言学的核心术语并加以界定。他认为前者是俄罗斯民族的心智，后者是俄罗斯民族的民族意识。心智是认识论范畴的术语，在哲学范畴内展现的是具体的意识。他还区分了所指和能指、对象和对象物的术语。他看到俄罗斯认知语言学术语中乱用和不规范的现象，阻碍了俄罗斯认知语言学研究的发展。由于认知语言学始于欧美，在术语的引入过程中难免出现各种问题，核心术语体系建构和术语标准化才是正确的选择。

许多学者还运用认知科学中的分析方法对语言现象进行研究。认知语言学理论方面的代表作和代表人物如下所示：基布里克（Кибрик А. А.）的《认知功能及语言研究所涉概念》，吉兹达托夫（Гиздатов Г. Г.）和舍里娅霍夫斯卡娅（Шеляховская Л. А.）的《称名行为的认知基础》，潘克拉茨（Панкрац Ю. Т.）的《语言研究的认知观点及语言学理论》，索科洛夫（Соколов Е. Н.）的《认知过程的几何模式》，阿布杜尔法诺娃（Абдулфанова А. А.）的《通过认知语言学模式来研究概念》，克拉甫琴科（Кравченко А. В.）的《认识与概念化》。他们从不同的视角对认知语言学进行了研究。

第三节 国内研究现状

认知语言学在中国的传播肇始于20世纪80年代末。在过去三十年中，中国认知语言学经历了最初引进、介绍到迅速发展、多方位应用以及理论反思等阶段。

张敏的《认知语言学与汉语名词短语》介绍了认知语言学的理论研究现状，分析并探讨了汉语语言认知的具体问题，运用句法象似性理

---

① 本书中所出现的концепт内涵均译作"概念"。

论对汉语中名词短语构造的基本机制进行研究,运用句法象似性解释了汉语名词短语问题,为汉语短语结构研究提供了新视角,为国内认知语言学应用研究做出了具有开意义的贡献。

赵艳芳的《认知语言学概论》分别介绍了范畴化与认知模式、范畴化、概念结构、隐喻和转喻、认知与辞法、象似性和语法化、认知与推理、认知语言学的应用等专题。但书中缺少汉语具体问题的分析或英汉语言对比的论证,为认知语言学研究方法的介绍留下了值得进一步拓展的空间。

杜桂枝是我国俄语界较早开始认知语言学研究的学者,发表文章论述认知语言学的相关理论形态。2003 年,她刊文《认知语言学中的若干相关概念》论述了客观世界与世界的语言图景、类典型意义、理想化的认知模式、认知的形象化图式、概念、概念化与范畴化、框架、画格与画面、隐喻等认知语言学术语,旨在阐述认知与语言之间的关系问题。但文中术语中有主观翻译色彩,其术语性值得商榷。

学者陈勇论述了认知语义学的大体发展情况,对原型理论、基体、侧面理论、物象、背景理论、框架理论、原型理论等术语体系在词汇语义研究中的作用进行了论述,但仅仅是对一般的理论阐释和个别词汇语义现象的认知阐释,对核心术语体系构建和术语标准化涉猎较少。

梁爱林指出,术语立足于人对物质世界认知的基础之上,是一种特定语言单位,这种特定的语言单位是通过概念抽象、浓缩和模拟现实的过程在专业文本或专家语言中体现出来的。概念的三重属性,即思维的单元、知识的单元和认知的单元揭示了术语定义的新视野,即术语可以界定为是语言的单元、思维的单元、知识的单元和认知的单元。[①]

姜亚明概括了俄罗斯术语学发展的认知特色。术语学的认知方向是术语学未来发展的趋势。术语应作为认知和交际单位来审视,术语学的

---

① 梁爱林:《论认知术语学的理论基础及其应用》,《术语标准化与信息技术》2009 年第 3 期。

研究对象物包括语言知识、一般科学知识与行业知识，这些知识类型是人类认知活动的结果。她指出，从认知角度研究术语就是将术语视为承载特定知识的认知符号。俄罗斯术语的认知研究包括很多领域，其中包括术语在科学认知中的作用，民族语言学、心理语言学、人类语言学、认知语言学视域下术语的研究，术语知识与思维程式之间的关系，术语的认知文化问题等诸多领域。认知语言学研究问题都主要围绕着概念、概念化、范畴、范畴化、概念域和世界图景等一些核心术语来进行。概念域能使人更好地认识自身的世界观和行为方式，能展现所有民族的共同点和各民族的独有特征。

杨明天在《俄语的认知研究》中回顾了认知语言学的基本理论问题，如框架理论和脚本理论、认知语法、话语的认知研究、认知研究与语用维度、认知与篇章、世界的图景等，特别关注了认知语义学研究的情况，如对原型、范畴、范畴化等核心术语展开了研究。

陈雪阐释了认知术语学视域下的科学语言、行业交际语等术语以及术语的内涵，探讨了隐喻研究的历史；阐释了术语隐喻研究的发展过程。她从认知角度对比分析中医隐喻术语的认知模式，分析了"世界图景"这一核心概念，将它视为认知术语学研究的核心术语，阐述了世界图景的产生和发展，分析了认知术语学框架下术语的内在联系。

王馥芳指出了认知语言学术语中存在的问题，指出其在诸多方面存在不妥之处和面临挑战，尤其是在术语层面。认知语言学通过修正乃至改写某些基本术语而取得发展。其核心术语界定至今仍存在一些理论问题，如核心术语理论内涵泛化、核心术语间区分乏力等。她探讨了认知语言学核心术语面临的这些问题，有助于完善其理论体系构建。在她看来，认知语言学核心术语理论内涵的泛化和其间的区分乏力问题，导致认知语言学面临理论挑战。①

---

① 王馥芳：《认知语言学核心术语面临理论挑战》，《中国社会科学报》2015年3月9日第A07版。

文旭等认为:"认知语言学理论框架庞杂,部分术语不统一,部分概念界定不清晰。"① 他以 Domain(域)、Frame(框架)、Space(空间)、Cognative Model(认知模型)为例,进行了分析阐述。域是莱科夫、约翰逊等使用的术语,是概念系统中相关联思想和知识的集合体。福克尼耶等在心理空间和概念整合理论的框架内使用"空间",认为它是一种临时知识结构。不同理论框架内对基本相同术语的界定与使用截然不同,这一定程度上造成认知语言学理论内部的不统一。当然本书研究的重点不是欧美认知语言学的术语,而是俄罗斯认知语言学的核心术语。但道理是相同的,作为学科,认知语言学的术语在不同学者的笔下是不同的,因此存在术语使用不标准和混淆的局面。

本章小结

本章介绍了国内外认知语言学的研究情况,述评了其研究成果及核心术语情况。国内学者对俄罗斯认知语言学界核心术语的理解、翻译、使用存在一些误读和误解。书中利用俄罗斯认知术语学核心术语法对俄罗斯认知语言学核心术语体系进行分析和描写,分析认定其核心术语的内涵与关系,建构其核心术语体系,将俄罗斯术语学中分析专门学科术语的方法引入中国。

---

① 文旭等:《认知语言学:反思与展望》,《中国社会科学评价》2018年第3期。

第二章 术语学研究的认知转向

"当代语言学的发展趋势把语言当成一种心理活动，把语言看成心理的分支。这一观点是当代认知语言学的出发点。"① 认知语言学的基本论断就是：人是有机体。心理是人体的一个分系统，语言是心理的分系统，所以把语言看成心理的有机分系统。② 它把语言视为人运用心智进行创造的活动，人之所以有独特的语言是由于大脑的特殊工作机制，这使人区别于动物。梁爱林认为，传统术语学认为，概念是术语工作的起点，是术语理论与实践的核心，然而，术语学的概念原则与理论从20世纪80年代起受到认知术语学的挑战，由此有必要重新审视术语学以概念为核心的研究路径，特别是概念本体、概念关系、概念系统与概念分析这类影响术语学科的基础性问题。③ 21世纪，术语学由维斯特时期的术语本体研究转向了术语认知研究，开始关注术语中"人"的因素，对术语研究更看重实用性和应用价值，随之出现了"认知术语学"这一交叉学科。戈洛万诺娃（Голованова Е. И.）认为，认知术语学将语言视为人的认知能力，与思维和认知密切相关。④ 本章从术语学的学理谈起，重点探讨俄罗斯术语学语境下的学科话语体系，从认知视角研究语言，尤其是术语更加关注语言结构与心智结构的关系，更好地反映

---

① 周国光：《现代汉语词汇学导论》，广东高等教育出版社2004年版，第77页。
② 叶蜚声：《雷科夫、菲尔莫教授谈美国语言学问题》，《国外语言学问题》1982年第2期。
③ 梁爱林：《术语学概念研究的再思考》，《中国科技术语》2020年第1期。
④ Голованова Е. И. Введение в когнитивное терминоведение [M]. M.：Флинта，2011：10.

人的活动和经验。

第一节 术语学的历史与现状

术语学研究在我国古代由来已久，涉及古代社会生活的各个领域，有学者将其称为"名物学"，指研究古代实物或典籍中记载的客体名词。中国的术语研究源远流长，在《周礼》中有关于"象胥"的表述，所谓"象胥"是一种官名。周朝时曾设立此官职，掌管翻译等事。《周礼·秋官·象胥》："象胥，掌蛮夷闽貉戎狄之国，使掌传王之言而谕说焉，以和亲之。若以时入宾，则协其礼与其辞言传之。"这里"协其言词传之者，谓若外之众须译语者也"就是我国古代的翻译人员，把国外和少数民族语言翻译成汉语，其中存在诸多术语翻译的问题。① 根据语义对术语词汇进行分类在我国有悠久的历史。

术语研究可以向上追溯到战国时期名学的兴起以及先秦诸子关于名实之辩的论争。墨家把"实"的范畴划分归结为事物的"名"，将事物分成"达、类、私"三类，代表世界事物的一般概念、类概念和个体概念，表达事物的通名、类名、专名。尹文子根据词语的使用范畴将名分为"命物之名"（如黑、白）、"毁誉之名"（如善、恶）和"况谓之名"（如爱、憎）三大类。② 作为术语学家的荀子则更为详尽、清晰地阐述了"名实"关系及"名"的分类。他将事物之"名"分为"大共名"和"大别名"，对应墨家的"达、类、私"。③ 先秦思想家的"名实之辩"虽是为了政治服务，强调语言的政治功用，但在一定程度上揭示了词汇语义分类的可能性，显示了语言与客观事物的关系对词义分类的决定作用。从他们的分类中可以看出，词汇是可以划分范畴和层级的。上位词统领下

---

① 冯志伟：《中国术语学的八大特点》，《中国科技术语》2019 年第 2 期。
② 蔡先金：《尹文其人考略》，《东岳论丛》2010 年第 12 期。
③ 董桂平：《现代汉语义类词典分类体系考察与研究》，硕士学位论文，鲁东大学，2012 年。

位词，这些奠定了汉语词汇语义分类的理论基础。先秦诸子的思想中包含很多深邃的术语学思想。孔子《论语·阳货》中："子曰：小子何莫学夫诗？诗可以兴、可以观、可以群、可以怨，……多识于鸟兽草木之名。"意思是："学生们为什么没有人学诗呢？诗可以激发心志，可以提高观察力，可以培养群体观念，可以学得讽刺方法。近则可以用其中的道理来经营家庭，远可以用来侍奉君主，还可以多认识鸟兽草木的名称。"最后一点就包含朴素的术语学思想。《礼记·大学》中："致知在格物，格物然后致知。"意为研究事物而获得知识或良知，是中国古代儒家思想中的一个重要概念，表达出了研究事物是获取知识的必由之路。荀子和同时代的公孙龙子的术语学思想是我国术语学为数不多直接关注术语问题的思想之一，对"名"的探讨有异曲同工之妙。

从术语词典来看，我国古代的《尔雅》全书按照类义关系收录词语 4300 多个，计 2091 个条目。本有 20 篇，现存 19 篇。"它是秦汉间的学者收集整理先秦各地的著述旧文逐渐丰富而成的。它分为释诂、释言、释训、释亲、释宫、释器、释乐、释天、释地、释丘、释山、释水、释草、释木、释鸟、释虫、释鱼、释兽、释畜。"① 它是一本词典，借它可以了解古籍所涉相应名称的内涵，进行古代词汇的研究；可以了解古代社会，增长各种知识。

西汉末编纂的术语类辞书《释名》共 8 卷，其 27 篇依次是：释天、释地、释山、释水、释丘、释道、释州国、释形体、释姿容、释长幼、释亲属、释言语、释饮食、释采帛、释首饰、释衣服、释宫室、释床帐、释书契、释典艺、释用器、释乐器、释兵、释车、释船、释疾病、释丧制。② 所释名物和社会现象共计 1502 条，虽称不上完备，但已能反映出当时名物事类的主体范畴，涉及社会生活面非常广，从天文、地理、器械、日常生活、人事、习俗等领域反映呈现古代生活风貌，可以

---

① 王建莉：《〈尔雅〉同义词考论》，博士学位论文，浙江大学，2004 年。
② http//www.360.doc.com。

因所释名物推求古代制度和生活方式。这些朴素的术语辞书在语言领域对不同类别术语划分进行了实践。它是由术语义类汇编和百科诠释综合而成的术语词典，反映了我国古代人民对词语（尤其是术语）分类的认识。它是中国古代第一部大致按照词义系统和事物分类而编纂的具有一定术语性质的词典。它兼收通用词语与名物词语，并进行语义分类。这样的古书分类词典有规范词汇的重要意义。《尔雅》《释名》是我国较早按义类编排的综合性辞书，其词汇构成了古代汉语的词汇体系，是我们的先人对客观事物逻辑分类的结果。

唐代后出现了许多雅书、类书等术语学著作，如《通雅》《通俗编》《艺文类聚》《渊鉴类涵》《作文类典》等均有代表性意义。新中国成立以前，编撰了三本比较典型的词汇归类词典：《作文类典》《分类字源》《古辞辨》。① 按意义的相同、相近和相关来给一些术语分类别的辞书编撰方法为后世类书的编纂提供了借鉴。

我国对术语的引介也很早，成体系的要从"西学东渐"谈起。多年来从日语、英语中借用的术语很多，在科学发展和社会进步方面发挥了很大的作用，在政治、经济、文化、民主、商业贸易等领域均有涉及。欧美术语理论研究20世纪30年代发端，20世纪80年代末成为一个独立的学科。② 国内学者冯志伟等从计算语言学、人工智能等角度丰富了术语学的研究领域。郑述谱及其追随者对俄罗斯术语学进行了系统的跟踪译介和系统化研究，先后探讨阐介了洛特（Лотте Д. С.）、戈洛文（Головин Б. Н.）、丹尼连科（Даниленко В. П.）、舍洛夫（Шелов С. Д.）、格里尼奥夫（Гринев-Гриневич С. В.）、玛聂尔科（Манерко Л. А.）、戈洛万诺娃（Голованова Е. И.）等学者的著述，在术语定义、术语多义性、理据性研究、术语标准化、行业话语等领域成果丰硕。学者邱碧华、刘青等发表多篇论文论述欧洲术语学的研究现状及前沿成

---

① http://wap.wangchao.net.cn/baike/scdetail_1541675.html.
② 吴丽坤：《术语学的研究对象、宗旨和任务》，《中国科技术语》2007年第1期。

果，译介了认知术语学、交际术语学、社会术语学等领域的作品。当今国外术语学研究已经从维斯特时代的本体术语研究转向研究术语的认知、交际功能。还有很多学者从称名原则、术语学学科建设、术语定义研究、行业术语研究、欧洲术语研究、俄罗斯当代术语学研究、术语符号性研究、术语学核心术语辨析、术语应用研究、认知术语学研究、汉语术语的认知实证研究等视角展开细致而深刻的探讨。当然不得不说引介较多，分析术语本土因素相对较少。

可以看出，我国的术语研究起步早，历史悠久，以哲学、社会学、民族学、心理学、民俗学、历史学、符号学、语言学、现象学、类型学等多学科综合研究方法为基础，进行系统概括、总结和梳理，借鉴了多学科理论与方法，形成了自己独特的方法论体系，对中国的科学发展，汉语、史学、词典编撰和对外汉语教育有重要意义。这些古代给事物命名的思想就是朴素的术语学思想。王强指出："有文明兴起，则有名物产生。名物可以直接表现一个民族的精神风貌，显现一个民族各个历史阶段发展现状的事物。"①

俄国学者施维廖夫（Швырев В. С.）指出："任何学科都要经历实践到理论的过程，实践阶段可能会缺乏能够清晰表达学科发展、内部区分学科细节的理论体系、加工事实和学科研究对象的概念表达能力。这个阶段的科学认知概念构成处于术语加工的阶段。概念（此处指的是科学概念）能够以不清晰日常表征形式存在，但这个阶段的学科结构还不能完全展现发达的理论体系。理论阶段科学的发展可以看到理论思维的再构造，提高自身理论研究方法的占比。各层级概念体系的出现是科学认知达到品质较高阶段的体现。概念开始获得固定内容，在每个科学认知的领域都进行自身的范畴体系建构过程。"②

---

① 王强：《中国古代名物学初论》，《扬州大学学报》（人文社会科学版）2004年第6期。
② Швырев В. С. Теоритическое эмпирическое в научном познании [M]. М.: Наука, 1978: 288-324.

第二章 术语学研究的认知转向

在术语学发展进程中,学者们对术语特点、术语构成类型、术语与概念的二维关系、术语语义及其理据性、概念命名、术语定义、术语审定及标准化等诸多问题展开探究,为这一学科的创立奠定了坚实的理论基础。吴丽坤认为:"俄罗斯术语学作为一门与语言学、逻辑学、符号学、信息学、心理学和一般系统理论及一系列应用科学相关的、独立的综合性学科,在20世纪90年代已达到了相当高的理论水平。"[①] 笔者认为,俄罗斯术语学按地域来划分可以分为:(1)高尔基学派。由戈洛温(Головин Б. Н.)、科布林(Кобрин Р. Ю.)领导。(2)车里亚宾斯克学派。该学派由戈罗万诺娃(Голованова Е. И.)、施卡托娃(Шкатова Л. А.)领导,研究俄语术语的认知分析和称名问题。(3)沃罗涅日学派。由伊万诺夫(Иванов С. З.)和阿纽什金(Анюшкин Е. А.)领导,以沃罗涅日大学为基地。(4)俄罗斯科学院语言研究所派。由苏佩兰斯卡娅(Суперанская А. В.)领导,以俄罗斯科学院语言学研究所为基地。(5)鄂木斯克术语中心。由特卡乔娃(Ткочева Л. Б.)领导,以鄂木斯克工业学院为基地。

术语领域很多研究人员证明了认知方法研究术语的优势,它"可以在广泛的文明背景下分析特殊知识的出现和演变,揭示该领域动态过程的原因和术语命名机制,考虑到人们不断变化的认知和交际需求。所有这些都加深了对术语系统中历史过程的科学理解,揭示了知识(和意识)的特殊结构与语言结构之间复杂关联的动态"[②]。当下,俄罗斯术语学受认知语言学的影响很大,在其影响下,认知术语学应运产生,以术语的称名研究为基础,与语言学中的认知交际研究方向密切相关。从认知交际角度研究术语时,术语的产生被看作是与信息处理、统一、储存、提取相联系的认知过程。另外,科学知识的形成过程被看作是科学

---

① 吴丽坤:《20世纪90年代俄罗斯术语学研究概况》,《科技术语研究》2001年第3期。
② Голованова Е. И. Предмет и задачи когнитивно-исторического терминоведения [A]. Е. И. Голованова // Научно-техническая терминология [C]. 2007. Вып. 1. С. 12–13.

语篇的展现过程、科学活动情景中交际行为的更替过程。应用认知科学的方法来研究术语学的理论对术语工作有着巨大的指导作用，在认知术语学的理论框架中解决术语的实际问题，要比单纯依据术语的语言结构作为分析方法的传统术语学有更宽泛的视角和更新的思路。正如梁爱林所指出的那样："认知术语学为术语学理论的发展提供了广阔的前景和方向，它为术语学研究提供了新的方法和手段。"①

第二节　术语学研究的范式嬗变

范式（парадигма）这一术语由美国学者托马斯·塞缪尔·库恩（Thomas Samuel Kuhn）率先提出，范式具有强大的包容性和理论阐释力。从词源考证来看，парадигма 源于希腊语 παράδειγμα，意思是"样本""模式""范例"。

一　范式的术语内涵

20 世纪 60 年代以来，范式作为一个术语开始应用在哲学社会科学中，用以指称科学共同体中的观点、视角和概念系统。库恩对范式这一术语阐释较为详尽。他指出，科学范式是特定时间内科学共同体所持有的提出和解决问题的模式。1962 年，他发表《科学革命的结构》，在学界产生巨大影响。在书中，他指出，范式指科学共同体具有的共同信念，包括基本理论、观点和方法等。② 范式能为行业研究提供共同理论和解决问题的模式，形成科学共同体的某种传统，控制学科发展的共同方向。库恩坚持心理主义和约定论的观点，把范式视为共同信念而非理性认识的结果，这种主张是科学研究者主体间的约定，必须从社会心理

---

① 梁爱林：《论认知术语学的理论基础及其应用》，《术语标准化与信息技术》2009 年第 1 期。

② Кун. Т. Структура научных революций. ПРОГРЕСС，1977：11.

和社会历史文化视角来研究,这种观点与科学社会学的观点在某种程度上来看是相似的。

范式形成是一门科学走向成熟的标志。前科学时期学科一般是不具备范式的。科学发展是渐进与革命不断交替的过程。常规科学时期范式研究一般是反常和危机两个状态(会有对范式的怀疑与质疑)。在科学革命时期(新范式取代旧范式时期)是一个新常规科学发展时期。不同常规科学遵循的范式是不同的,科学革命从本质上看是新旧范式更迭的过程。需要补充一点,不同范式间有不可通约性,持有不同范式的人看同一个世界的结果不同。库恩的范式是由4部分元素构成的。(1)抽象概括,人对事物和现象的总结升华。(2)范畴模式,也就是范式的元物理构成。范畴模型或者说是概念模型能够确保科学共同体成员利用本体结构以及公认、通用的类推来认知事物。(3)范式价值(共同体使用的选择不同手段的标准),利用这些手段可以克服学科内部出现的困难。(4)范式典范,指的是特定时期科学共同体解决某些问题采用的范例和模型。范式,从广义来看,是由特定范式追随者具有的概念、价值、技术手段构成的综合体。从狭义来看,是某一学科解决某一特定问题时所给出的解决问题的典范实例。范式这一术语具有空前的包容性和可利用性。由此,库恩所提出的科学范式的概念成为各个学科公认的方法论范畴,也成为哲学、语言学等社会科学青睐的研究对象。

在科学中,范式是明确或模糊标准的总和,这些常规标准是特定历史时期科学研究中公认的,对形成科学研究方法论有重要的意义。《俄罗斯大百科词典》中术语范式有两个内涵:(1)古代以及中世纪哲学中描述心灵世界和客观世界相互关系的概念;(2)用来解决科学研究问题的样板理论和应对模式。① 三卷本的俄罗斯科学院《小百科辞典》对于这个术语的阐释包含两个方面:在语法学领域,范式是语法中变格

---

① Большая российская энциклопедияhttps://bigenc.ru/philosophy/text/2706645.

和变位的范例，在修辞学领域范式是为了对比所引用的历史典型。① 在《俄语详解词典》中 парадигма 被视为语法范畴术语"聚合体"的同时，又将其看作"范例"（образец）和"模式"（модель）的同义词。② 在俄罗斯很多词典中，парадигма 有 образец（范例）、тип（类型）、модель（模式）的意思。范式应被应用于语法语境下，或被视为经典醒世警句或寓言故事中的特定术语。③ 从本质来看，范式是人类活动的认知模型，这个术语应用在语言学和修辞学领域。

也有学者认为，范式是一种原始概念图式，可以利用这种概念图式来解决特定时间内科学共同体需要解决问题的方法论体系和原则。我们将范式的概念归纳为以下五点：（1）范式是对于基本概念、假设、方案、程序、问题等的简要阐述（梗概结构），是某一学科领域研究对象和理论视角的基本阐释。（2）在方法论科学中，范式是特定历史时期科学共同体的研究实践活动对于某一学科的研究对象、核心理论以及独有研究方法的阐介。（3）在古代和中世纪哲学中，范式表示人心灵世界与物质世界的对应关系。（4）在语言学范畴内，范式就是能够表达词形式变化的系统（聚合体），如名词的变格，动词的变位等。（5）范式是科学研究的一种套路、系统和规则。

二　术语学的研究范式

"术语学是以一切科学术语为研究对象的学科，其研究范式的演变与当时社会科学知识的发展特点密切相关，尤其是受语言学影响最为显著。"④ 苏俄术语学作为应用语言学的一支，究竟有多少个研究范式一直未能准确统计，它的研究范式深受俄罗斯语言学范式更迭的影响。任

---

① Брокгауз-Ефрон. Малый энциклопедический словарь ［Z］. СПб：Лангенбек，1902：2094.
② povto. ru/russkie/slovari/tolkovie/ozhegova/tolkovii-slovar-ozhegova-bukva-a. htm.
③ https：//www. merriam-webster. com.
④ 陈雪：《认知术语学核心术语》，博士学位论文，黑龙江大学，2014 年。

何学科都有自己的专用语言，主要的是该学科的术语。从这个意义上说，掌握一门学科知识，首先要掌握该学科的术语系统；而任何学科要想取得发展，都必须不断整理、完善、规范自己的学科语言。郑述谱指出，各学科的术语研究是关乎该学科生存与发展的基础性工作，因此应予重视。然而，术语研究有明显的跨学科性，又增加了它的研究难度。① 所以，术语研究范式不断更迭。俄罗斯术语学一直被视为应用语言学的一支，作为一个理论范式，在产生伊始出于奠定其学术地位和构建理论基础的需要，需要阐述和介绍自身学派的理论渊源、论证理据等理论原则。

学界较为公认的范式有三个：历史比较范式、系统结构范式以及认知主义范式。历史比较范式是语言学的第一个范式，也是术语学的第一个范式，它提出了术语研究的历史比较方法。19世纪历史比较语言学一统语言学界。马斯洛娃认为，历史比较范式是19世纪语言学占主导地位的范式，也是第一个语言学科学范式，提出了语言学研究的比较方法和历史方法。历史比较方法是第一个专门针对语言研究的方法，此前使用的都只是其他常规科学的方法，如观察、描写等方法。这些专门方法的出现，使得语言学成为名符其实的独立学科。②

历史比较视角研究有一定缺陷，所以语言学界掀起重新审视历史比较语言学的浪潮。由此，索绪尔所提出的结构主义语言学渐渐替代了历史比较语言学。结构主义范式主要研究语言的结构。范式内部有很多语言学流派，如布拉格语言学派、哥本哈根语言学派、美国描写主义语言学派、英国伦敦学派等。各个流派虽各有侧重，但具有五个相同点：（1）承认语言的共时和历时，主张在共时层面研究语言。（2）支持索绪尔对于语言和言语的区分。（3）承认语言的系统性，认为体系内组成要素是语言研究的重点。（4）承认语言的符号性，像分析符号一样

---

① 郑述谱：《跨学科性：术语研究的内在属性》，《中国社会科学报》2012年4月2日。
② Маслова В. А. Лингвокультурология. Издательский центр «Академия», 2001：40.

分析语言。(5) 语言描写要有一致的方法论原则（形象性、简洁性、连续性、客观性），① 然而在其发展的进程中渐渐出现了严重的局限性。

结构主义的危机在 20 世纪五六十年代爆发，语言学界就结构主义所展开的争论对确定语言学进一步的发展道路有原则性意义。结构主义目标不再是系统地研究语言，而是以极端形式化来推翻语言学中的人本主义。多数结构主义者坚称语言是一个静态系统，所有不受机械化、形式化加工的东西都被结构主义者排除在语言研究的范围之外。由此，结构主义语言学逐渐失去其在人文科学中的地位。语言学趋向于向应用语言学方向转变。

随着认知语言学不断发展，术语学由前科学范式向常规科学转变，进入认知范式。这里所讲的常规科学，是指在特定科学范式的指导下，科学共同体内成员不断积累知识，拓展范式的内涵，为学科新的突破奠定基础。认知语言学将语义、语用、语篇等语言学研究对象均涵盖在内。因此，俄罗斯学界认为，认知语言学阐释术语的能力也很强，后来开展了认知术语学的研究，形成了对世界语言学界产生重要影响的理论体系。俄罗斯的认知术语学吸收了隐喻理论、框架语义学、心智空间理论、认知话语理论等，结合本国的语义学、心理语言学、术语学和认知语言学理论，创造了"术"业专攻的俄罗斯术语学理论。毋庸置疑，认知主义作为一种科学范式，能帮助人理解科学语言在人的言语思维活动中的角色和作用。学者们认为，语言是直观监测人的思维过程、认知特性、世界的概念化以及范畴化过程的手段。人所获得的所有信息都是通过语言进行加工的。语言能够展现人的认知过程、主观评价、人对于情景的思考等。

语言是认知科学的永恒主题。语言反映思维和意识，表达思维，学习语言就可以认知思维过程。语言还对思维和人脑中的概念有影响。"语

---

① Шулежкова С. Г. История лингвистических учений. Флинта，2017：213-214.

言是反映认知最好的窗口，为思维研究提供了材料。"① 由此观之，认知科学有很强的跨学科性，其最基本组成部分是心理学和语言学。语言学和心理学相互影响、相互促进、相互补充，才有了现今认知科学的繁荣发展。认知语言学从心理学中借入了许多术语，如原型（прототип）、框架（фрейм）、格式塔（гештальт）等。相反，认知心理学从语言学中引入了隐喻（метафора）和换喻（метанимия）等术语。

俄罗斯认知术语研究吸纳了其心理学的研究成果。维果茨基（Выготский Л. С.）、列昂季耶夫（Леонтьев А. Н.）、鲁利亚（Лурья А. Р.）、谢切诺夫（Сеченов И. М.）等心理学家对世界认知科学的发展做出了自己的贡献。俄罗斯心理语言学兴起于20世纪60年代，是心理学和语言学融合生成的交叉学科，因主要研究言语活动而获得"言语活动论"的别名。它主要探讨言语生成（порождение речи）和言语理解（восприятие речи）机制的信息传输过程。它对言语活动（речевая деятельность）在社会中的功能、交际信息和交际承载者间关系、个体发展与语言演化间关系等问题做出了阐释。"言语活动论"（теория речевой деятельности）由列昂季耶夫率先提出，旨在说明言语活动是人认知现实的积极、特殊形式。"言语活动论"的学科使命是"论"言语活动。言语活动是人类活动的核心要素，具有客观性、理据性、动态性、层级性、调节性、目的性和启智性等特点。"言语活动论"自诞生之日起就有独特的理论基础、研究方法、术语体系和研究对象。

俄罗斯语言学界也保留了研究认知的传统，始终关注语言中人的因素。它始终关注人的因素，使得俄罗斯认知学研究有自己独特的研究范式。库布里亚科娃将其称为"认知话语范式"（когнитивная дискурсивная парадигма）或者称为"认知交际范式"（когнитивная

---

① Кубрякова Е. С. Язык и знание: На пути получения знаний о языке: Части речи с когнитивной точки зрения. Роль языка в познании мира[M]. М. Языки славянской культуры，2004：42.

коммунистическая парадигма）。她认为，该范式将科学知识具有的认知特性、思维与语言的相互作用及符号体系思想充分有机结合。她指出，俄罗斯认知语言学界的"认知话语范式"自身具有很强的连续性，从称名学流派到后来的概念分析流派都是该范式的发展。"认知话语范式"将严格的形式描写与功能阐释结合在一起，多角度分析了语言在认知和交际过程中的作用。它作为一种知识范式，尝试综合各种视角去分析同一对象物。语篇和话语在范式内被视为极具创造力的世界，所有参与这些语言形式的构成要素都被重新审视和思考。世界知识的系统也就是概念世界图景（концептуальная картина мира），是建立在语言是一种符号系统和符号活动的观点基础之上的。概念世界图景在人的认知能力、交际过程和交际活动的共同作用下形成，语言认知研究也立足于这一点。语言自身作为一种认知机制参与到概念世界图景中来，概念世界图景的核心构成要素是概念，概念是知识的基本操作单位，人利用这些操作单位参与到人的思维和言语活动中的。

术语学是语言学的分支学科，在俄罗斯一般将其视为应用语言学范畴。它探讨了心智单位与科学语言结构的相互关系。由此，术语意义和概念内容的呈现方式意义就很重要。当前许多研究表明，人的知识都是通过认知模型组织的，这些认知模型包括意向图式模型、命题模型、隐喻模型、转喻模型以及象征模型等。认知模型能够组织知识，是范畴化一般过程的依据。这些学说对深化称名过程的科学认知产生了巨大的影响。称名不仅是给客观世界命名的过程，还是认知、建设、评价及阐释世界的过程。术语是人认识世界、思考世界的外在手段。人可以利用多种不同的术语形式表达思想。人会选择或建立一种特定社会属性的话语类型，这些话语类型反映了人的语言个性。语言的各个层级单位透过特定语法范畴传达称名信息。语言系统作为人类认知的棱镜可以折射出人对于世界和语言的思考。语言系统是描写思维活动的手段的总和。而称名活动不仅是一种特殊的言语思维活动，还是附着在语言符号内部的认知活动。

第二章 术语学研究的认知转向

俄罗斯学界在研究术语构成时发现，术语的产生离不开认知和交际的作用。术语是人类经验和对现实评价的反映，是知识的贮存器。术语遵循语言的经济原则和简洁原则。术语保持正确形式才能方便在言语活动中使用。认知话语范式研究语言单位的信息供给和分配的方式，使用话语恰当表达科学知识的认知属性，能够证明术语称名的现实意义。由此看来，思维的凝练表达应通过各层级语言单位的简洁化表达，如词组缩写，缩略语等手段，就是用最简洁表达阐述最丰富的信息内容。

术语学中知识的衍生手段多种多样。新概念是建立在语言意识中已经稳定的固有概念基础之上。新概念和固有概念的联系很多是通过隐喻来进行的。隐喻使两个概念间的隐性联系变得直观。说话人表达自己的思想，受话人透过隐喻理解了其隐含意义，并建立自己对于这一现象的集成策略。隐喻转义的过程是从具体的、已知的、可感知的领域推向抽象的、未知的、难以感知的领域。不难发现，隐喻的认知机制是抽象现象和本质的具体化、已知化表达。库布里亚科娃建议把知识分成三种类型：个体知识、团体知识和共相知识。个体知识与个体世界图景相连，团体知识应处在亚文化或一定社会小范围团体的框架下，如行业世界图景，共相知识与民族世界图景紧密相关。这些知识的分析能够解释语言反映人类经验的过程，人类经验是通过何种手段聚焦和传达信息等问题。语言现象的认知阐释观的发展使我们更清楚语言现象是意识概念和认知结构的信息载体。[①]

语言是人们审视、认知、理解客观世界的物质手段。语言可作用于意识，并对意识进行范畴化加工。语言的使命就是在交际行为中传达信息，在话语中阐释意义。认识世界离不开语言世界图景（языковая картина мира）。语言世界图景是关于世界的概念，这些概念在特定历史时期语言社区的日常意识中生成，并反映在语言中，是一种感知和建

---

① Голованова Е. И. Введение в когнитивное терминоведение [M]. М.: Флинта, Наука, 2011: 224.

构世界、概念化现实的方式。赵爱国认为：语言世界图景就是语言概念反映的现实世界，即"语言镜中的世界"。语言世界图景是参与认知世界的特殊结构，为理解世界提供解释的模板。① 语言世界图景为理解世界、评价世界提供了一个独特的网状结构，其内涵就是透过语言和体验的棱镜来指称意义的综合体，其中包括对经验的划分、情景和实践的观察等。语言世界图景是意识概念系统的一种结构。在语言世界图景中名称是客体各个层面的一种标记。在现实世界中，名称连接了现实对象和语言研究所指。在心理世界里，客体名称能将客体意义言语化。语言的称名有着非常复杂的功能。

范式作为一种语言研究活动的方法论范畴，其研究有深远意义。语言学范式是语言活动的基础。术语学属于应用语言学的分支学科。当代术语学研究已经形成了新的语言学指导思想、阐释规则、阐释方法、论证形式、认知基础。新范式的形成有助于术语研究、教学和推广。

第三节　术语学研究的核心对象

术语在标准语词汇中占据重要地位。术语发展迅速，与科学技术、行业劳动、艺术等领域相互影响关系复杂。术语学的任务是将本民族固有术语、外来术语结合起来，并在必要情况下融合整理。在构成新术语时要充分运用具体语言词汇及其构词能力，在必要情况下借用对应的外来术语，使用更为通行和易懂的术语，而非艰涩和人为制造的术语。② 俄罗斯术语学家达尼连科（Даниленко В. П.）在 20 世纪 40—70 年代曾给术语下过 19 个定义。俄罗斯学者维诺库尔（Виногур Г. О.）、戈尔德（Герд А. С.）、戈洛温（Головин Б. Н.）、列法尔马茨基

---

① 赵爱国：《语言世界图景理论及其研究》，《外语与外语教学》2004 年第 11 期。
② ［俄］维诺格拉多夫：《术语集问题导论（节选）》李海斌译，《俄语语言文学与文化研究》，2019 年第 3 期。

(Реформатский А. А.)、列依奇科（Лейчик В. С.）、舍洛夫（Шелов С. Д.），中国学者郑述谱、冯志伟、吴丽坤、孙淑芳、孙寰、叶其松等都对术语问题进行过探讨。术语的定义和内涵是术语学研究的一项重要课题。

一 俄罗斯学界提出的"术语"定义

俄罗斯学者阿列克谢耶娃（Алексеева Л. М.）指出："分析术语学文献可以发现，对'术语'定义的问题一直难有统一的观点，'术语'的本质认知一直存有一定争议，因为术语是多视角、内部充满对立的研究对象。"① 俄罗斯术语学界对术语的定义大多基于语言学视角，认为术语学是应用语言学的一个分支，但内部的差异还是比较大，对术语定义的理解丰富多样，本节将对术语定义做细致阐释。

（1）Термин-слово или лексикализованное словосочетание, требующее для установления своего значения в соответствующей системе понятий построения дефиниции.②

术语是定义和建构相应概念体系时所需确立自身意义的词或词汇组合。

（2）Терминологическая лексика-это слова или словосочетания, используемые для логически точного определения специальных понятий, установления содержания понятий, их отличительных признаков.③

术语词是用来在逻辑上准确界定专业概念、划定概念内容及特征的词或词组。

（3）Термин-слово или составное наименование, созданное для

---

① Алексеева Л. М. Проблемы термина и терминообразования: учеб. пособие поспецкурсу [М]. Пермь: Перм. гос. ун-т., 1998: 10.

② Канделаки Т. Л. Семантика и мотивированность терминов [М]. М.: Наука, 1977: 7.

③ Фомина М. Д. Анализ структурно-грамматических особенностей научных терминов: метод. рекомендации. [М]. М.: РУДН, 1983: 5.

обозначения понятия науки и техники, разных областей знания.①

术语是词或者组合名称，为保障科学、技术和不同领域知识被创立。

（4）Термин-слово или подчинительное словосочетание, имеющее специальное значение, выражающее и формирующее профессиональное понятие и применяемое в процессе познания и освоения научно и профессионально-технических объектов и отношений между ними.②

术语是有专门意义的，表达、形成行业概念，用于认知、掌握科学、行业、技术客体及其相互关系的词或主从关系词组。

（5）Термин-слово или сочетание слов определенного подъязыка, взятое в фиксированном узуальном значении, для которого существует в более или менее явном виде сознательно выработанная дефиниция в рамках конкретного вида человеческой деятельности, причем носители подъязыка при использовании термина сознательно ориентируются на эту дефиницию.③

术语是取自特定意义次语言的词和词组，是所有人类具体活动领域中有意识加工的定义，而且该次语言持有人使用术语时会有意识地指向这一定义。

（6）Термин-специальное слово（или словосочетание）, принятое в профессиональной деятельности и употребляющееся в особых условиях；словесное обозначение понятия, входящего в систему понятий определенной области профессиональных знаний；основной понятийный элемент языка для специальных целей；для своего правильного

---

① Кодухов В. И. Введение в языкознание：учеб. для студентов［M］. M.：Просвещение, 1987：179.

② Головин Б. Н., Кобрин Р. Ю. Лингвистические основы учения о терминах ［M］. M.：Высшая школа，1987：5.

③ Городецкий Б. Ю. Термин и его лингвистические свойства［A］. Структурная и прикладная лингвистика［C］. Вып. 3. Л.：ЛГУ，1987：56.

понимания требует специальной дефиниции（точного научного определения）.①

术语是行业活动中的专业词，用于特定场合；行业知识某一领域概念的词汇指称；专门语言的核心概念元素；正确理解所需的专门定义（正确的科学定义）。

（7）Термин-обозначение специального понятия, определенного в данной системе понятий, в виде слова или словосочетания, служащего его наименованием.②

术语是特定概念系统中特定社会概念的指称，以词或词组的形式服务名称。

（8）Термин-слово или словосочетание, обозначающее понятие специальной области или деятельности.③

术语是指称专业领域、活动中的词和词组。

（9）Термин-инвариант（слово или словосочетание）, который обозначает специальный предмет или научное понятие, ограниченное дефиницией и местом в определенной терминосистеме.④

术语是指称特定术语系中限定在定义和地位的专门客体或科学概念的常体（词或词组）。

（10）Термин-слово или словосочетание, обозначающее понятие

---

① Суперанская А. В., Подольская Н. В., Васильева Н. В. Общая терминология. Вопросы теории [M]. М.：Наука，1989：14.

② Самбурова Г. Г. Словарь терминолога: основные понятия и термины теории и практики упорядочения специальной терминологии [A]. Сборники научно-нормативной терминологии [C]. Вып. 111. М.：Наука，1990：36.

③ Лингвистический энциклопедический словарь / Под ред. В. Н. Ярцевой. [Z]. М.：Советская энциклопедия，1990：508.

④ Комарова З. И. Структура специального слова и ее лексикографическое описание [M]. Свердловск：Изд-во УрГУ，1991：17.

специальной области или деятельности.①

术语是指称专业领域或活动概念的词或词组。

（11）Термин-слово или сочетание слов специального（научного, тех-нического и т. д.）подъязыка, непосредственно соотнесенное с научным понятием, служащее для его как можно более точного выражения, например: атом, кристаллография, синтаксема и т. д.②

术语是专业（科学、技术）次语言的词或词的组合，直接与科学概念对应，且尽可能准确地表达概念，如 атом, кристаллография, синтаксема 等术语。

（12）Термин-слово или словосочетание специальной сферы упо¬требления, создаваемое（заимствуемое, принимаемое）для точного выражения специальных понятий и основанное на дефиниции.③

术语是专业领域的词或词组，准确表达科学概念。

（13）Термин-слово（или словосочетание）, обозначающее понятие специальной области знания или деятельности.④

术语是指称专业知识领域或活动的词或词组。

（14）Термин компонент динамической модели языка, диалектически сочетающей в себе стабильную знаковую систему и ее постоянное переосмысление.⑤

---

① Васильева Н. В., Виноградов В. А., Шахнарович А. М. Краткий словарь лингвистических терминов［M］. M.：Русский язык，1995：128.

② Бурханов И. Учебный словарь системы понятий лингвистической семантики［Z］. Издательство Wydawnictwo Wyszej Szkoy Pedagogicznej，1995：172.

③ Володина М. Н. Теория терминологической номинации［M］. M.：Изд-во Моск. ун-та，1997：25.

④ Даниленко В. П., Новикова Н. В. Гл. IV. Культура научной и профессио-нальной речи［A］. Граудина Л. К. Ширяев Е. Н.（ред.）. Культура русской речи［C］. M.：НОРМА-ИНФРА，2001：170.

⑤ Алексеева Л. М., Мишланова С. Л. Медицинский дискурс：теоретические основы и принципы анализа. Пермь：Изд-во Пермского ун-та，2002：15.

第二章　术语学研究的认知转向

术语是辩证地将稳定的符号系统及其常态化反复思考相结合的语言动态模型的要素。

（15）Термин——в лексической стилистике：слово или словосочетание специального （научного，технического и т. п.）языка，создаваемое （принимаемое，заимствуемое）для точного выражения специальных понятий и обозначения специальных предметов。①

在词汇修辞学中，术语是专业（科学、技术等）语言的词或词组，用于准确表达专业概念或指称专业对象。

（16）Научный термин-языковая единица （слово или словосочетание）преимущественно субстанционального характера，конвенционально соотносящаяся с понятием и предметом профессиональной сферы и служащая для фиксирования хранения и передачи концентраци информации。②

科学术语是具有实体性、规约性的语言单位（词或者词组），这些语言单位与社会行业领域的概念和客体对应，为记录、储存、传播及整合信息而服务。

（17）Термин-слово и （словосочетания）метаязыка науки и приложений научных дисциплин，а также слова，обозначающие специфические реалии областей конкретной практиче¬ской деятельности человека。③

术语是科学元语言词（词组）、学科的附属品，指称具体实践活动某领域具有特色的现实的词汇。

（18）Термин-элемент терминологии （терминосистемы），предст

---

①　Лагута О. Н. Стилистика. Культура речи. Теория речевой коммуникации：уч. словарь терминов. Уч. пос. Ч. 2. ［Z］. Новосибирск：Новосибирский гос. ун-т，2000：132.

②　Лемов А. В. Система，структура и функционирование научного термина. ［M］. Саранск：Изд-во Мордовского ун-та，2000：77.

③　Баранов А. Н. Введение в прикладную лингвистику ［M］. М.：Едиториал УРСС，2003：89.

авляющий собой совокупность всех вариантов неязыкового знака или устойчиво воспроизводимой синтагмы, выражающих специальное понятие определенной области знания.①

术语是术语集（术语系）的构成要素，是非语言符号和连续再现结构所有变体的总汇，表达某特定知识领域的专业概念。

（19）Термин-номинативно значимая семиотическая единица сферы профессиональной коммуникации.②

术语是在称名层面具有意义的行业交际领域符号单位。

（20）Термины-слова и словосочетания, являющиеся названиями специальных понятий науки, техники, сельского хозяйства, искусства.③

术语是阐述科学、技术、生产活动和艺术中专业概念名称的词或词组。

（21）Термин-вербализованный результат профессионального мышления, значимое лингво-когнитивное средство ориентации в профессиональной сфере и важнейший элемент профессиональной коммуникации.④

术语是对行业领域语言认知有意义的行业思维言语化产物，是行业交际中最重要的要素。

（22）Термин-номинативная специальная лексическая единица (слово или словосочетание) специального языка, принимаемая для точно

---

① Авербух К. Я. Общая теория термина ［M］．Иваново：ИвГУ，2004：131.

② Морозова Л. А. Терминознание: основы и методы ［M］．М.：Прометей，2004：14.

③ Касаткин Л. Л.，Клобуков Е. В.，Лекант П. А. Краткий справочник по современному русскому языку：учеб. пос ［Z］．М.：Высшая школа，2006：62.

④ Голованова Е. И. Категория профессионального деятеля: Формирование Развитие Статус в языке ［M］．М.：Элпис，2008：63.

го наименования специальных понятий.①

术语是专业语言的专业称名词汇单位（词、词组），用于准确定名专业概念。

（23）Термин-слово или словосочетание（с подчинительной связью компонентов），обозначающее профессиональное понятие.②

术语是指称行业概念的词或（具有主从联系的）词组。

（24）Мы понимаем под термином слово или словосочетание, соотнесенное со специальным понятием, явлением или предметом в системе какой-либо области знания.③

术语是词或者词组，与某一领域知识体系中专业概念、现象或者客体相关。

（25）Термин-лексическая единица языка для специальных целей, обозначающая общее—конкретное или абстрактное—понятие теории определенной специальной области знаний или деятельности.④

术语是具有专用语言目的的词汇单位，表达某专业知识或活动领域理论的普遍（具体或抽象的）概念。

（26）Термин-слово или словосочетание, обозначающее понятие, принадлежащее определенной области науки.⑤

术语是表达特定科学领域概念的词或词组。

（27）Термин-слово, словосочетания, аббревиатура, различные

---

① Гринев-Гриневич С. В. Введение в терминоведение．［М］．М. Московский лицей，2008：33.

② Немченко В. Н. Введение в языкознание［М］．М.：Дрофа，2008：218.

③ Лантюхова Н. Н., Загоровская О. В., Литвинова Т. А. ТЕРМИН：Определение понятия и его сущностные признаки［J］．Вестник Воронежского института ГПС МЧС России，2013（5）：44.

④ Лейчик В. М. Терминоведение：предмет，методы，структура. 4-е изд．，испр. и доп. ［М］．М.：ЛИБРОКОМ，2009：31—32.

⑤ Шахмайкина Ю. А. Термин // Новая Российская энциклопедия. Т XVI（1）［Z］．М.：Энциклопедия，2016：357.

символы и их комбинации со словами, соотнесенные со специальным (профессиональным) понятием.①

术语是词、词组、缩写词、不同符号及其与相关行业概念词的组合。

本书给出了俄罗斯学者的 27 个定义，几乎都指出，术语是语言的词汇单位（词或词组），都与概念相对应，这是术语定义的共性要素。可以看出，术语是语言符号（有特殊意义的词、词组、词的组合），应符合行业或者社团的使用规则，表达某一知识领域的专业概念，或具有定义、阐述和解释特征，具有一定的理据性、规约性，是一种工具语言，与科学发展和生产生活密切相关。

二 中国学界提出的"术语"定义

（1）术语是分门别类的分科之学的重要单元，是说理最基本最有效的工具。术语是概念的外显形式，是一种语言片段，通常诉诸文字记录下来，是书面语的片段。②

（2）术语是对科学技术概念专有名词的称谓，科技文献的特点是准确、严谨、简洁，这就要求所用术语含义单一、准确，句子结构明晰而不会造成歧义，逻辑严谨，一般不用带修辞色彩的词句。③

通过语言或者文字来表达或限定专业概念的约定性符号叫作术语。术语可以是词，也可以是词组。④

（3）术语词是俄语词汇体系的组成部分，表示专门知识领域与活动领域的科学概念，其使用范围局限在特定的社会群体中。⑤

（4）术语是表达或限定专业概念的约定性语言符号。在我国，人

---

① Словарь современного русского литературного языка. В 20 томах. Тома 1 – 6. А-З（комплект из 5 книг）[Z]. М. Издательство Русский язык, 1991: 289.
② 张春泉：《术语的认知语义研究》，武汉大学出版社 2017 年版，第 21 页。
③ 伍铁平：《普通语言学概要》，高等教育出版社 2006 年版，第 169 页。
④ 刘青主编：《中国术语学研究与探索》，商务印书馆 2010 年版，第 21 页。
⑤ 张家骅：《新时代俄语通论》，商务印书馆 2010 年版，第 144 页。

们习惯称其为名词。由于术语是用来指称专业概念的，我们所说的术语，一般是指科学技术术语。①

（5）术语是专业领域中概念的语言指称。②

（6）术语是专业语言或者说是专家的词汇，用来表示特定的概念。③

（7）术语不应被看成是单独的语言事实，而应被看作某一术语系统中历史形成的单位。④

（8）术语是科学概念的语言载体，必须符合各自语言的合格性原则。⑤

（9）术语是语言中的一个广泛的词层，是词汇体系中一个有机组成部分，是语言社会确认的语言单位。⑥

（10）术语是概念名称，尤指普通概念。⑦

（11）术语就是在一定的主题范围内（某一学科），为标示一个特定的专门的概念而确定的一个单词或词组（一般术语和符合术语）。⑧

本节虽未穷尽术语的定义和内涵，但遴选了中俄两国术语学界权威学者的定义，来明确术语的本质属性。显然，要弄清术语的本质对学者的众多定义进行归纳分析和整理是十分必要的。通过分析，我们尝试给术语下一个定义：术语是语言符号（包括词和词组），应符合社会行业中表达专业概念的标准，都是科学概念，一般为理据性。

---

① 潘书祥：《关于加强我国术语学建设的几点思考》，《科技术语研究》2005年第1期。
② 冯志伟：《现代术语学引论》，商务印书馆2011年版，第29页。
③ 梁爱林：《从术语的价值看术语工作（一）》，《中国科技术语》2009年第2期。
④ 郑述谱：《俄罗斯当代术语学》，商务印书馆2005年版，第196页。
⑤ 叶蜚声：《汉语术语的合格性》，《中国科技术语》1991年第1期。
⑥ 陈楚翔：《术语·术语学·术语词典》，刘青，《中国术语学研究与探索》，商务印书馆2010年版，第192页。
⑦ 石立坚：《专名与术语》，刘青，《中国术语学研究与探索》，商务印书馆2010年版，第183页。
⑧ 陈原：《当代术语学在科学技术现代化过程中的作用和意义》，《中国科技术语》1985年第1期。

第四节　术语学的分支学科

"术语学是新兴学科，主要探讨各学科术语、术语分类、术语命名原则、演变及规范化、术语的认知特点等。俄罗斯术语学研究起步较早，在术语理论方面著述颇丰。"[①] 术语学虽不是极具热度的学科，但有很高的理论和实践价值。冯志伟将术语学定义为：研究全民语言词汇中的专业语言规律的一门学科，它主要研究专业术语的理论、实践和方法。[②] 国内学者对俄罗斯术语学的研究成果不少，郑述谱的《俄罗斯当代术语学》、吴丽坤的《俄罗斯术语学概论》、叶其松的《术语研究关键词》、孙寰的《术语的功能与术语在使用中的变异性》、张金忠的《俄汉—汉俄科技术语词典编纂理论研究》等奠定了国内俄罗斯术语学的研究基础。他们划定、描写了专业词汇的基本范畴，分析专业词汇与通用词区分性特点，准确分离、遴选出需要整理的专业词汇。术语学的核心课题是术语，提出了描写、分析术语体系的一般方法，界定术语和术语体系的一般属性及其在不同领域专业词汇中的特点。术语学研究称名，研究术语命名概念的基本类型及其内部联系。术语学的核心研究还是在科学概念的语义层级，探讨术语的语义特点、语义问题，在学科话语体系内部完善术语结构、构词组成，进行术语生成模式与特点的研究。

认知术语学兴起后，开始研究不同语言、不同知识领域中术语的产生、形成和发展，分析术语在专业言语和现代信息技术系统中的功能特点，界定术语在科学认知、思维和知识发展及科学术语在专业人员的培训、交往过程中发挥的作用。术语学、词典学和词汇学相互融通，互相补充完善不同类型专业词典的编纂理论。俄罗斯术语学自洛特开始就注

[①] 句云生：《术业专攻——俄罗斯认知术语学》，《中国社会科学报》2019年4月2日。
[②] 冯志伟：《现代术语学引论》，商务印书馆2011年版，第3页。

重生产和生活实践，研究制定规范（标准化）传统术语学，提出分析不同知识领域术语的方法。现代术语学研究并制定术语工作的方法是为了创建现代化计算机术语加工系统，即自动检索系统、数据库、知识库和智能术语系统，为其提供语言方面的信息保障。术语学为编写不同专业词典提供挑选、加工专业词汇的标准与原则，分析并制定编辑、核验术语的工作方法。术语翻译也是术语学的研究领域，确立翻译术语的方式、方法，探讨术语翻译的问题是学界比较看好的方向。

俄罗斯术语学根据其研究对象和分类出现了不同方向。从整体来看，现代术语学分为理论术语学和应用术语学。理论术语学主要探讨行业术语的发展和使用规则，从事理论建构方面的活动。应用术语学关注如何使用术语，排除术语使用不准确、不完善的方面，术语的描写、评价、修正、组织、翻译及使用。根据其属性可分为一般术语学和专门术语学。一般术语学关注术语词在专门领域的共性、目标、流变等。专门术语学研究专业词汇的使用规则。类型术语学（типологическое терминоведение）研究术语总汇的特征的比较，以此来明确术语的一般特征和不同点。这里与对比术语学有相近之处。对比术语学（сопоставительное терминоведение）从不同语言某一领域词汇进行对比分析，以求不同语言或行业词汇使用的异同。词汇语义术语学（семасиологическое терминоведение）探究专门词汇语义的问题，包括术语语义流变、术语意义的不同表现、同义、反义、多义等问题。称名术语学（ономасиологическое терминоведение）研究专门词汇的称名过程、概念的产生以及称名的最佳表达方式。历史术语学（историческое терминоведение）发现不同流派对术语的不同解读，术语发生、发展和变化的原因。功能术语学（функциональное терминоведение）关注术语的功能，注重其在话语中的功能性解读，术语在行业交际中的特点及在信息技术中的应用。术语词典学（терминография）探讨专业词汇词典的编撰过程，是关于设计、编撰和使用词典及其演变活动的一个学科。20世纪70年代以来，上述几个术语学分支学科迅速发展,受到了学界的很大关注。

正如列伊齐克（Лейчик В. М.）所指出的：" 有必要更广泛地利用认知方法等有前途学科领域的成就,包括认知语义学、专门语言理论,结合这些特殊领域内容和结构进一步研究术语。"① 阿列克谢耶娃（Алексеева Л. М.）和米什兰诺娃（Мишланова С. Л.）指出了认知方法对术语研究的重要性：首先,认知方面让我们看到术语不仅可以作为描述对象进行研究,还可以以研究人员呈现的形式进行研究。其次,认知术语视角使研究人员对术语的复杂性了解得更充分。它指导术语学家研究术语特定属性的内部模式。最后,术语领域的认知研究有助于理解该术语的新的、更深层次的问题,包括一个人对周围世界的态度问题,以及希望用语言确定、表达知识结果的问题。② 格里尼奥夫（Гринев-Гриневич С. В.）将认知术语学（Когнитивное терминоведение）命名为最有前途的术语研究领域,并指出其重要性"不仅对于研究科学知识的发展,而且对于研究人类文化和整个文明的发展都有裨益"③。在科学技术快速发展、新专业不断增长的现代背景下,术语要素形成、存储和传递专业知识的问题变得越来越重要。认知术语学被认为是专家认知活动的结果,专门探讨专业知识的概念化和语言化。④ 认知术语学诞生于 20 世纪 90 年代,已经成为一个独立的语言学分支学科,有独特的研究对象、术语体系、分析方法、问题导向以及发展定位。1998 年,俄

---

① Лейчик В. М. Терминоведение. Предмет, методы, структура［M］. М.：КомКнига, 2009. 235с.

② Алексеева Л. М. О тенденциях развития современного терминоведения［A］. Л. М. Алексеева, С. Л. Мишланова // Актуальные проблемы лингвистики и терминоведения：междунар. сб. науч. тр., посвящ. юбилею проф. З. И. Комаровой ［С］. Екатеринбург, 2007. С. 10.

③ Гринев С. В. Терминоведение на пороге третьего тысячелетия［A］. Научно-техническая терминология［C］. 2000. Вып. 1. С. 33.

④ Новодранова В. Ф. Проблемы терминообразования в когнитивнокоммуникативном аспекте［A］. В. Ф. Новодранова // Лексикология. Терминоведение. Стилистика：сб. науч. тр., посвящ. юбилею В. М. Лейчика［C］. М.；Рязань, 2003. С. 150.

罗斯术语学家阿列克谢耶娃率先使用了认知术语学这一术语。早前俄罗斯术语学家格里尼奥夫就曾使用过认识论术语学这一称名，虽与现在的认知术语学有所区别，但反映出认知术语学已成为一个独立的认知学科。21世纪以后，俄罗斯术语学家诺瓦德兰诺娃（Новодранова В. Ф.）、米什兰诺娃、舍洛夫等人纷纷著书阐述认知术语学的学理形态。2006年俄罗斯术语词典学家塔塔里诺夫（Татаринов В. А.）将认知术语学作为词条入典，标志着认知术语学作为一个独立的交叉学科被学界广泛认可。2008年，语言学家戈罗万诺娃详细阐述了认知术语的研究方向，即术语的认知属性、认知术语学的核心问题、行业交际语言的发展规则、认知术语的启智效用、核心术语体系等。他们详细探讨了术语的认知属性，行业知识的描写、储存和传播，专业语言术语系构建的认知交际视角，行业语言的概念分析以及概念化进程，科学语篇的认知分析机制，认知术语学元语言研究，科学语言的形成及心智体验，行业语言中的隐喻化现象，行业交际中常规认知和科学认知的关系，科学话语中的概念意义模型，医学术语描写的认知视角，行业术语称名的范畴基础，术语概念与范畴的表征，科学认知图式、概念模型、概念域的形成，术语构成的隐喻化研究，术语的概念融合研究等。

　　认知术语学的研究主题纷繁复杂，要整体审视该学科须从核心术语下手。核心术语为读者提供有关核心词的简易解释和互参方法。某一学科或理论与核心词构成一个连续统，一端是某一学科或理论，经过精密度的逐步分析后，到达由核心术语组成的另一端。一个学科或者理论的存在必然要通过它和其他术语的区分与比较在其核心体系中去理解其意义、功能和价值。认知术语学是现代术语学与认知科学交叉的产物，具有自己的核心术语体系，依托概念化、范畴化及语言物化的概念模型理论，形成了独特的话语体系。它主张从认知和交际视角着手研究术语构成的概念隐喻现象。认知语言学核心术语主要有认知、认知科学、语言的认知功能、概念化、范畴化、隐喻化、术语化、概念、感知形象、原型、图式、脚本、格式塔、范畴、语言世界图景、科学世界图景、行业交际、行业词、原型术语（类术语）等。认知术语学体系形成是渐进复杂的过程，从认知语言学中引入的概念和范畴效用较大。它重新审视了术语与概念的关系，深化了学界对二者的理解，引入了认知语言学的核心术语来丰富自身理论，完善其学科话语体系。

认知术语学作为认知语言学和术语学的交叉学科，继承了二者的研究原则，将这些原则融入到术语研究中。它主张以跨学科的视角审视术语，即坚持术语研究要秉持交叉学科一体化的视角。认知术语学为心理学、逻辑学、科学学、计算机科学、哲学、语言学的发展注入了新鲜血液。它主张研究术语的认知、交际、民族、文化属性，试图拉近语言学和术语学的关系。它关注人本身、宇宙中心、人类活动，主张术语研究应以"人"作为分析的出发点，阐释"术语与人"的二维互动。俄罗斯认知术语学着力探讨语言中"人"的因素，进行了卓有成效的研究，主要包括两方面：一是自然语言与个体行为、思维的互动，以及在这一互动框架下人具有的特定世界图景；二是人对术语使用、术语生成活动的主观能动作用，关注行业思维与术语结构的关系，科学世界图景中的概念研究问题。该学科还关注术语的功用，即关注术语作为研究对象具有的功能。它认为，术语是行业交际的手段、媒介、渠道，是人认知活动中实现特定动机的机制，主要探讨了术语、行业词等语言单位的交际认知功能，反对纯形式研究术语，反对片面术语理据要素等。上述原则均探讨了术语形成机制本身，有助于理解术语生成、术语传播进程中的生物、社会和心理属性。它关注术语的科学认知功能、话语语境下的认知、交际功能等问题。它积极倡导术语由纯描写向阐释过渡，坚持术语研究的系统中心论，坚持探寻术语的内部结构问题。认知术语学是一门体验科学，是经验主义和逻辑主义在语言内实现的共鸣，分析术语能够探究人的心智活动、认知机制等，强调术语是一个动态的系统，认为只有观察研究其在话语中的使用才能揭示术语发展的内部规律。

认知术语学从认知语言学借用了诸多核心术语，以建构行业交际的概念结构、概念体系等，其目标是分析行业领域核心术语和语体通用词，研究术语系中术语的关系，归纳术语体系建构的方法等。总结起来，认知术语学有七大学理目标：（1）研究不同话语中术语的生成、发展及功用；（2）学科术语系的结构化建构；（3）确立术语系的建构规则；（4）研究术语系的具体现象、术语构成、术语语义发展规律；（5）构建行业术语的概念模型；（6）揭示认知模型语言体现的形成途径；（7）从认知语言学、称名学的视角分析和描写术语的概念模型。

术语学是一门新兴学科，主要探讨各学科概念、概念分类，术语命名原则、演变及规范化等，综合来看就是研究学科术语的命名原则。俄罗斯术语学研究起步较早，在术语理论方面著述颇丰，尤其是在认知领域。俄罗斯术语学与语言学、心理学、逻辑学、科学学、信息技术科学密切相关。俄罗斯术语学派是世界四大术语学派之一，以认知视角研究术语是俄罗斯术语学的最大特色。

认知术语学诞生于 20 世纪 90 年代，已经成为一个独立的语言学分支学科，有独特的研究对象、术语体系、分析方法、问题导向以及发展定位。1998 年俄罗斯术语学家阿列克谢耶娃率先使用了认知术语学这一术语。俄罗斯术语学家格里尼奥夫就曾使用过认识论术语学这一称名，虽与现在的认知术语学有所区别，但反映出认知术语学已成为一个独立的认知学科。2000 年以后，俄罗斯术语学家诺瓦德兰诺娃、米什兰诺娃、舍洛夫等人纷纷著书阐述认知术语学的学理形态。2006 年，俄罗斯词典学家塔塔里诺夫将"认知术语学"作为词条入典，标志着认知术语学作为一个独立的交叉学科被学界广泛认可。2008 年，语言学家戈罗万诺娃详细阐述了认知术语的研究方向，即术语的认知属性、认知术语学的核心问题、行业交际语言的发展规则、认知术语的启智效用、核心术语体系等。

俄罗斯认知术语学是世界最权威的术语学流派之一，涌现了库布里亚科娃、诺瓦德兰诺娃、马聂尔科、列依奇科、舍洛夫、阿列克谢耶娃、库尔金娜、米什兰诺娃、别基舍娃、杜杰茨卡娅、沃罗比约娃、尼基金娜、尼古琳娜、希什尼亚克、里亚布彩娃、加布洛娃、塔塔里诺夫、德罗兹德诺娃、克尼亚金娜等术语学家，详细探讨了：（1）术语的认知属性；（2）行业知识的描写、储存和传播；（3）专业语言术语系组织、构建的认知交际视角；（4）行业语言的概念分析以及概念化进程；（5）科学语篇的认知分析机制；（6）认知术语学元语言研究；（7）科学语言的形成及心智体验；（8）行业语言中的隐喻化现象；（9）行业交际中常规认知和科学认知的关系；（10）科学话语中的概念意义模型；（11）医学术语描写的认知视角；（12）行业术语称名的范畴基础；（13）术语概念与范畴的表征；（科学认知图式、概念模型、概念域的形成；（14）术语构成的隐喻化研究；（15）术语的概念融合研究等。

  俄罗斯认知术语学的研究主题纷繁复杂，要整体审视该学科须从核心术语下手。核心术语可以为读者提供有关核心词的简易解释和互参方法。某一学科或理论与核心词构成一个连续统。一端是某一学科或者理论，经过精密度的逐步分析后，到达由核心术语组成的另一端。一个学科或者理论的存在必然要通过它和其他术语的区分与比较在其核心体系中去理解其意义、功能和价值。认知术语学是现代术语学与认知科学交叉的产物，具有自己的核心术语体系，依托概念化、范畴化以及语言物化的概念模型理论，形成了独特的话语体系。它主张从认知和交际视角着手研究术语构成的概念隐喻现象。核心术语主要有认知、认知科学、语言的认知功能、概念化、范畴化、隐喻化、术语化、概念、感知形象、原型、图式、脚本、格式塔、范畴、世界图景、语言世界图景、科学世界图景、行业语言、行业交际、行业词、原型术语（类术语）等。认知术语学术语体系形成是渐进复杂的过程，从认知语言学中引入的概念和范畴效用较大。它重新审视了术语与概念的关系，深化了学界对二者的理解，引入了认知语言学的核心术语来丰富自身理论，完善其学科话语体系。

  认知术语学作为俄罗斯认知语言学的分支学科，继承了认知语言学的研究原则，将这些原则融入术语学研究中。它主张以跨学科的视角审视术语研究，主张不同学科相互交融，即坚持术语研究要秉持交叉学科一体化的视角。俄罗斯认知术语学呈现出跨学科的态势，为心理学、逻辑学、科学学、计算机科学、哲学、语言学的发展注入了新鲜血液。它主张研究术语的认知、交际、民族、文化属性，试图拉近语言学和术语学的关系。它关注人本身、宇宙中心、人类活动，主张术语研究应以"人"作为分析的出发点，阐释"术语与人"的二维互动。

俄罗斯认知术语学着力探讨语言中"人"的因素，进行了卓有成效的研究，主要包括两方面：一是自然语言与个体行为、思维的互动，以及在这一互动框架下人具有的特定世界图景；二是人对术语使用、术语生成活动的主观能动作用，关注行业思维与术语结构的关系，科学世界图景中概念研究问题。该学科还关注"术语的功用"，即关注术语作为研究对象具有的功能。它认为，术语是行业交际的手段、媒介、渠道，是人认知活动中实现特定动机的机制，主要探讨了术语、行业词等语言单位的交际认知功能，反对纯形式研究术语，反对片面术语理据要素等。上述原则均探讨了术语形成机制本身，有助于理解术语生成、术语传播进程中的生物、社会、心理属性。它关注术语的科学认知功能、话语语境下的认知、交际功能等问题。它积极倡导术语由纯描写向阐释过渡，坚持术语研究的系统中心论，坚持探寻术语的内部结构问题。认知术语学是一门体验科学，经验主义和逻辑主义可以在语言内实现共鸣，通过分析术语语料能够探究人的心智活动、认知机制等。它还强调术语是一个动态的系统，只有观察研究其在话语中的使用才能揭示术语发展的内部规律。

认知术语学从认知语言学借用了诸多核心术语，以建构行业交际的概念结构、概念体系等，其目标是分析行业领域核心术语和语体通用词，研究术语系中术语的关系，归纳术语体系建构的方法等。总结起来，认知术语学有七大学理目标：（1）研究不同话语中术语的生成、发展及功用；（2）学科术语系的结构化建构；（3）确立术语系的建构规则；（4）研究术语系的具体语言现象、术语构成、术语语义发展规律；(5) 构建行业术语的概念模型；(6) 揭示认知模型语言体现的形成途径；(7) 从认知语言学、称名学的视角分析和描写术语的概念模型。

　　俄罗斯认知术语学从实际出发，发现、解决问题。它指出术语定义的不同视角，在诸多语言单位中探索术语的语言学渊源，通过术语要素的词源分析揭示术语单位的结构语义和句法特点。了解行业交际领域概念的结构、本质可以明确术语在术语系中的实际用途。它继承了传统术语学的优良传统，对传统术语学分析专业词汇的方法加以总结和创新，选取语料进行实证分析。随着认知科学的发展，认知术语学开始关注术语在科技、科普、教学等类型话语中的功能，预测未来术语系理论发展的趋势。其学说深化了称名进程的科学认知，认为称名不仅是给客观世界命名的过程，还是认知、建构、评价以及描写世界的过程。术语单位、术语生成、术语称名的研究展现了术语概念言语化的前景，对构建术语系，描写学科概念域和范畴意义重大。

　　范式更迭促进学科发展，俄罗斯认知术语学为研究科技术语、行业概念、行业话语提供了全新的方法论。不可置否，其学科内部也存在不少问题，比如过多引入认知语言学术语，学科兼容性及实际效用受制于认知语言学，对术语的特殊性把握得不全面等问题。但瑕不掩瑜，他山之石，可以攻玉。认知术语学是一个前景明朗的学科，其理论为术语学乃至整个语言学研究提供了元语言加工视角，在一些关键领域进行的有益探索为世界认知科学做出了很大贡献。

本章小结

　　术语学进入了认知范式的发展阶段，从实际出发来发现、解决问题，从术语定义不同视角入手，本章旨在诸多语言单位中探索术语的语言学渊源，通过术语要素的词源分析揭示术语单位的结构语义和句法特点。了解行业交际领域概念的结构、本质可以明确术语在术语系中的实际用途。它继承了传统术语学的优良传统，对传统术语学分析专业词汇的方法加以总结和创新，选取语料进行实证分析。

随着学科的发展，认知术语学开始关注术语在科技、科普、教学等类型话语中的功能，预测未来术语系理论发展的趋势。术语认知学说深化了称名进程的科学认知，认为称名不仅是给客观世界命名的过程，还是认知、建构、评价以及描写世界的过程。术语单位、术语生成、术语称名的研究展现了术语言语化的前景，对构建术语系，描写学科概念域和范畴有指导作用。术语学正式向认知术语学范式过渡。

第三章 "核心术语"的术语学解读

当代科技迅速发展，在这个过程中出现了自我反思的阶段，对各个学科核心术语体系建构及标准化，对自身核心术语体系发展取得的成绩和积累的经验进行总结、归纳、整理和升华，对提高学科发展的有效性意义重大。当前对核心术语的研究还不够充分，如何从术语学角度理解核心术语，构建核心术语的理论基础是本书的目标。

第一节 核心术语的内涵

核心术语研究与关键词提取有异曲同工之妙。学者威廉斯（Williams）在1976年出版了一本类似于工具书的《关键词——文化与社会的语汇》。2005年英国学者本内特等人重新编撰了《新关键词——新修订的文化与社会的语汇》。从威廉斯的《关键词》到本内特的《新关键词》，30年间，学术界已经广泛接受威廉斯的一系列创造性想法，那就是把关键词作为社会和文化研究的一种有效路径。[1] 《俄语言语礼节百科词典》给关键词（ключевые слова）下了定义："一些文学语言的研究用语属于文本的核心思想。"[2] 《语言与语言学词典》给关键词的释义为：表示某一时期或社会团体典型思想和概念的术语。[3] 术语是执行特

---

[1] 刘希平：《心理学关键词》，北京师范大学出版社2007年版，第1页。
[2] Сковородников А. П. и др. Культура русской речи：Энциклопедический словарь-справочник [M]. М. Флинта：Наука, 2003：241.
[3] 叶其松：《术语研究关键词》，黑龙江大学出版社2016年版，第3页。

殊功能的词。所以学科内指称科学概念的关键词就是这个学科的核心术语。

核心术语有几个重要属性：（1）揭示事物内部结构；（2）是一门语言的核心部分；（3）是称谓语言文本的核心思想；（4）凝聚社会集团的典型思想和概念。核心术语对理论建构发挥不可替代的作用。核心术语并非孤立存在，其是彼此相互关联，具有系统性的。核心术语有层级性，一般处于系统顶端具有上位概念属性，可以衍生出自己的下位概念。核心术语有变异性，是科学表达的基础概念，是相应概念的能指，其所指是相应概念的内容，在不断的发展变化过程中能指会遗留下来，所指一般会发生变化。叶其松指出，一个学科的术语的科学化程度与该学科理论研究的发达程度密不可分。在学科概念本质未被完全认清的情况下，学科术语使用不可能完全科学与规范。[①] 术语使用混乱会使研究无法深入，学科话语体系的建构也无从谈起。研究表明：学科发展初期是术语使用的混乱期，也是术语规范的最佳时机，所以开展核心术语研究是必要的。[②]

英国学者雷蒙·威廉斯（Raymond Williams）的关键词研究强调两方面：一是词语的关联性，即特定词汇与另一词汇构成了某种联系，进而彰显出该词汇的复杂意义；二是关注词语的变异性和多样性，亦即在不同语境使用的差异性。毫无疑问，威廉斯的开创性工作为后来的研究指引了方向。如他所言："我自己分析重点是针对社会历史层面。指涉与适用性是分析特别用法的两大基石"。关键词研究可以记录、质询、探索术语的研究方法，以更加准确的方式呈现术语的复杂性、多变性和差异性。当代认知语言学界学派林立，观点众多，这体现在关键词的不同上。对同一关键词的阐释，不同学派也有不同的理解和感悟。不同语言学家的不同语境正是呈现关键词差异变化的背景所在。对术语复杂含

[①] 叶其松：《术语研究关键词》，黑龙江大学出版社2016年版，第3页。
[②] 叶其松：《术语研究关键词》，黑龙江大学出版社2016年版，第3页。

义的把握而言，一个人的理解和用法难免有局限性，超越这种局限性，尽可能多地对不同学者在不同语境下的不同用法加以探寻，不失为一条行之有效的路径，本着这样的想法我们开展本书的核心术语研究。

　　钱冠连指出，"术语是一门学科结晶。要了解一门学科是什么样子，把握了核心术语以及它的下层关键术语群，就知道这门学科的核心与精华。"① 任何学科的建立都离不开一套理论系统和可用于阐释相应理论的术语系统，它们是以少数核心术语为基础建立起来的。叶其松认为，学科术语的研究与该学科的自身发展是同步进行的，从一个学科的几个术语出发，由点及面阐述学科本质。② 核心术语的更迭和演化意味着研究方法、研究视角的变化，说明学科中即将使用新的研究手段对固有问题进行回答，或者首创性地对某些对象进行阐释。科学研究是采用新研究方法，探索新研究对象的过程。术语是构建理论的基石，是研究特定范围内部的同一类现象的概括性阐释。术语在理论体系中的地位不同，可分为核心术语和一般术语。

　　核心术语是科学理论体系的主要范畴，一般术语伴生于核心术语之侧，是为核心术语服务的一般概念。换言之，术语分为一级术语和亚术语。核心术语与一般术语、一级术语和亚术语，共同构成学科理论的术语体系。核心术语体系在认知语言学的学科同一性形成和科学化发展过程中发挥着核心作用。作为一种科学分类过程，术语化和范畴化是认知语言学核心术语体系形成的核心途径。在建构认知语言学核心术语体系的过程中，应遵循单一性、简明性和专业性等核心原则，在不同层面和维度上次第展开。根据语言认知现象间的实际联系来建构认知语言学核心术语间的层级关系能够以完整的核心术语体系呈现学科完整的语言现象及其内在联系。核心术语是层次众多、结构复杂的符号体系，其研究

---

　　① 钱冠连：《论语言哲学的基本元素〈语言哲学精典原著系列〉总序》，《外国语文》2010年第6期。
　　② 叶其松：《术语研究关键词》，黑龙江大学出版社2016年版，第3页。

得到了许多研究者的关注。

核心术语实质上是一种描写语言，是自然语言的组成要素。术语的构成要素是符号。在科学中使用的一般科技词和指称概念的称名符号都是元语言。[①] 学者们用核心术语来描写自身主要研究对象。核心术语有功能指向性、蓄积性及交际性等特点。国内术语学界对核心术语的界定尚不明确。核心术语作为一个正式的术语并没有一致的定义。在综合查阅文献和分析总结的基础上看，核心术语就是用来描写学科轮廓，梳理概念体系，打造理论的一种术语系。核心术语研究是为了展现学科发展的规模、复杂性、重要意义、社会需求，是科学研究、科学交流必备的术语知识。本书尝试着从核心术语与术语体系的应用领域将其划分为三种类型，分别为学者观点型核心术语、理论建构型核心术语以及学科体系型核心术语。

（1）学者观点型核心术语。学者观点型核心术语指适用或涵盖某种理论观点，抑或为某种观点的建构提出的核心术语和术语体系。库布里亚科娃在论证认知—话语范式时提出的四种语言学理论主张：外延主义（экспансионизм）、人本主义（антропоцентризм）、功能主义（функционализм）、阐释主义（эксплантарность），[②] 在学界被许多学者认同，作为认知语言学的核心术语资格已经具备。学者观点型核心术语一般具有一定的主观色彩，库布里亚科娃在论证核心术语的例子就是典型的学者型核心术语，但后来被学界广泛接受。在中国知网中有很多文章或论文以作者提出的核心术语为基础展开科学研究，如《马丁内语言学核心术语的理解与汉译》《汤姆·雷根动物权利理论核心术语研究》《丹尼尔·贝尔后现代哲学核心术语研究》《大卫·哈维后现代哲

[①] Лейчик В. М. Терминоведение: Предмет, методы, структура [M]. M.: Издательство стереотип, 2014: 89.

[②] Кубрякова Е. С. Понятие «парадигма» в лингвистике [A]. Парадигмы научного знания в современной лингвистике [C]. M.: Издательство Институт научной информации по общественным наукам РАН, 2008: 4.

学核心术语研究》《查尔斯·詹克斯后现代理论核心术语研究》《中国近代伦理学核心术语的生成研究——以梁启超、王国维、刘师培和蔡元培为中心》。这些都是典型的学者型术语。本书在介绍一个学科时要了解该学科的研究领域和对象，然而，事实证明，并非所有学科都界限清晰，恰恰相反，多有交叉，这时学者型术语在核心术语系统中的作用不可替代。

（2）理论建构型核心术语。理论建构型核心术语是指对某学科以及相关学科研究产生里程碑式影响的术语体系。此种学科理论核心术语的提出标志着学科内部研究传统、范式和纲领的革命性变化，这种新范式对原有研究对象的研究范围重新界定，在这一点来看与库恩科学革命的思想不谋而合。认知主义占主导的现代语言学的变革主要体现在术语体系、分析对象与研究方法的根本变革。认知语言学作为一个独立交叉学科，产生自身的范畴体系，因此描写该学科的元语言是该学科建设的首要问题。我们熟知的概念隐喻理论、心智空间理论就是典型的学科理论核心术语。在建构科学理论时，站在理论的高度，学者提出了核心术语建构的理论，如《中医"脾主运化"理论核心术语研究》《〈黄帝内经〉核心文化术语"邪"的语境差异化英译研究》《图像理论核心术语 ekphrasis 汉译探究》《跨文化交际学核心术语 acculturation 探析》《经济贸易展览会核心术语标准化研究》都是这一类型术语。理论建构型核心术语是指对某学科以及相关学科研究产生里程碑式影响的核心术语体系。此种学科理论核心术语以及术语体系的提出标志着学科内部研究传统、范式和纲领的革命性变化，这种新范式对原有研究对象的研究范围重新界定，在这一点来看与库恩科学革命的思想不谋而合。

（3）学科体系型核心术语。学科体系型核心术语是学科建构的基础，一般有成体系的研究对象、目标、方法和成果等。认知语言学、心理语言学、神经语言学、术语学、科学学、逻辑学等都是学科体系型核心术语。

这类术语是学科发展到成熟的标志，也是建构某一学科理论的基本材料，分析该学科的基本工具。该类核心术语与术语体系是基础性的，学科理论体系不可或缺的组成要素。它们是处于最高层级的术语，可以确定这一学科领域的界限。知网中有很多类似的研究成果，如《认知术语学核心术语研究》《俄语词汇学术语的概念体系研究》《术语学核心术语研究》《汉语国际推广视野下的中国哲学核心术语教学研究》《语言哲学核心术语的英汉对比》《俄语法律核心术语研究》等属于该类核心术语。

可以看出，核心术语一般根据学科名目和内容来选定。认知语言学的学科名目是认知科学，"认知"是这一学科的主要研究对象，因此，这个术语是当之无愧的核心术语。从学科内容来看，认知语言学整合了认知科学和语言学两部分，因此，应根据学科研究范围来选择核心词汇作为关键术语。遴选核心术语要选择关系学科的关键词，它们应该成为核心术语。还要看核心术语的术语内涵是否在近些年间发生变化，现在是否还被积极使用。结构主义语言学向近代认知语言学转变实现了语言范式更迭质的飞跃，因此支撑认知语言学的核心术语的含义必然与结构主义的阐释区别开来。

本书选取核心术语的依据：（1）依据学科构成、衍生术语数量、使用频率、学界认可度等原则。（2）参考俄罗斯知名认知语言学家库布里亚科娃、马斯洛娃、斯捷尔宁、博尔德列夫等人的研究成果，选取其中复现率最高，研究成果最多，阐释力最强的术语。（3）本书选取的核心术语不包括"隐喻"和"世界图景理论"，"隐喻"和"世界图景理论"也是认知语言学的核心术语，但有碍于篇幅及国内已有众多学者撰文论述，博士论文数量众多，且译名及术语内涵相对固定，术语标准化程度也较高。

第二节　核心术语的作用

核心术语遴选是一门学科产生、发展和完善的必然。当今学科交叉背景下，从相邻学科借用术语现象较多，对其进行解读和概括要依托自身的研究对象、目标和方法。科学理论的本质和意义体现在核心术语上。核心术语是一门学科理论的支撑，是建构学科理论的术语网。一定程度上讲，它处在学科内部的主要研究环节。学界通过对核心术语的产生、演变和成就的梳理来呈现整个学科的发展脉络和历史，对解决学科发展的关键问题有重要作用。

一　推动学科话语体系建构

核心术语是建构学科话语体系的中心环节。话语建设的背后是思想、是学科，话语体系的困境就是核心术语体系的困境。建设学科话语体系要关注话语表达问题，关注表达内容，需要以理性思维与学科公设为根本，构建能把人文社会科学研究成果说透，实用且有层次的学术体系。核心术语体系就是学术内容的呈现、言说、传播问题，可确立学术研究的主旨、对象、路径、分析框架，塑造研究者的学术思维，影响学术研究方向与走势。建设学术话语体系要提升学术质量、夯实学术体系，也要建构学科术语体系。

1999年版的《辞海》将"话语"一词入典，界定为"运用中的语言"，揭示了该词的最基本含义。话语概念的结构基于三点：（1）话语的内涵应有一定主体传播。（2）话语形式是人传播其思想理念时的语言表达。① 话语是思想传播的语言系统，包括科学语言、日常语言、文学语言、理论语言、宗教语言、哲学语言等，这里的科学语言就是术语学的研究对象。（3）话语效用，即话语的科学阐释力、思想说服力、话语表达力、核心竞争力，具有科学性的话语就与术语产生了千丝万缕的联系。话语是一定主体思想理念的语言表达，是不同意识形态或不同学术派别间的博弈途径和交流方式，是科学语言中指称核心结构的术语系。学术话语体系都植根于一定的生活方式和文化传统，其与理论构建

---

① 辞海编辑委员会：《辞海》，上海辞书出版社1999年版，第936页。

和术语传播密切相关,深刻影响着人的生活方式和文化习惯。学术话语的功能在于描写世界和折射实践,助推人类的认知和实践水平的提升。

二 划分术语层级

术语处在相互联系和不断发展变化之中。术语衍生也处在变化之中。因此,学科核心术语不断衍生,出现从各种不同角度分析和描述的层级关系。术语系是在逻辑层面对术语间关系的描述,由一组或几组术语组成。不同专业领域和应用需求从不同视角来建构本领域术语体系。术语指称的本体多样,在一个术语系中也会存在多种不同类型关系。术语系要素间联系不仅在同一层次体现,也在多层次体现。术语是一种复杂的社会现象。术语间关系分为层级和非层级关系。层级关系包含属种和整体部分关系。认知语言学核术语体系中,"认知""概念""范畴"和"语言意识"的属概念,"科学认知""形象""图式""脚本""概念""命题""框架""格式塔"等术语处于下位范畴,是以整体—部分关系和种属关系为基础的层级关系。术语系是由多种关系构成的一个复合体。简单要求某学科核心术语体系只存在一种关系不符合核心术语体系建构的逻辑,也不符合术语实际情况。

因此,本书将核心术语体系视为一个整体,应整体把握与理解。核心术语是构成学科话语体系的核心范畴,是这个领域学科专家、学者研究、思想表达、传授知识的手段和工具,同时,它是由某一学科领域术语组成的层级系统。学科核心术语是科学认识发展到一定阶段形成的,建立在严密逻辑分类基础上。

三 "核心术语"的功能

核心术语作为这门学科的骨架,影响着认知语言学理论的学理形态,也影响着其理论力量。核心术语作为观察、描述、解释和说明事物不可或缺的工具发挥着重要作用,其建构是其科学发展的一项核心工作。这项工作须按照一定科学原则进行,与语言现象科学分类紧密联系。术语命名的本质是范畴化问题。建立、完善核心术语体系的过程是一个对术语分类的过程，是建立术语系的科学基础。

构建话语体系要坚持核心术语导向，解读自身的研究目标。学科话语体系建设的关键在于健全核心术语遴选。由此，核心术语的遴选就成了学术话语体系发展的基础要素。但核心术语遴选一直是学科研究的障碍，多数核心术语的选取均是基于自身研究需要，具有很强的主观性和不确定性。科学进步建立在核心术语的弃用与重构之上。核心术语是一门学科的结晶，是了解一门学科形态的关键所在。专家、学者只有把握了核心术语以及它的下层关键术语群，才能知道这门学科的核心与精华。核心术语的更迭和演化意味着研究方法、研究视角的变化，说明学科中即将使用新的研究手段对固有问题进行回答，或者首创性地对某些课题进行阐释。科学研究是采用新研究方法，探索新研究对象的过程。

术语是构建理论的基石，是研究特定范围内部的同一类现象的概括性阐释。核心术语与术语体系指的就是科学研究中对抽象度较高的科学概念和概念体系的建构。核心术语也是一个体系，是术语系统中的核心部分，具有相对稳定性和多样性，分为不同的层次和类型。任何术语体系中术语的地位和作用都不是等价的。术语体系的核心部分是相对的，没有绝对的核心术语。核心术语与非核心术语是可以相互转化的。在不同条件下术语核心部分是不同的，不能等同视之。不同术语在地位、功能和价值等方面有差异性。地位高、功能强、用途广、价值大的术语可构成术语体系中的核心部分，也是最重要的部分。术语系统中的核心部分，即使用频率高、分布范围广、稳定性较强、流通范围大、搭配能力强的术语叫作核心术语。原因在于核心术语与其他术语相比较处在学科核心地位，是术语中最重要的部分，其作用、价值比其他术语大。

核心术语对一门学科发挥着极其重要的支撑作用。术语是各种理论的核心部分，不仅决定着这是一门什么样的学科，而且也是这门学科得以发生、发展的重要基础。科学研究的目标是要形成一个知识总体，即知识系统。建造科学系统的砖瓦是术语。在某种程度上，的确可以说：

科学源于术语。作为一门科学，认知语言学应当始于何种核心术语体系，建立怎样的术语体系对其科学发展来说是一个重要问题。

第三节 认知语言学核心术语体系建构

术语是描写事物特征的语言工具，是一种知识单元。术语体系是建立学科术语总汇的基础，概念与术语一一对应。术语反映了人对某种事物的认识。于一门科学而言，术语体系的形成过程在符号层面的表现，即是术语体系的建构和完善的过程。

一 术语的体系化功能

术语体系集中反映了其研究对象的认知水平。认知语言学科学化发展建立在术语知识基础之上。术语体系是科学知识展示和展开的核心形式，离开术语性知识，科学就不可能回答客体是什么？研究客体为什么？所以，核心术语体系的形成是主客观的辩证统一。人文社会科学研究离不开术语建构。特定现象理解必须描述其参与者的行为，并加以解释。认知语言学属于人文社会科学交叉学科，不可能完全脱离人的主观认识达到纯粹客观，要以经验为基础，对术语现象进行分析、归纳和总结。它包含了具体术语现象的理解，克服其个别性和片段性，从而形成相应术语。按照术语本体论时序关系，将语言现象中各核心术语组织起来，建立一个初始的认知语言学核心术语体系是其科学化发展的出发点。

术语系在认知语言学理论建构中的作用主要是对既存事实的描述和分析，有创新价值。作为符号表达，术语的重要认识作用不可忽视，在认知语言学话语体系认识过程中发挥着记录知识、传播知识和发现新知的功能。术语能用作认识工具，构成体系的术语就能作为反映对象的物质世界，形成"世界图景"（世界在人的意识中的形象）。术语系是人科学认识世界和自身的利器。认知语言学对术语现象的认识水平取决于对客观术语现象的分析和整理，受术语体系发展水平的影响。这两方面相辅相成，是认知语言学术语体系形成的基础。术语体系发展水平决定了其学科理论对客观语言现象解释和批判的能力。

确立核心术语为认知语言学确定了研究焦点，勘定了学科边界。它的建立是以经验为基础，是其迈向科学的起点。术语的形成可分成两级：（1）基础级，即经验术语水平或准术语水平；（2）升华级，即形成详细解释的术语。术语一般都是依据本体对象的某些特征，将事物归入不同集合，并给这些集合命名，在类别产生的同时生成相应术语。尽管科学也借用日常语言中的词汇，但主要是借用了准术语的表达形式，其目的在于使科学术语更易于理解和传播。分类（范畴化）本身就蕴涵着术语间关系，根据自身关系建立的结构化术语集合就是术语体系。确立术语间关系的依据并非术语间单纯的语义关系，还包括与术语相对应的本体对象间的关系。

语义只有在阐释这种关系时才真正具有价值。术语描写依赖于语义分析和经验分析，依赖于对语言惯用法及其所指称现象的观察，但实际确是却过度依赖语言分析，在一定程度上忽视了现象观察和经验分析。在一个术语系统中，术语间关系建立在代表术语的个体在空间、时间上的邻接性基础之上。术语系统是表示整体—部分关系的系统，也是表示发生、发展的系统。我们运用这一术语体系来描述相应人类社会主要语言现象之间的发生、发展源流和先后时序关系，作为认知语言学本体对象的语言现象之间的关系是这一术语体系的客观基础。

认知语言学核心术语体系建构定位在学科发展上，研究者需清楚准确地表述这些术语的意义。认知语言学能称得上是一门科学，其所包含的细节错综复杂。在一门科学诞生之初，定义难免有不当之处。随着科学知识日渐丰富，研究对象的定义也会渐入佳境。术语不完全取决于其的定义精细程度，也包括其所概括的核心属性，这些属性是任何具体事物成为那类事物的必要和充分条件。认知语言学核心术语是基于可观察的社会语言事实基础上的，从事实中抽象出来的，摒弃了具体事实的个别性，从不同程度获得普遍性的概念体系。术语化过程使认知语言学从经验层面上升到理性层面，而核心术语体系的建构则使认知语言学在系统化过程中成为一种理论，当这种理性抽象和理论建构借助一定的科学方法使其建立在坚实的客观基础之上时，认知语言学就跻身于科学的行列了。

人能够认知、发现客观现实，为了具体目标以某种方式组织它，这种方式就是核心术语。本书对术语现象的认识通过组织成一定系统来建立普遍性理论。认知语言学术语相互关联构成了其术语系统，各术语必处于明确层次结构中，共同构成系统。这些原则是建构核心术语过程中应当遵循的，是保障核心术语在语言科学研究过程中有效发挥科学作用的条件。

对认知语言学核心术语的界定要避免以"广义"和"狭义"的模糊方式来进行。譬如"концепт"和"понятие"其实是处于不同层级的概念，其中"концепт"是"понятие"的属术语，而"понятие"是"концепт"的种术语。要在整个学科语境下分析核心术语体系，而非孤立地进行术语语义分析，才能清晰地界定这些术语。核心术语建构须以独特的方法论为基础，不简单借用相关学科术语作为认知语言学术语，虽然也存在学科间的交叉融合，但必须坚持从认知语言学的学科视角来界定这些术语。

核心术语分类是建构认知语言学术语系的前提和基础。从具体术语现象出发，术语系才能真正形成。通过这些途径，研究者获得了关于整个学科的术语，但这些术语并不一定完全科学。科学术语的形成须以经验事实为基础，凭借科学方法进行抽象分析和归纳，得出关于研究对象科学知识的核心单元。这样的知识单元，在其话语表述层面才能称为科学术语。在此基础上，语言学还必须对这些术语间关系进行分析，考虑到核心知识单元间的内在逻辑关系，逐步完成结构化过程，从而形成相对稳固的术语体系。

二 俄罗斯认知语言学界提出的核心术语

世界上的事物都处在不断发展变化之中,术语现象也不例外。因此,认知语言学核心术语也在不断衍生、发展和变化,产生一系列不同的层级关系。术语体系是在逻辑层面对术语本体间关系的描述系统,由不同范畴的术语所组成。术语指称本体间的关系多种多样,在一个术语体系中存在多种不同类型关系,并非是整齐划一、步调一致的。因而,术语体系组成要素间关系并非总在同一层面上展开,而往往在多层次、多维度上次第展开,形成多层级体系。认知语言学核心术语体系是复杂、多层级的,确定这些关系的客观基础是术语的使用和术语间的语义关系。认知语言学术语体系不全是新术语,有很多是从其他学科借入的。俄罗斯不同学者提出的认知语言学核心术语差别很大。

在俄罗斯"E-libaray"论文库检索俄罗斯认知语言学几个领军学者的文献,选择排名前20的关键词可看出俄罗斯主流认知语言学家对认知语言学核心术语的阐释。

（1）博尔德列夫所发著述中的核心术语包括：концепт（概念）、концептуализация（概念化）、категоризация（范畴化）、интерпретация（阐释）、знание（知识）、категория（范畴）、когнитивная лингвистика（认知语言学）、языковая интерпретация（语言阐释）等。

（2）库布里亚科娃的核心术语包括：язык и мышление（语言与思维）、грамматика、когнитивная лингвистика（认知语言学）、дискурс（话语）、морфология（形态学）、время、гносеология（认识论）、значение（意义）、обозначение（指称）、методология языкознания（语言学方法论）、мышление и речь、познавательное значение языка（语言认知意义）等。斯捷尔宁的核心术语包括：коммуникативное поведение（交际行为）、культура общения（交际文化）、концепты、когнитивная лингвистика、коммуникативное сознание（交际意识）、национальное сознание（民族意识）等。

（3）斯雷什金的核心术语包括：концепт（概念）、лингвокультура（语言文化）、коммуникация（交际）、языковая политика（语言政策）、концептуальная система（概念体系）等。

（4）斯捷尔宁提出的核心术语包括：认知、概念、概念化、范畴、范畴化、语言意识、联想实验（ассоциативный эксперимент）、联想场（ассоциативное поле）、称名场（номинативное поле）等。他的理论对认知语言学有创新价值，引入了语言意识的理论。

（5）马斯洛娃提出的认知语言学的核心术语包括：разум（理智）、знания（知识）、концептуализация（概念化）、концептуальная система（概念系统）、когниция（认知）、языковое видение мира（语言世界观）、когнитивная база（认知基础）、ментальные репрезента ции（心智体验）、когнитивная модель（认知模型）、категоризация（范畴化）、вербализация（言语化）、ментальность（心智）、констан ты культуры（文化常体）、концепт（概念）、картина мира（世界图景）、концептосфера（概念域）、национальное культурное простра нство（民族文化空间）等。这些核心术语皆与人的认知活动紧密相关，与人获取知识和信息的过程紧密相关。认知活动伴随着信息的加工过程，是人意识结构的特殊结构。言语活动认知是最重要的一种认知活动。

所以，本书在选取时考虑到了上述学者的观点体系，遴选了"认知""概念""概念化""范畴""范畴化""语言意识""联想实验"等核心术语作为研究对象。完整的术语体系是由多种关系构成的复合体，简单地要求认知语言学的核心术语只秉持单纯一种关系，不符合核心术语体系建构的逻辑，也不符合人类社会生活中语言丰富复杂的实际情况。叶其松认为，术语系是由某一学科领域中经过确定的术语组成的，是与其概念系统相一致的层级系统，这样看来术语就是术语体系的亚术语了。[①] 本书所阐述的核心术语体系指的就是科学研究中对抽象度

---

① 叶其松：《术语研究关键词》，黑龙江大学出版社2016年版，第3页。

较高的科学概念和概念体系的建构。术语的丰富性不仅取决于词汇和语法的丰富性，还取决于术语世界的丰富性。

本章小结

核心术语的用途在于阐明学科话语体系中的基本概念，使其历久弥新。核心术语研究的目标在于提升个体认识、改造世界的能力。认识与改造自然和社会的能力不断上升的表现就在于真理与规律的不断发现与运用，展现各种科学理论的更迭与交替。认知语言学是一种认知科学，其中心或元概念就是认知。在认知体系中，范畴、范畴化、概念、概念化、形象、图式、脚本、格式塔都属于认知的基本范畴，是反映认知语言学的最本质、最重要、最普遍关系的术语，是对认知过程、认知结果的概括和总结。如果把全部术语关系看作一个网的话，那么概念和范畴就是网上的经线和纬线，而术语则是这张网上的核心纽结。因此，这些术语是构建认知语言学的核心术语。本书就是要通过对这些核心术语的探析，在一定程度上再现认知语言学生成的真实面貌。

第四章　俄罗斯认知语言学的理论体系

认知语言学的理论基础框架在很大程度上来源于人文社会科学，其术语继承并吸收了心理学、计算机科学、哲学、生物学等领域的专业术语。它关注人的心智、思维过程的研究，主要研究对象是认知及其过程，研究知识的获取、储存和传播等。知识、认知、信息、智慧（разум）、意识是认知语言学的研究对象。认知科学内部的语言学和认知科学交叉产生了认知语言学。认知语言学术语体系的整理和思考是探索其科学化发展不可逾越的重要工作。一门学科的理论就是其核心术语体系，囊括了：主要流派、研究方法、研究原则、核心概念、实际应用等方面，本章就认知语言学学派、方法、原则做详细阐释。

第一节　认知语言学的主要学派

一　俄罗斯认知语言学的产生与发展

19世纪，学者洪堡特（Humboldt）开始研究语言世界观，波铁布尼亚（Потебня А. А.）指出，在语言产生的问题上存在心理现象，语言构成规则和发展对心理活动会产生影响。[1]心理表征是构成新思维的要素，这是赫尔巴特（Herbart）的知觉定律的观点（закон апперцепции Гербарта）。波铁布尼亚也十分看重联想在构成认知中的作用。

---

[1]　Потебня А. А. Мысль и язык［M］. Киев：СИНТО，1993：83.

他认为，人同时获取不同认识都是相对完整的，但又可以合在一起。①换言之，他清楚地知道语言在认知形成的过程中的作用。认知形成的过程就是心理知觉和联想过程中人对世界认识的产生和发展。波杜恩·德库尔特内认为，语言思维可展现整个世界独特语言认知和全部的世界现象。

俄罗斯学者谢切诺夫（Сеченов И. М.）、巴甫洛夫（Павлов И. П.）、维果茨基（Выготский Л. С.）、鲁利亚（Лурия А. Р.）等的研究成果和术语建设为俄罗斯认知语言学的出现奠定了一定的基础。语言活动在人脑中浮现，不同类型的言语活动（言语习得、听说读写）都与人脑机制密切相关。语言与思维关系问题一开始是心理语言学者探讨的问题，他们研究言语生成、言语理解和外语学习作为符号系统在人意识中的储存及使用。美国学者奥斯古德（Osgood）、西贝奥克（Sibeok）、俄罗斯学者列昂季耶夫（Леонтьев А. А.）、戈列洛夫（Горелов И. Н.）、扎列夫斯卡娅（Залевская А. А.）、卡拉乌洛夫（Караулов Ю. Н.）都曾探讨过此类问题。

认知语言学是认知心理学与语言学相结合的边缘学科，是在历史比较语言学、结构主义语言学基础上发展起来的。它关注语言的一般认知机制，主要探讨感知、理解的神经基础，语言知识结构表征及信息加工过程，语言习得的神经机制及结构化原则，言语生成及言语理解等问题。

作为世界认知语言学的一分子，俄罗斯认知语言学独具特色，涌现了一大批具有世界意义的认知语言学者，如：阿普列相、阿鲁玖诺娃、阿利夫连科、巴布什金、博尔德列夫、杰米杨科夫、科普林娜、库布里亚科娃、马斯洛娃、波波娃、拉希莉娜、斯雷什金、斯捷尔宁、杰丽娅、弗鲁姆金娜、丘季诺夫、什梅廖夫等，出版了大量相关著述，主要探讨了以下问题：（1）语言文化的心理体现；（2）民族心智与语言个

---

① Потебня А. А. Мысль и язык [M]. Киев：СИНТО，1993：91.

性；(3) 语言意识；(4) 语言世界图景；(5) 认知隐喻；(6) 俄语语法的认知问题；(7) 概念理论（包括概念化的历时层面、语篇心智空间的概念化研究、概念本质及概念分析、世界的语言概念化、语法范畴的概念分析等）；(8) 术语的认知研究等。

俄罗斯认知语言学注重语言学、心理学交融框架下的语言现象研究，尤其是术语的研究。称名不仅是给客观世界命名的过程，还是认知、建设、评价以及阐释世界的过程。术语在科学认知中起着记录、发现和传播新知识的作用，是人类认知活动的产物，是人类对知识加工与范畴化的产物。术语学家戈里格奥夫阐述了术语在科学认知中的地位，并使用认知术语学这一术语，尽管这一术语与我们现今所指的术语并不完全等同，但与认知术语学已相当接近，是学界公认的认知术语学的开端。阿列克谢耶娃进一步阐释了认知术语学这一学科内涵；米什兰诺娃系统地论述了术语学认知研究的主要发展趋势、认知术语学形成的前提、特点和主要范畴，将语篇中的概念分析作为认知术语学的研究对象。学者们的研究使认知术语学作为一门学科日臻成熟。

俄罗斯认知术语学主要研究术语的认知特性，术语构成中的隐喻、转喻现象，术语多义性，话语中的术语使用，术语的联想实验，概念与术语的关系，概念的术语学阐释等问题。其核心之中的核心当推术语概念。

概念是用语言表述的心智结构，反映人对世界民族文化的表征，是人意识内部文化体系的结晶，它体现在社会各个阶层，尤其是在普通人民群众中。人民群众在某种程度上影响着认知概念的形成。俄罗斯认知语言学界致力于概念研究，深入概念域去了解人的世界观、行为方式以及民族共性与个性，运用联想实验研究俄罗斯民族心智中的文化概念，主要探讨了概念的层级结构、分类方法、民族文化特点，概念与范畴、术语和意义等核心术语的关系等。莫斯科语义学派与以阿鲁久诺娃为首的逻辑分析小组对许多具体的概念进行系统分析和描写；斯杰潘诺夫出版的《俄罗斯文化常量词典》更是俄罗斯概念研究达到巅峰的标志。

俄罗斯认知语言学的研究范式表现为人本主义、外延主义、功能主义和阐释主义：（1）人本中心主义。即关注人本身、宇宙中心、人类活动。这一范式在俄罗斯语言学中起统领作用，拉近了语言学和其他学科的关系。主张以"人"作为语言分析的出发点，尝试阐释"语言与人"的二维互动。在认知语言学框架下主要探讨了：①自然语言与个体行为、思维的互动，以及在这一互动框架下人具有的特定世界图景。②人对语言使用、语言创造性活动的主观能动性作用。其研究成果颇丰，如卡拉乌洛夫的"语言个性理论"即是人本中心主义的典范。（2）外延主义。它认为语言学的研究对象具有模糊性、复杂性及演化性，要以跨学科的视角审视语言研究，主张不同学科相互交融。因此，俄罗斯认知语言学呈现出跨学科态势，为心理学、计算机科学、哲学、语言学的发展注入了新鲜血液。（3）功能主义。功能主义关注"语言的功用"，它与俄国布拉格语言学派渊源深厚，关注语言作为研究对象所具有的功能。认为语言是手段、媒介、渠道，是人认知活动中实现特定动机的机制，反对纯形式研究语言，反对片面研究语言的语用、话语理据等。它与人本中心主义一样，除探究语言机制本身，还研究语言交际的认知功能。从功能视角出发，不仅可以深入探讨欧美学界盛行的隐喻、心智空间、概念融合、原型、范畴化等理论，更可就概念、概念化、语言意识、世界图景等进行多角度、全方位的阐释与探究。（4）阐释主义。它主张语言研究由纯描写转向阐释。阐释主义坚持自身的系统中心论，坚持探寻语言的内部结构问题。它认为语言学是一门体验科学，经验主义和逻辑主义可以在语言内实现共鸣，通过分析语料能够探究人的心智活动、认知机制等。

俄罗斯一些学者还尝试构建以体验哲学为基础的语言认知哲学，主要探讨语言本源与语言本质、认知与符号之间的关系等。对符号的认知概念化描写可以确定认识与信息之间的关系。如阿利夫连科系统阐述了符号、信息、认知等术语之间的关系，对认知科学基础研究具有重要意义。总之，俄罗斯认知语言学研究独具特色，在一些关键领域进行的有

第四章 俄罗斯认知语言学的理论体系

益探索为世界认知语言学做出了很大贡献。

认知语言学开辟了研究语言与人、人工智能、认知过程间关系研究的新途径。认知语言学属于应用研究范畴，与哲学、心理学、社会学和语言学发展密切相关。近些年间俄罗斯语言学界涌现出了大量认知语言学专著及合著，以及像库布里亚科娃、波波娃、斯捷尔宁、博尔德列夫、巴布什金等一大批知名的认知语言学家。他们着力探讨知识对世界的表征，以及其在言语交际过程中的应用。正因如此，认知语言学可以说是最现代的语言科学。认知语言学植根于人本中心主义范式之下，使认知研究具有广泛的学科交融性。认知语言学是迅速发展的语言学方向，巩固了语言学的世界性学科地位。

与此同时，这个方向在理论问题、研究实践、研究方法、术语体系等方面显得不那么健全。认知语言学研究从术语体系视角开展十分必要。① 语言认知研究开始比较早，在20世纪就已初现体系发展态势。现代认知语言学一直是在为语言研究提供方法论的依据。库布里亚科娃指出，认知语言学具有跨学科属性，其术语是一个外延很大的体系，结合了认知心理学、认知语言学、认知哲学、语言逻辑分析、人工智能理论、神经生理学、认知文学等学科的研究理论。认知是人意识对周围环境信息的反映，在现代科学中意义比较宽泛，具有内部的、心智的和内省的特点。② 认知语言学是描写人加工信息和传递信息过程的学科，也对人心理机制框架下语言交际使用的原则进行阐释。近几十年来，认知语言学一直在吸收心理语言学的研究成果，在其基础上开展研究，但其研究对象已逐渐区别于心理语言学。信息获取和加工的过程、知识心智体验的方法是其关注的主要问题。

认知语言学是认知科学的一个分支，是认知心理学与语言学相结合

---

① Попова З. Д., Стернин И. А. Семантико-когнитивныйанализ языка [M]. Воронеж: изд-во «Истоки», 2007: 3.

② Кубрякова Е. С. Об установках когнитивной науки и актуальных проблемах когнитивной лингвистики [J]. Вопросы когнитивной лингвистики, 2004 (1): 9-11.

的交叉学科。① 它是一门发展十分迅速的学科，在语言学科中占有重要的地位。它的学科发展历史不久远，由于这一点，其理论依据、研究实践和研究方法还需进一步完善。经历过完善之后，认知语言学的研究方法和对象才能渐渐明晰。认知语言学是一种将关注语言作为普遍认知机制的流派，探讨感知理解的神经基础，语言知识结构的表征及信息加工的过程等。认知语言学研究语言习得的神经机制及结构化原则，言语生成及言语理解等问题。② 作为一个迅速发展的语言学流派，它逐步形成了自己独特的术语系统。

总之，该学科研究人的思维、智能以及与之相关的心智过程及状态。在这样的学科定位下，认知是人们对于人类活动过程中知识、意识以及世界的理解。认知主义研究的主要目标在于研究人的思维机制，研究人对各种信息再加工的过程，构建人对世界的心智模型，构建促进各种认知活动机制运行的体系，努力构建自然语言中的人工智能体系，加深人们对于计算语言的认知理解，研究思维活动中各种心理过程。认知语言学关注普遍的认知工具和认知手段，是一种全新的语言研究方向。该范式以符号体现（编码）和传递与接受信息（解码）作为认知手段。认知语言学的中心目标就是构建知识融通的语言交际模型。

二 认知语言学学派的研究视角

近年来，认知语言学术语体系主要在语言描写这一分支迅速衍生扩展，心理学、语言学、民族学、人类学、信息技术科学等学科的术语被大量直接引入认知语言学的研究领域，其中有些甚至根本不是语言学术语，给认知语言学发展带来了一定的压力。加强认知语言学核心术语体系的研究和建设是学科科学化发展的一项基础性和根本性的任务。当

---

① 赵艳芳:《认知语言学》，上海外语教育出版社 2001 年版，第 9 页。
② Демьянков В. З. Когнитивная лингвистика как разновидность интерпретирующего подхода [J]. Вопросы языкознания, 1994 (4): 17.

下，跨学科融合不断增多，认知语言学的术语体系迅速衍生扩展。很多心理学、语言学和哲学等学科的术语被大量直接引入该研究领域。加强认知语言学核心术语体系的研究和建设是其学科科学化发展的一项根本任务。认知语言学的首要任务是建立自身的学科同一性，走自身独立的学科发展道路，这是其成为一门科学的前提。探索建立认知语言学核心术语体系，是其建立学科同一性不可或缺的基础要素。纵观国内外认知语言学的发展研究历史和现状，会发现其术语体系发展虽然迅速，但缺乏标准化进程，有待完善。

认知语言学的研究范式在三十多年间就有了跨越式的大发展，为整个语言学研究提供了全新视角，呈现出勃勃生机，在一些关键领域进行尝试与探索，取得了举世瞩目的成果，具有极其强大的阐释力。正因如此，认知语言学飞速发展产生了众多的学派。《辞海》对学派的释义为：一门学问中由于学说师承不同而形成的派别。这是指传统的师承性学派。因师承传授导致门人弟子同治一门学问而可以形成师承性学派。[1] 同样，以地域、国家、民族、文明、社会、问题为研究对象而形成具有特色的学术传统的一些学术群体，同样可称为学派，也有地域性学派（包括院校性学派）这种说法，或问题性学派。语言学界相继涌现的布拉格语言学派、剑桥语言学派、奥地利术语学派、喀山语言学派等地域性学派，经济学中的重农学派、现代货币主义学派、供应学派等"问题性学派"。当然还存在一些以学者名字构成的学派如："维—列—卢心理语言学派"是苏联心理语言学的最重要的学派，由维果茨基、列昂季耶夫和卢利亚三者所创立。同样还存在以研究方法命名的学派，如语言逻辑分析学派等。

现代俄罗斯认知语言学各学派蓬勃发展，在世界语言学范围内居重要地位，为语言研究创新视角，确立新范畴和术语体系，理解新语言学研究方法奠定了基础。很多专著、论文中都尝试界定认知语言学中的流

---

[1] http://www.dacihai.com.cn/.

派和方向。在承认是相对的同时,学界公认的分类还是具有一定的意义。不同学派使用的研究方法和概念分析视角都值得借鉴和思考。整体来看认知语言学的流派划分主要基于以下标准:一是研究视角,二是地域分布,三是领军学者。

俄罗斯学者巴拉绍娃(Балашова Е. Ю.)认为,俄罗斯认知语言学有两个大方向:语言认知方向和语言文化方向。① 语言文化视角主要探究从文化到意识的民族概念域的特点,其代表包括斯捷潘诺夫、卡拉西克、克拉斯内赫、马斯洛娃、阿列甫连科,他们将概念视为文化的基本要素,具有形象、概念和价值观的成素,是文化的重组。世界的认知是由于信息心智单位的存在,概念是保障社会概念域的突破口。认知视角主张以场模型方式探讨概念,其代表人物包括库布里亚科娃、波波娃、斯捷尔宁等。巴拉绍娃还提出了心理学、心理语言学、神经心理语言学、语义学、逻辑概念分析等视角。

科斯京(Костин А. В.)认为语言文化视角主要依托语言的蓄积性功能(кумулятивная накопительная功 функциия зыка)。概念在语言中标记、储存和传输民族经验、世界观。语言是世界首次概念化和人类经验实施的普遍形式,是对世界的自发朴素认知和对人类生活重要视角的社会历史记忆。科斯京指出,沃尔卡乔夫、沃罗比约夫、杰莉娅、科斯托马罗夫(Костомаров В. Г.)、维列夏金(Верещагин Е. М.)等都是语言文化方向的代表人物。认知语言学的学派包括以下视角。

(1)心理活动视角,代表人物是阿斯科里多夫及其学生,主要研究个体言语的活动。

(2)语义学视角,其代表人物是沃尔卡乔夫及其追随者,主要包括:阿列甫连科、韦日彼茨卡娅、科列索夫和聂罗兹那克(Нерознак В. П.)等学者。

---

① Балашова Е. Ю. Концепты любовь и ненависть в русском и американском языковых сознаниях [D]. 2004:6.

（3）文化学视角，代表人物是斯捷潘诺夫、卡拉西克等学者。

（4）逻辑学视角，主要包括学者阿鲁玖诺娃、布雷金娜（Булыгина Т. В.）、什梅廖夫（Шмелев А. Д.）、帕维廖尼斯（Павилёнис Р. И.）。

（5）认知科学视角，主要学者有巴布什金、库波利亚科娃、波波娃、斯捷尔宁等研究人员。

（6）语言文化学视角，包括沃尔卡乔夫、杰里娅及其其学生们[①]。

科列索夫认为，认知语言学研究词汇与事物的联系，研究概念。[②] 库兹里亚金（Кузлякин С. В.）将认知语言学同各个交叉学科联系在一起，认为认知语言学主要有以下几类。

①心理学视角。

②逻辑学视角。

③哲学视角。

④文化学视角。

⑤整合视角。[③]

库布里亚科娃认为，俄罗斯认知语言学属于经典认知主义，主要研究知识结构、类型及其体现的逻辑方法，认知话语流派关注认知与交际融合视角的语言现象的描写与阐释。她指出，认知语言学对语言形式、概念结构、认知结构进行认知分析，对分析原则和内涵的展现加以解释。[④] 波尔德列夫指出，认知语言学分成早期的逻辑方向、客观主义、

---

① Костин А. В. Способы концептуализации обиходно-бытовых понятий в разножанровых произведениях В. И. Даля（на материале концепта «вода»）[D]. Автореф. дис …. канд. филол. наук. Иваново，2002：6.

② Колесов В В Язык и ментальность /Русистика и современность Т. 1. Лингвокультурология и межкультурная коммуникация [M].СПб：Петербургское Востоковедение，2005：16.

③ Кузлякин С. В. Проблема создания концептуальной модели в лингвистических исследованиях // Русистика и современность. СПб.，2005：136-141.

④ Кубрякова Е. С. язык и знание：на пути получения знаний о языке：части речи с когни тивной точки зрения. роль языка в познании мира [M].М.：Языки славянской культуры，2004：16.

和现代的体验主义方向（экспериенциальный подход）。①

我们综合上述学者的看法认为，认知语言学如果按照学科交叉的倚重来看分为如下学派。

（1）文化学学派。研究概念作为一种文化的支撑要素，以斯杰潘诺夫为领军人物，但此种分析具有跨学科性，与语言学关联相对较小，语言学界少有问津。在斯杰潘诺夫眼里，语言是概念知识的载体，一般概念的描写要借助词汇的词源。

（2）语言文化学学派。卡拉西克和沃尔卡乔夫等人认为，概念是一种民族语言文化要素在其文化中的民族价值和特色。

（3）逻辑分析学派。用逻辑学方法分析不直接取决于其语言形式的概念，其代表人物是阿鲁玖诺娃、帕维廖尼斯。

（4）认知语义学派。研究获取语言概念的词汇语义和语法语义范畴，从语言建模的角度研究语义，探讨人的概念域，这一派学者最多、成果最丰硕，包括库布里亚科娃、博尔德列夫、拉希莉娜（Рахилина Е. В.）等人。

（5）哲学—符号学流派。研究符号的认知基础，代表人物是克拉甫琴科。这些学派在认知语言学中的研究规模已经形成，有自身的方法论原则，整合了概念的研究，对概念作为意识的单位进行了理论佐证。他们有自己的追随者、理论体系和研究阵地。

三　俄罗斯认知语言学学派的地域划分

按照研究方向和学科研究的侧重点来划分认知语言学的学派大同小异，学者的观点只能从大方向把握，具有一定的不确定性。因此，本书认为，地区的划分相对符合俄罗斯认知语言学的发展趋势。本节尝试将俄罗斯认知语言学学派按地域进行划分，并简单介绍其代表性

---

① Болдырев Н. Н. Концептуальное пространство когнитивной лингвистики [J]. Вопросы когнитивной лингвистики, 2004（4）：20.

著作。

表 4-1　俄罗斯认知语言学主要学派（地域）及代表作

一、莫斯科学派	1. 阿普列相（Апресян Ю. Д.） （1）《词汇语义学》«Лексическая семантика» （2）《莫斯科语义学派》«О московской семантической школе» （3）《语法、词汇中的指示语及朴素模型》«Дейксис в лексике и грамматике и наивная модель мира» 2. 阿鲁玖诺娃（Арутюнова Н. Д.） （1）《语言的逻辑分析》«Логический анализ языка» （2）《语言与人的世界》«Язык и мир человека» （3）《关于朴素世界图景的自然思考》«Наивные размышления о наивной картине мира» （4）《隐喻与话语：隐喻理论》«Метафора и дискурс：Теория метафоры» 3. 巴兰诺夫（Баранов А. Н.） （1）《隐喻描写理论》«Дескрипторная теория метафоры» （2）《语言学中的认知模型及弱语义现象》«Когнитивное моделирование в лингвистике и феномен слабой семантики» （3）《原子语义学和认知语义学》«Семантика〈атомистичекая〉и когнитивная» 4. 维诺格拉多夫（Виноградов В. А.） （1）《围绕概念：确定与疑惑》«Вокруг концепта：уточнения и сомнения» （2）《语言的范畴性：认知语法研究》«Категориальность в языке：когнитивно-грамматиекие исследования» 5. 杰米扬科夫（Демьянков В. З.） （1）《日常概念与科学概念》«Обыденные концепты и научные понятия» （2）《关于认知、文化和文明》«О когниции, культуре, цивилизации» 6. 卡拉乌洛夫（Караулов Ю. Н.） （1）《俄语与语言个性》«Русский язык и языковая личность» （2）《语言个性的认知前景》«Языковая личность в когнитивной перспективе» 7. 基布里克（Кибрик А. А.） （1）《认知理论》«Теория познания» 8. 库布里亚科娃 （1）《认知术语简明词典》«Краткий словарь когнитивных терминов» （2）《语言与认知：语言知识获取之路》«Язык и знание：На пути получения знаний о языке» （3）《从认知视角看词类》«Части речи с когнитивной точки зрения»

续表

二、坦波夫学派	1. 博尔德列夫 （1）《认知语义学》«Когнитивная семантика» （2）《英语动词的功能范畴化》«Функциональная категоризация английского глагола» （3）《认知语言学》«Когнитивная лингвистика» （4）《词汇范畴阐释潜能》«Интерпретирующий потенциал лексических категорий» 2. 巴宾娜（Бабина Л. В.） （1）《构词学与词汇学的认知基础》«Когнитивные основы словообразования и лексикологии» 3. 戈利德别尔格（Гольдберг В. Б.） （1）《对比视域下词汇范畴的理论与实践》«Теория и практика лексической категоризации в сопоставительном аспекте» （2）《词汇范畴的阐释潜力建模》«Моделирование интерпретирующего потенциала лексических категорий» 4. 弗列（Фуре Л. А.） （1）《句法体验概念》«Синтаксически репрезентируемые концептов»
三、沃罗涅日学派	1. 巴布什金 （1）《语言中词汇熟语语义的概念类型及其个体、民族特色》«Типы концептов в лексико-фразеологической семантике языка，их личная и национальная специфика» （2）《认知语言学》«Когнитивная лингвистика» 2. 斯捷尔宁（Стернин И. А.） （1）《俄罗斯人的交际行为》«Русские：коммуникативное поведение» （2）《言语影响论》«Основы речевого воздействия» （3）《言语中词的词汇意义》«Лексическое значение слова в речи» （4）《词的词汇语义描写方法》«Методы описания семантики слова» （5）《文本中隐含意义的展现及描写》«Выявление и описание скрытых смыслов в тексте» （6）《词义及其成分》«Значение слова и его компоненты» （7）《语言和民族世界图景》«Язык и национальная картина мира» （8）《言语文化类型》«Типы речевых культур» （9）《语言学理论和应用问题》«Теоретические и прикладные проблемы языкознания » （10）《认知语言学概论》«Очерки по когнитивной лингвистике»
四、车里雅宾斯克学派	戈洛万诺娃 （1）《行业活动者的范畴：形成、发展及在语言中地位》«Категория профессионального деятеля：Формирование. Развитие. Статус в языке» （2）《认知术语学引论》«Введение в когнитивное терминоведение» （3）《认知交际视角的行业语言个性》«Профессиональная языковая личность в когнитивно-коммуникативном аспекте» （4）《行业交际的理论和应用问题》«Теоретические и прикладные аспекты профессиональной коммуникации» （5）《现代交际空间的跨文化对话》«Межкультурный диалог в современном коммуникативном пространстве»

续表

五、叶卡捷琳堡学派	邱吉诺夫（Чудинов А. П.） (1)《隐喻棱镜下的俄罗斯》«Россия в метафорическом зеркале» (2)《国外政治语言学》«Зарубежная политическая лингвистика» (3)《现代政治交际中的隐喻模糊》«Метафорическая мозаика в современной политической коммуникации» (4)《政治交际中的隐喻》«Метафора в политической коммуникации» (5)《现代政治语言学》«Современная политическая лингвистика» (6)《政治网络话语中的隐喻》«Метафора в политическом интердискурсе» (7)《政治交际的话语特点》«Дискурсивные характеристики политической коммуникации» (8)《国外政治隐喻学》«Зарубежная политическая метафорология» (9)《21世纪初的俄罗斯政治隐喻》«Российская политическая метафорика в начале XXI века» (10)《政治隐喻学中的方法论》«Методологические грани политической метафорологии» (11)《当代隐喻的认知理论》«Когнитивная теория метафоры на современном этапе развития» (12)《政治交际中的认知话语分析》«Когнитивно-дискурсивный анализ метафоры в политической коммуникации»
六、其他区域学派	1. 卡拉西克（Карасик В. И.） (1)《语言螺旋：价值、符号和动机》«Языковая спираль: ценности, знаки, мотивы» (2)《个体的语言表达》«Языковое проявление личности» (3)《文化的语言图式》«Языковая матрица культуры» (4)《语言结晶》«Языковая кристаллизация» (5)《语言核心》«Языковые ключи» (6)《语言圈：个体、概念和话语》«Языковый круг: личность, концепты, дискурс» (7)《社会阶层的语言》«Язык социального статуса» (8)《语言文化概念学》«Лингвокультурная концептология» 2. 沃尔卡乔夫（Воркачев С. Г.） (1)《词义的人称地位》«Статус лица в значении слова» (2)《意义的体现》«Воплощение смысла» (3)《探寻真理：俄语语言文化的公正思想》«Правды ищи: идея справедливости в русской лингвокультуре» (4)《公正与生活的意义：语言文化概念学基础》«Справедливость и смысл жизни: к основаниям лингвокультурной концептологии» (5)《自己的国家和别人的国家：语言文化中的爱国主义思想》«Страна своя и чужая: идея патриотизма в лингвокультуре» 3. 皮梅诺娃（Пименова М. В.） (1)《语言个性与世界语言模型》«Языковая личность и языковая модель мира» (2)《俄罗斯语言文化的性别定势》«Гендерные стереотипы русской лингвокультуры» (3)《民俗世界图景中的心智》«Ментальность в зеркале фольклорной картины мира» (4)《当代语言学中的概念研究：理论与实践》«Концептуальные исследования в современной лингвистике: теория и практика»

地域性学派的划分对普及、推广认知语言学术语体系，促进科学研究具有更明显的作用。还应指出，俄罗斯认知语言学以莫斯科学派和沃罗涅日学派发展势头较为强劲。沃罗涅日学派立足于俄罗斯心理语言学、语义学研究成果，提出了独树一帜的理论分析方法。所以，沃罗涅日学派理论在语言认知心理研究上更具俄罗斯特色，很有代表性。本书的核心术语选择参考了沃罗涅日学派语言学家著作中的核心术语遴选标准。

第二节　认知语言学的研究方法

20世纪90年代初，杰米扬科夫提出了认知语言学研究的四个原则：（1）描写和解释刺激——反应的机制中人作为一种"思维机器"的输入与输出。（2）研究人的内部心理属性。（3）关注主体作为行为的发出者和倡议者。（4）研究人认知过程的特性。[①] 认知语言学一直在关注语言知识的属性、结构和使用，因此符号中表达的知识的种类（认识论视角），知识符号的提取机制、阐释原则（认知语义和语法）以及符号和规则出现和发展的条件都是其主要研究对象。作为学科，它将语言符号与文化现实融为一体。认知语言学的核心问题就是研究人类经验的概念化和范畴化。克拉甫琴科指出，概念分析要展现概念的双重功能：一是概念是意识的操作单位，二是概念是语言符号的意义。俄罗斯认知语言学研究者越来越关心意识—语言—体验—概念化—范畴化—感知的链条上的系列问题。[②]

认知语言学主要解释自然语言的加工机制，建构自然语言的理解模

[①] Демьянков В. З. Когнитивная лингвистика как разновидность интерпретирующего подхода [J]. Вопросы языкознания, 1994（4）：17–33.

[②] Кравченко А. В. О традициях, языкознании и когнитивном подход [A]. Горизонты современной лингвистики: Традиции и новаторство Сборник в честь Е. С. Кубряковой [C]. Сер. "Studia philologica" Институт языкознания РАН. Москва, 2009：51.

式。基于这种模式论证不同类型知识的互动，认知科学思考世界的进程中，语言的参与和作用。展示概念与语言体系相互关系是将意识结构与语言单位融合的主要途径。语言参与世界信息的获取、加工和传输的过程是认知中的最重要特征。理解知识的概念化和范畴化过程，描写文化常量中语言概念化和范畴化的手段和方法是认知语言学的主要课题。解释民族概念域内共相概念及其分布是俄罗斯认知语言学语言语义研究关注的特点之一。认知研究中很重要的部分就是语言称名，主要探讨人思想意识中称名事物的原则和机制。语言承载着对世界片段的称名过程中看出的民族世界观。

认知语言学主要是在呈现人的认知结构。认知结构在人语言的形成中发挥作用，就必须关注概念的结构，包括表征、框架、脚本、命题和格式塔等。认知语言学的研究对象是概念，借助概念可以建构世界。其中建构概念体系最本质的工作就是建构和划分概念空间。概念将被观察和想象的不同现象归为整体，或者一个框架。[1]概念可以储存世界知识，是概念体系的构成要素，通过社会范畴和类别的信息行为来推进加工主体经验。

人的活动形式受很多因素的影响，最终活动成果取决于活动发出者，还取决于活动过程中使用的方式和方法。[2] 方法是获取知识的途径，人活动的方式，人认知、实践活动的表现形式，是一种规则的体系，可以调节人类的认知活动。

一　方法的术语内涵

"方法"一词源于希腊语，意为"途径"和"道路"。方法在我国

---

[1]　Жолковский А. К., Мельчук И. А. О семантическом синтезе кибернетики [A]. Самойленко С. И. Проблемы нейрокибернетики [C]. Вып. 19. Ростов-на-Дону, 1967：117–118.

[2]　Комарова З. И. Методология, метод, методика и технология научных исследований в лингвистике [M]. Екатеринбург：Издательство УрФу им. Первого Президента России Б. Н. Ельцина, 2012：219.

应用得更早，内涵与希腊语相近。古有"行事之条理也，法者，妙氏之迹也"，意指人类将方法看成是教会人们巧妙办事、有效办事应遵循的条理、轨迹、途径、路线等。方法是研究人员在探究具体课题时需遵守的要求和规则。一门学科的研究方法是其在发展过程中众多环节的不断探索、创新、遴选、实践、检验，逐渐得到学界认可得以形成或成熟的，方法的成熟是学科走向成熟的标志。方法的多元化是一个学科逐渐成熟必然的选择。①《中文大辞典》中有"行事之条理也，法者，妙氏之迹也"②，将方法看成是指导人们有序、有效办事应遵循的条理、轨迹、途径、路线等。但任何科学研究又都离不开方法论，因为方法论既是学科构成的基本要素，更是学科得以发展的必备条件，从某种意义上讲，一种新的方法论的诞生往往就预示着一门新兴或边缘学科的建立，或某学科新的流派或学派的出现。方法及方法论不仅是任何一门新兴学科的基本要素，也是该学科得以发展的必备条件。③

  现代语言学一直在修正自身的研究方法。语言学方法论研究取得了丰硕成果，系统分析阐述现代语言学的方法论体系十分必要。方法论是关于正确加工、使用方法的学说，是某知识领域所用方法的综合体。语言学研究方法一般指语言学理论、语言现实认知的方法论集合，是为达成某些目标使用的操作方式，是一种语言使用程序，一般受制于语言研究者的主体特征。从方法论视角来审视认知语言学可以帮我们了解其学科特性。语言学研究向来关注具体问题，方法可谓具体研究之良具。认知语言学是个年轻的学科，是植根于认知学、语言学、信息科学技术的交叉学科。尽管诞生时间不久远，却发展迅速，学科内部流派众多，范式更迭。随着认知语言学研究范式进入常规科学发展阶段，学者们的方法论意识不断增强。

---

① 束定芳：《隐喻与转喻研究》，上海外语教育出版社 2011 年版，第 306 页。
② http://ap6.pccu.edu.tw/Dictionary/.
③ 赵爱国：《语言文化学方法论》，《外语与外语教学》2007 年第 11 期。

第四章　俄罗斯认知语言学的理论体系

　　方法与理论密不可分，方法的出现是在遵循理论逻辑的基础上实现的。科玛罗娃（Комарова З. И.）指出，理论与方法间兼有相同和差异之处。相同之处在于彼此之间不可分割，能对事物进行分析并反映客观事物。两者间相通且可相互转换，理论和方法的不同之处在于：理论是过去活动的产物，方法是未来活动的出发点和前提。理论的主要功能是阐释和预言，方法的功能是调节和指挥活动。理论指向问题的解决，自身就是研究对象，方法展示其研究和结构的表达方法和机制。理论是反映事物本质和规律的理想形象，方法是认知进而改造世界的工具，是调节、规则和预言的体系。①

　　工欲善其事，必先利其器，认知语言学的研究要讲求方法。认知语言学研究应从三个层次分析，学科层次、思维层次和方法论层次。认知语言学的理论体系是不完备的，对某一语言现象的认知要有整体系统的观念，语言的使用事关诸多要素，于是就有认知语言学同其他学科相互交叉的术语。认知语言学的术语体系是一个复杂而深刻的理论问题。当然，语言单位处于动态发展中，其值本身就存在不确定性。所以，认知语言学的研究方法要遵从相对取向、变化取向和普遍取向。实证研究方法是认知语言学的典型方法。认知语言研究需要具备跨学科知识和多样化的科学方法，如语言学分析法、心理学实验法、社会学调研法和计算机信息技术加工计算等一系列的方法论。这样才能保证认知语言学的学科范式受到语言工作者的喜欢。因此认知语言学中出现了很多方法，我们从静态分析到动态描写的角度选取了三种俄罗斯认知语言学的典型方法加以介绍。

二　联想实验法

　　根据实验内容可确定人语言意识中的概念内容的特征。② 当今，联

---

① Комарова З. И. Методология, метод, методика и технология научных исследований в лингвистике [M]. Екатеринбург：Изд-во УрФУ, 2012：32.

② Дзюба Е. В. Концепт и исторический контекст политическая лингвистика [M]. Екатеринбург. 2011（37）：194-201.

想实验是言语心理语言学分析最有效的技术手段。联想实验的过程在于以下方面，给受试展示词或者整套的词，并且告知其应该回答出脑中第一批浮现的词。通常每个受试给 100 个刺激词，用时 7—10 分钟去回答。大部分联想实验的反应都是在 17—25 岁的大学生中获得的，一般采用母语给受试刺激词。心理语言学的联想实验主要分为：（1）自由联想实验（свободный ассоциативный эксперимент）。受试不受词汇反应限制，这种反应能够对任何刺激做出词语反应。（2）定向联想实验（направленный ассоциативный эксперимент）。给受试固定的语法、语义类别的词，例如形容词搭配名词。（3）链式联想实验（цепочный ассоциативный эксперимент）。让受试立即对刺激词做出反应，让受试在 20 秒钟说出 10 个不同的词或者词组。①

在联想实验基础上，俄罗斯学者还编撰了俄语联想词典，可以直观展示受试的意识内涵。《俄语标准联想词典》为接下来研究联想提供了第一手经验。任何一种联想词典的编撰都是建立在人意识单位与心理表征的关系基础之上的。感知形象、表征、概念、情绪及感觉等均可作为意识单位。联想词典的编撰一般依托自由联想实验获得的数据。借助自由联想实验方法能判断出人语言意识的功能特点和话语句构成的方法。自由联想实验为获得与语义场等值的心理等值单位提供可能，揭示人心理内部的词汇语义关系。因此联想实验是心理学、语言学家从事语义研究最重要、意义最大的一种方法。此处仅做简单概括，我们在第五章还会做细致论述。

三　语义微分法

语义微分法也是在奥斯古德（Osgood）理论的影响下产生的，在人的认知和行为领域得到广泛应用，用以分析社会定势和个体意义。语义

---

① Красных В. В. (Нео) психолингвистика и (психо) лингвокультурология. Новые науки о человеке говорящем ［M］. Издательство：Гнозис，2017：35.

微分法是根据两级刻度的评价数据来确定词汇语义相似度。① 20 世纪 50 年代以前，很多学者批评情境实验形式太过复杂，条件难以掌控。由于每个被试的每次情境刺激都不同，结果行为的一致性很差，难以得到可供比较的材料。为解决这个问题，克拉奇菲尔德（Crutchfield）设置了一个情境实验，让被试相信他将知道他们对问题的反应，但实际上是实验者控制一些灯光作为信号，并用它来对被试施加社会压力。结果在这种可控的情况下，被试每次对问题或难题作出的反应更趋一致。此实验采用的技术就被称为语义分化术。

奥斯古德设计了一种测量态度的技术，用以衡量个人或群体赋予一个词或几个词的意义。其基本做法是向被试提供词或概念，让他在一系列由相反配对的形容词所构成的层级量表上，对此作出意义的主观判断。测试被试对"毒药""笑"的反应。他让受试从善恶（добрые-злые）、强弱（сильные-слабые）、大小（большие-маленькие）等尺度去评价一些词。这些实验数据经过数学加工之后，一些评价标准内部是吻合的。这些评价标准可以分为三个部分：评价（оценка）、力量（сила）和活力（активность）。每组一般具一定数量特征，用成对反义形容词，如：темный-светлый，приятный-неприятный。大多数概念的内涵意义可包括在一个三维语义空间中：（1）评价。好—坏、美—丑、甜—酸、清洁—肮脏等；（2）强度。大—小、强—弱、重—轻、硬—软等；（3）活动。快—慢，主动—被动，热—冷，紧张—松弛等。这种判断概念词的体系在不同民族语言文化中都比较稳定。语义微分技术测量的并非一个词所表示的意义，而是词所引起的感情反应。它可用来回答 3 个问题：（1）同一个人对不同实验对象不同的情感表达？（2）同一个词对不同人表达情感的价值？（3）某个人对某个词的情感含义会产生的变化？目前语义微分技术除了词义研究外，还广泛应用于跨文化研究和社会学、临床心理学及传播学等学

---

① https://gtmarket.ru/concepts/7035.

科领域。

语义微分法表现为程序刻度调节和控制联想。语义微分法与控制联想紧密相关，指出了区分指数和方法指数（联想词标准）之间的最高相似性。语义空间是意义描写特殊的工具语言，即元语言，这种元语言可分解固定范围事物构成要素的顺序，并对这些意义进行语义分析，也可计算在空间中与意义相符的坐标点之间的距离来对相似与不同之处进行判断。语义微分法可用来构建语义空间，开展心理语义实验的实证分析。语义空间的构建要以不同概念等级中的概念度量法为基础，三个要素即评测、力度、积极度。

研究与被试心智结构的同一性相关联，这些结构在各种语言文化承载者、各种教育水平的被试中均有体现。对象物结构表现为在进行客体刻度法中多种刻度之间的语义联系的可变度。根据不同概念等级中的概念刻度法为基础构建的相应的语义空间与因素结构的同一性得出的，因为这些空间结构对于不同被试来说是相同的，语义微分法在另一个群体上的适应性可以用在一个群体中得到的因素解析结果。换言之，一种语言文化的被试可以在不进行要素解析时使用已获得的要素刻度分类结果。

语义微分法用于揭示个体语义场（индивидуальное семантическое поле）。这种方法用于获取研究对象的大量参数。词和词组是认知语言学研究探讨的对象。语义区分一般是借助形容词反义层级对应的两级标尺来从质和量两个角度评价词义。这个实验的操作包括以下内容：利用专业的层次标尺让受试评价一系列的客体。所得出的结果整合到一起，然后通过专业的程序操作来进行加工。我们描写人性格词汇的语义研究中可以设定一定的刻度：-3，-2，-1，0，1，2，3；找出实验对象，比如选取2个人的图像，将其语义对立词进行设定，测定人记忆中这2个人的意识形象。

表 4-2

1	злоба 恶—доброта 善
2	раздражительность 易怒—спокойствие 平和
3	глупость 愚蠢—ум 聪明
4	замкнутость 不善交际—общительность 善于交际
5	стеснительность 内向—раскрепощенность 开放
6	лживость 爱撒谎—честность 诚实
7	коварство 口蜜腹剑—прямодушие 胸襟坦白
8	хитрость 狡猾—прямота 直率
9	неуверенность 自卑—уверенность в себе 自信
10	лень 懒惰—трудолюбие 勤劳
11	скрытность 城府很深—открытость 坦诚
12	эгоистичность 利己—альтруизм 利他
13	жадность 贪婪—щедрость 慷慨
14	трусость 胆小—храбрость 勇敢
15	безынициативность 无首创精神—целеустремленность 目标坚定
16	уступчивость 谦让—упрямство 固执
17	небрежность 邋遢—аккуратность 整洁
18	слабость 弱—сила 强
19	грубость 粗鲁—нежность 温柔
20	опасность 危险—безопасность 安全

选择 6 组受试（每组 20 人），人员不可重复。第一组、第二组只给图片，第一组感知（学生一直看着图片并填写表格）；第二组回忆（学生看过图片一分钟后，撇开图片靠记忆填写表格，此时不看图片）；第三组、第四组图片加文本，提供图片和文本，第三组看着图片和文本填写，第四组不看文本和图片填写表格。所得语义微分程度词加以总结成

为以下形式。

幼师，27 岁，善良，有点内向，可爱，能给人带来欢乐，爱笑，看起来相貌平平，眼睛大，看起来是一个很好相处的人，工作努力。

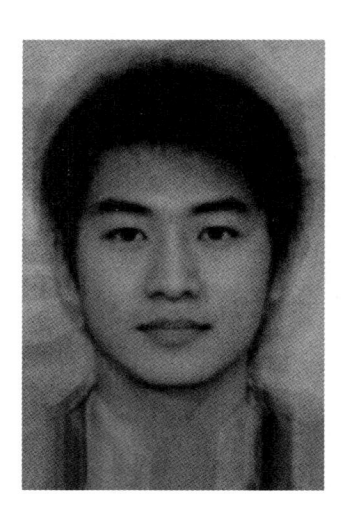

律师，26 岁，五官端正，鼻子高挺，浓密的眉毛，眼睛稍小，嘴唇略干，看上去平时说话较多，衣品应该挺好，看上去和蔼，开朗，外向，积极，外表较阳光，五官端正，性格表面上积极向上，好胜心胜负欲强，实则内心软弱，害怕失败和被别人瞧不起，有虚荣心，事业心

强,对工作重视,害怕出错,追求极致和完美,业务能力强,也因此是一名出色的受业界追捧的律师。

第五组受试看描述,第六组受试不看描述。实验结果可以分析受试对图片和词汇的感知与记忆,是语义微分法最前沿的研究方法。

上述实验由笔者与俄罗斯莫斯科国家关系学院马特维约夫博士联合设计开展,旨在证明语义微分法在图片联想和记忆的过程中的适用,收集受试对上述两个图片的评价与图片记忆,进行分析。这样的实验可以看出一个民族语言群体对形象的感知和记忆,是利用语义微分研究语言意识的典型手段。实际上语义微分法包括三个步骤:(1)从各层级概念中抽离词汇的多方面语义空间构建,然后转到小范围概念等级层面的单独语义空间的构建;(2)扩展被描写对象的描写方式,一般会使用言语、非言语构建刻度对比,甚至包括视觉对比;(3)以中等平均范围内随机挑选被试描述特定特征的被试群体语义空间,反映被试受众的个性与认知特性及其心理区分角度,最终建构起关于受试的整体语义空间。

四 概念分析法

20 世纪末期,语言学关注语言的逻辑层面和语用层面,还在概念分析方面取得了很大成就。俄罗斯文化名家的别尔加耶夫(Бердяев Н. А.)和洛谢夫(Лосев А. Ф.)等对文化概念的分析,引发了语言学界的广泛关注。概念分析是俄罗斯语言学领域、文化学领域及文学领域广泛涉及的一个研究对象,更是一种被学界广泛采用的研究方法。概念分析的方法诞生于 20 世纪 80 年代,其本质是词汇、词源、成语等语料的语义分析。概念分析是构建语言世界图景的最为广泛的一种方法,就是对词汇搭配抽象语义隐喻化的分析。概念分析能确定人以何种方式理解其内部世界和外部世界,涵盖精神领域、自然心智的追本溯源。

概念分析来源于语言哲学。20 世纪语言问题成为哲学研究的核心。概念分析同逻辑分析一样是语言哲学的根本的研究方法。我们认为,逻辑分析的手段是数理逻辑，采用分析的方法强调从形式分析语言的逻辑结构，目的是澄清语言中的混乱现象。因此，逻辑分析又称为形式分析，而概念分析强调从词义角度对词汇进行分析。概念分析是在题为"概念分析：方法，成果及前景"的会议基础上形成的，这些论文整编成集并出版名为文化概念，文章分析了一些具有民族特性和人类文化共性意义的核心概念，如阿鲁玖诺娃的 справедливость（公平）、свобода（自由）、судьба（命运），布雷金娜的 долг（债务），萨赫诺（Сахно С. Л.）的 свое-чужое（自己与他人）的概念等。由此我们可以看出此处的概念分析其实即是分析概念。

俄罗斯语言学界对概念分析进行了从理论到实践的多方位探索，对概念分析机制及学科定位进行了集中阐述，形成了在人本主义范式下的概念分析法。概念分析就是分析某个民族语言世界图景内部的抽象词具有的心理特点和文化价值。不同民族价值概念都可以在语言单位中找到自己的原型。他们仔细分析了 любовь（爱情）、жизнь（生活）、смерть（死亡）、дружба（友谊）等抽象名词。这一类词蕴含着深刻的民族文化内涵，能够揭示出不同民族文化背景下的语言世界图景，反映语言文化的异同，探索民族意识与民族文化的共性与特性。而以为斯捷尔宁为代表的认知心理学派分析了下列概念：人类活动及人际关系范畴的 труд（劳动）、оскорбление（侮辱）等人类智力及情态范畴的 риск（冒险）、вежливость（礼貌）等；人类精神追求范畴的 бог（上帝）、счастье（幸福）等；具体现实范畴的 природа（大自然）、дорога（道路）等。这组成果分析的概念内涵明显大于前组研究的概念内涵，他们分析的是能反映同类事物本质属性的一切概念，通过其感知和行为特性探索人认知规律及概念的共性。鉴于对于概念理解不同，实际上如何进行概念分析俄罗斯语言学界保持着不同的意见。主要集中在语言学和文化学两个领域，分别以波波娃、斯捷尔宁、卡拉西克及斯捷潘诺夫为代表。概念是对现实世界的意识反映。жизнь（生）、смерть（死）、совесть（良心）、душа（心灵）、судьба（命运）、свобода（自由）等每个概念都具有自己的民族特点。

在参考许多关于概念分析文献的基础上，我们认为，应从以下角度进行概念分析。

（1）概念词的选择，选择固定的抽象名词，能够反映民族概念的词汇，如忧愁、快乐、心灵、善良、生死等。

（2）通过分析不同词典对于关键词的解释来研究概念，指出其承载的语言文化价值。

（3）研究词的语义场，通过其演化历史分析词意渗透的概念特征。

（4）分析含有关键词的熟语，或对概念进行评价。

（5）通过对比语言中意义对等的词汇来探究概念的民族特色以及概念和词汇意义之间的差别。

斯捷尔宁认为概念研究分为十二步。

（1）确定语言中表达概念的关键词、概念表征的基本语言手段（所给概念的名称）。

（2）建构和分析体现概念关键词的语义（分析其不同类型词典中的释义）。

（3）分析关键词的词汇组配，确立相应概念的最重要特征。

（4）在其对词汇意义发展过程对词汇多义现象进行研究，能够确定被研究概念的主要特征。

（5）建立关键词的熟语场：分析关键词的同义词和反义词，确定其上义词和下义词。

（6）构建并研究关键词素的衍生场。

（7）构建关键词的词汇语法场。

（8）使用实验方法（此法自心理语言学借用而来）。

（9）分析箴言和格言，包括正在研究的关键词和对它所称概念的评价，即使该概念的名称本身不存在（这种方法也很好地表明了人们对该现象的普遍理解）。

（10）分析文学文本以识别在概念中具有象征意义的标志；以及确

定文学作品中作者个人的概念，通过对其进行描述，可以更深入地了解作者世界观的特征。

（11）分析口语词汇的使用。

（12）把概念作为可将其归入某一逻辑类别的充分必要特征的集合进行描写，如树和鸟等类别。①

一个学科的研究方法是其在发展过程中，经过许多研究者的不断探索、创新、遴选、实践和检验，得到研究共同体的广泛认可才得以形成、成熟的。方法的成熟是学科成熟的标志。方法不仅是任何一门新兴学科的基本要素，也是该学科得以发展的必备条件。俄罗斯认知语言学一直在完善自身的研究方法，从方法视角审视自身可助我们了解其学科特性。

跨学科现象在当今学界大受追捧。跨学科性是指两个或多个学科在方法论、研究进程、认识论、术语体系、研究数据等方面的共享，旨在克服自身发展瓶颈和挖掘新问题。新知识在独立自我和不同学科的跨学科碰撞中生成。不同学科的相互协作构成新的学科，理论表述和研究实践在新学科内部相互交融对解决两个源学科的难解课题意义非凡。认知语言学是众多科学理论的融合。它的流派依托不同的民族文化土壤，与心理学、语言学等许多学科紧密相关。现今，认知语言学框架下的不同流派的研究视角有所不同。学者们主要研究言语生成、言语理解、言语交际以及儿童言语习得等核心问题。如此一来，认知语言学流派的概念体系都是由心理学要素和语言学要素构成，其中的区别在于其理论是依托心理学还是语言学。不同心理语言学流派的产生就不是空穴来风，而是基于自身的研究需要。

认知语言学研究方法沿袭了心理学的研究方法，同时开辟了新的方法论。认知语言学研究范式进入常规科学发展阶段后学者们的方法论意识不断增强。（1）采用内省法。内省法是自我认识的认知方法，是对

---

① Попова З. Д., Стернин И. А. Колингвистика［M］. Москва：Восток-Запад，2007：112-114.

认识现象和规律直观理解的关键点。1879年德国心理学家冯特开办第一个心理学实验室，开启了实验研究心理的先河。冯特及其追随者使用的方法称为内省法。他们认为意识是一个封闭的过程，旁人无法经历主体自身的意识状态，不同人不会具有完全一致的意识形象。在研究过程中，受试在见到刺激物之后会报道出关于客体的感觉和状态，受试描写出的并不是客体本身，而是受客体影响产生的意识状态。内省法是创新的产物，能够从科学的视角研究意识。物理现象可以被人直观观测到，心理现象只能经历该现象的人观测到。此外，我们只能基于自身经验去判断别人的心理状态，因此有必要研究自我感觉和自我意识。（2）使用自然条件观察法。它通过直观组织观察结果来解释心理现象。观察者要预先制定的计划，需专门记录其进程和结果。苏俄心理语言学界在临床心理学、社会心理学、教育心理学、发展心理学等领域大规模使用观察法。观察者应在实验现场或可加入到实验进程中。在获取所发生事情完整图景和完整反映个体行为这一点上观察法是不可替代的。观察对象一是言语行为，主要包括言语内容、言语连续性、言语强度等；二是非言语行为，指表情、眼神、身体、移动、距离和物理接触等。（3）创新联想实验法，联想实验是言语心理分析最有效的技术手段。给受试展示刺激词并告知其应该回答出脑中第一批浮现的反应词。通常每个受试给100个刺激词，用时7—10分钟去回答。大部分联想实验的反应都是在17—25岁的大学生中获得的，一般采用母语给受试刺激词。它涵盖了：①自由联想实验。受试不受词汇反应限制，这种反应能够对任何刺激做出词语反应。②定向联想实验。给受试固定的语法、语义类别的词，例如形容词搭配名词。③链式联想实验。让受试立即对刺激词做出反应，让受试在20秒内说出10个不同的词或者词组。在联想实验的基础上，俄罗斯心理语言学家编撰了《俄语联想词典》来直观展示受试的意识内容，许多认知语言学研究者将其引入到认知语言学中。

语义研究是俄罗斯最具特色的语言学研究，俄罗斯认知语言学引入了心理学的语义微分法，其实质是根据两级刻度的评价数据来确定词汇语义是否相似。奥斯古德创立了该法，别特连科（Петренко В. Ф.）总结了语义微分法的研究结果，并指出了它的发展趋向。语义微分法分为程序刻度调节和控制联想法。语义空间是意义描写的工具，通过分解它们在固定顺序表中的含义对意义进行分析，计算与意义相符的坐标之间的距离来对它们的相似之处和不同之处做出判断。它可以用来构建语义空间并开展心理语义实验。语义空间的构建要以不同概念等级为基础，有评测、力度、积极度三个主要因素。换言之，一种语言文化的被试可在进行要素解析时使用已有要素刻度分类结果。词和词组是心理语言学研究的重要对象。语义区分法是借助形容词反义层级对应的两级标尺，从质和量两个角度来评价词义的。从各级概念等级中分析词汇的多面语义空间构建转到以小范围概念等级为目的的个别语义空间的构建，扩展了被分析客体的描述方式。结合神经的理法。神经心理法具有深厚的理论基底。神经心理学中人的高级心理功能由系列要素构成，每个要素都依托大脑特定组件的运行，在整个思维体系工作中有独特的作用。心理语言学使用语言意识神经生理关联技术，主要通过三种渠道：第一种是脑造影术，主要研究大脑的脑电波活性；第二种是功能磁共振X线照相术，主要研究脑内器官的血液循环引起的神经活性；第三种是核磁造影术，用于测量脑电波运行过程中磁场的参数。功能磁共振X线照相术能获取言语活动进程中脑活动受限的信息。这种方法的缺点就是研究者不可以测量脑活动出现的时间，因为血液流入脑中特定部位的时间不是立刻的，而有一定的时差。脑造影术与这种方法正好相反，能够测量出脑部活动出现的时间但不可以确定脑内活动具体活动的地点。核磁造影术产生的历史并不久远，可以同时确定言语活动时脑部器官活动的时间和地点。学者们很看好这种方法的前景，借助该方法可以研究语言意识的神经机制，研究语言手段刺激条件下的脑部活动。

　　当下，认知语言学方法标新立异，其主要表现在以下几个方面。（1）通过对学科主要研究方法进行介绍、对比、分析和评介，为其研究者提供一些研究方法的背景、基本操作步骤、主要特征、优缺点等方面的信息。(2) 可提高语言学研究人员的方法论意识，推广多元方法观。根据不同的研究目标遴选研究方法，从不同角度对语言要素进行研究，获得不同研究成果。(3) 对主流认知语言学研究方法产生、特点、操作步骤和应用案例的研究为从事认知语言学的人员提供全面的方法论体系。反思不同的研究方法是我们更加客观地、科学地评价和验证该学科的重要理论和依据。

综上，俄罗斯认知语言学的研究方法值得我国学界借鉴，通过对相关研究方法的系统评价和比较，可助力汉语语料进行实证研究。它不仅提供了方法上的创新，还能促进中国认知语言学者走向国际舞台，产生有国际影响力的学术成果。

认知语言学作为一个交叉学科，对语言认知进行了深入的探索。它与心理语言学、民族语言学和交际语言学等语言学分支既有相似性又可以区别开来。从理论视角来看，认知语言学依托其他流派提出的各种理论和术语体系，为这些分析语言理论提供事实论据，推动了各个语言学科的方法论的完善。从方法上讲，认知语言学研究方法可以应用到语言学其他领域的研究，促进学科研究视角的融合与创新。

第三节 核心术语"认知"的术语内涵

认知语言学核心术语建构过程中必须关注"认知"这个核心术语。现存认知语言学理论中的"认知"的界定一直不够科学和全面，这会导致其学科边界划定不清晰，锁定不住自身的学科焦点，而且严重影响了其学科发展。库波里亚科娃指出，认知这一术语很难对译到俄语中的某一个术语。这个术语其实是进入人脑的不同渠道的信息的加工、再加工的所有过程，是人脑以不同类型心智体验的方法关注信息的过程。[①] 认知

---

① Кубрякова Е. С. , Демьянков В. З. , Панкрац Ю. Г. , Лузина Л. Г. Краткий словарь когнитивных терминов [Z]. М.: Издательство МГУ, 1996: 81.

是整个认知科学的核心术语。因此,认知科学的各个组成部分都从各个侧面对认知进行研究。如语言学关注认识的语言体系,哲学探讨一般的认知过程和认知的方法论,神经科学研究认知的生理学基础和人脑运作的过程。心理学将认知作为一种机制和实验研究的方法和手段。认知和语言关系紧密,因为人只有借助语言才能讨论认知,虽然认知的结果不一定全部具有语言的外表,但随着语言的发展,人的认知会从性质上发生巨大变化。在研究语言的过程中研究人是最佳选择。

一 中国学界提出的"认知"定义

认知是对信息的认知加工,是感觉信息转换、演绎、发展、记忆、回忆和使用的完整过程。

(1) 认知是人大脑理解和认识事物的行为与能力,是一个内在的心理过程。[1]

(2) 在英语中 cognition 的含义为"认知",该词最初来自拉丁语 cognitio,表达的是人类获取具体知识和学习的过程。[2]

(3) 认知是一种认识图景,是人类认识世界上的客观事物的一种行为,包含言语、知觉、学习、思维等因素。作为心理学的重要术语之一,认知是心理过程的一个组成部分,与情感、意志、动机等心理活动共同组成了人类的大脑机制,从而成为人类获取知识以及能力的基础。[3]

(4) 认知是人感知世界万事万物形成概念的方式,以及在此基础上形成的经验。[4]

《当代汉语词典》给认知下的定义是:①指个体通过意识活动对事

---

[1] 张秀萍:《认知语言学理论视角下英语教学新向度研究》,中国商务出版社2017年版,第14页。
[2] 辞海编辑委员会:《辞海》,上海辞书出版社1999年版,第1890页。
[3] 赵艳芳:《认知语言学》,上海外语教学出版社2001年版。
[4] 张辉、祝良:《认知语言学概述》,《外语研究》1999年第2期。

物产生认识和理解而获取知识;②认识的结果,概念;感觉。①

(5)《辞海》给出的释义为:认知即认识。它用于指称人类认识客观事物、获取知识的活动,包括知觉、记忆、学习、言语、思维等过程。按照认知心理学的观点,人的认知活动是人对外界信息进行积极加工的过程。②

(6)认知包括全面的、科学的、简单的和日常的认知。任何与知识、信息获取、加工、记忆、提取和使用相关的过程都可以称为认知。③

(7)认知是人类智能的运用,是世界与身体相遇时发生的事件,强调人与世界的互动。认知内容十分丰富,涵盖了心智操作、心智结构、心智语义、概念系统、推理和语言等,包含人的感知动觉系统,提高人的概念化和推理能力。在认知科学里,认知囊括了视觉加工、听觉加工、思维和语言等,也就是说,大部分的科学家将语言视为一种认知活动,是对客观世界认知的结果。语言运用和理解的过程是认知处理的过程。因此,语言是人整体认知的组成要素。④

(8)认知和认识是同义术语,是对全部认识过程的总称,包括知觉、主义、记忆、想象、思维等一系列心理活动。它属于现代认知心理学的术语,指人脑计算机式的信息加工过程,即个体接收、贮存、提取和使用信息(或知识的整个认知心理历程及其内在机制)。它包括注意、知觉、记忆、心象、问题解决、思维、言语及儿童认知发展和人工智能。认知指记忆过程中的一个环节,亦称再认,即过去感知过的事物重新出现时仍能认识。认知是语言符号进行的表征,符号又可按照一定的规则进行加工、操作和计算。认知主义理论规定了符号的形式结构和

---

① 龚学胜:《当代汉语词典》,商务印书馆2004年版,第413页。
② 辞海编辑委员会:《辞海》(第六版),上海辞书出版社2010年版,第1891页。
③ Голованова Е. И. Введение в когнитивное терминоведение [M]. Москва Издательство Наука, 2011: 33.
④ 张履祥、葛明贵:《普通心理学》,安徽大学出版社2004年版,第4—5页。

算法规则。①

认知在心理学中是指通过形成概念、知觉、判断或想象等心理活动来获取知识的过程，也就是思维进行信息处理的心理功能。认知过程可以是自然的或人造的、有意识的或无意识的。认知使用现有知识并产生新知识。语言学、麻醉学、神经科学、心理学、人类学、生物学、哲学、系统学、逻辑学及计算机科学在分析认知时分析的角度不同。这些方法在认知科学这一逐渐发展的自治学科领域中得到了综合。②

从上述典型的"认知"定义可以看出，认知分为不同的层次，其包括感觉、知识、思维、经验和理论。认知的目的是获取与主体不可分割的知识（感知、表征），个体（以科学文本形式或具有社会文化意义的人工创造物形式）掌握客观的知识。它是人类心理创造的一部分。认知是对民族系统性的一种深刻认识，其范畴可包括知觉、判断、信念、价值、态度等。认知是心理活动的最一般和最广泛的范畴。现代认知心理学里具有广义和狭义两种含义，广义上的认知与认识是同一概念，是人脑反映客观事物的特性与联系，是揭露事物对人的意义与作用的心理活动，包括知觉、记忆、思维、想象、学习、语言理解等心理现象。

认知过程又是一种信息加工过程，可以分为刺激的接收、编码、存储、提取和利用等一系列阶段。现代认知科学十分强调认知结构的意义，在其理论主张里，认知系以个人已有的认知结构来接纳新知识，新知识为旧知识结构所吸收，旧知识结构又从中得到改造和发展。认知就等同于记忆过程中的再认过程。③

彭聃龄认为："认知的术语内涵涵盖了知识、认识、理智和思维。认知包括感觉、知觉、记忆、思维、想象和语言等。具体来说，人们获得知识或应用知识的过程开始于感觉与知觉。感觉是对事物个别属性和

---

① 车文博：《当代西方心理学词典》，吉林人民出版社2001年版，第308页。
② zh.wikipedia.org.
③ 陈福国：《实用认知心理治疗学》，上海人民出版社2012年版，第31—32页。

第四章　俄罗斯认知语言学的理论体系

特性的认识，如感觉到颜色、明暗、声调、香臭、粗细、软硬等。而知觉是对事物的整体及其联系与关系的认识，如看到一面红旗、听到一阵嘈杂的人声、摸到一件轻柔的毛衣等。"① 可见，认知不仅是人的理论认知，其还包括日常生活中人对周围世界的感知，获取简单、直观感受的认知。这是一个信息获取、知识获取和加工、记忆、提取和使用的过程。

正如文旭所说："认知是人类心智的基础，语言只是建立在这个基础之上的一种能力。"②从狭义来看，认知是常规意识获得信息的途径和渠道。广义来看，它是认知主体从现实中指定自己从事活动所需的片段。③ 我们阐释认知这个核心术语的原因是，在人类科学发展历史中必须要对术语进行捋顺、整理和标准化，学科才会有进一步的发展。这个术语标准化进程可以促进术语的理解和推广。术语体系中的问题也迫使研究者必须对学科发展所需的核心术语进行界定和厘清。认知这个术语从心理学引入到语言学，是术语学跨领域术语化（трансферная терминологизация）过程的一个典型。

二　俄罗斯学界提出的"认知"定义

认知是认知语言学的核心概念。俄语中的表达为"когниция"。俄语中认知这一术语可以用 когниция 和 познание 表达，认知语言学中这两个词语是同义术语。认知是心理过程的总和及认知过程。④ 认知作为信息、信号的感觉信息，是一种输入信息，进入神经中枢系统，由大脑进行加工，转换改造成各种心理表征的形式（形象、命题、框架、脚本、情景），并在必要时固定在人的记忆之中以供提取和重新运作。认

---

① 彭聃龄：《普通心理学》，北京师范大学出版社2010年版，第2页。
② 文旭：《语言的认知基础》，科学出版社2014年版，第1页。
③ Кубрякова Е.С.В. поисках сущности языка // Международный конгресс по когнитивной лингвистике: сб. Материалов [C]. Тамбов, 2008: 76.
④ Словарь лингвистических терминов: Изд.5-е, испр-е и дополн. [Z]. Назрань: Изд-во Пилигрим, 2010: 896.

知贯穿于思维活动的全部过程中。认知不仅是高级思维的过程——思维和语言，还包括在与世界简单接触的行为中。从这个意义来看，认知相当于科学认知世界的有意识的过程，相当于简单的有时是无意识或无意识地对人的周围世界的了解。

1997年出版的《认知科学简明术语词典》认为，这个语是cognitio和cogitatio两个词的融合，有认识（познание，познавание）的意思，包括获取知识和经验的过程和结构，还包括思维和思索的意思。这一术语通常表示认识的过程，或者表示心理、心灵、思维过程的总和，包括对世界的感知，对周围情况的观察、对客观事物的范畴化，用思维、言语加工人各感觉渠道获得的信息等诸多心智过程。[1] 认知能反映人的本质，反映出人为了生存、适应自然和认知世界与环境相互作用和相互影响的进程。认知是人心智能力的表现，包括对自身和周围世界的评价，构建一种独特的世界图景。

认知是认知语言学的核心术语，它是知识和思维在语言中的体现。俄罗斯术语学家戈洛万诺娃认为，认知是认知语言学的最为根本的核心术语。[2] 认知和认知主义对语言学影响深远。当今所有涉及人的科学都谈及人和人类活动的关系。按照玖芭（Дюба Е. В.）的观点，"认知是人类的意识活动，是概念化和范畴化的有机融合，其结果是对人认识世界知识的整理。认知是认知语言学的核心术语。"[3] 认知的背后是知识，包含了人的心智活动、获取知识及心智功能的相关状态，包括感知、理解、记忆、想象、言语功能、言语发展过程及人工智能。作为语言学术语，认知是用于表达获取知识所有进程的属术语，其理解一直是认知心理学、认知语言学让人困扰的问题。笔者列举分析了国内外学者的定

---

[1] Кубрякова Е. С. Краткий словарь когнитивных терминов［Z］. Издательство Московского государственного университета Москва，1997：81.

[2] Голованова Е. И. Введение в когнитивное терминоведение［M］. М.：Наука，2011：11.

[3] Дзюба，Е. В. Когнитивная лингвистика：учебное пособие для высших учебных заведений［M］. Урал. гос. пед. ун-т. Екатеринбург，2018：33.

义，希望可以对该核心术语的理解提供一定的参照。

（1） Когниция——познавательный процесс или совокупность психических процессов.①

认知就是人的感知过程或心理过程的总和。

（2） Когниция-не орнаментальный иноязычный вариант термина познание, а скорее процедуры получения и использования «предзнаний» (в том числе и обыденного «сознания») разновидности мыслительных операций, обслуживающих и сопровождающих восприятие （в частности, обработку） и продуцирование как знаний, так и языковых выражений для этих знаний.②

认知是前知识（包括常规意识）的获取使用过程，是服务于思维操作的变体，伴随有感知（尤其是加工），是知识及其语言表达的生成过程。

（3） Когниция-важнейшее понятие когнитивной лингвистики, оно охватывает знание и мышление в их языковом воплощении.

认知是认知语言学最重要的概念，它涵盖着用语言体现的知识和思维。

（4） Понятие когниции включает, прежде всего, все процессы хранения, усвоения, переработки информации. Это не только «утонченные занятия человеческого духа （такие, как знание, сознание, разум, мышление, представление, творчество, разработка планов и стратегий, размышление, символизация, логический вывод, но и процессы более земные, такие как организация моторики, восприятие,

---

① Словарь лингвистических терминов: Изд. 5-е, Назрань [M]. Изд-во Пилигрим, 2010: 327.

② Демьянков В. З. Когниция и понимание текста [J]. Вопросы когнитивной лингвистики. М.: Институт язакознания; Тамбов: Тамбовский гос. университет им. Г. Р. Державина, 2005（3）: 35.

мысленные образы, воспоминание, внимание и узнавание.①

认知包括信息储存、掌握和加工的所有过程，人类智慧精准操作，如认知、意识、智慧、思维、表象、创作、制订计划和策略象征、逻辑推理，还包括更实际的过程，例如运动技能、知觉、心理形象、记忆、注意力等。

（5）Найссер, относя к когниции все те процессы, с помощью которых осуществляется сенсорный ввод информации, ее редуцирование, дальнейшая обработка, хранение, извлечение и, наконец, использование. Такие понятия, как ощущение, восприятие, представление, сохранение, воспоминание, решение проблем и мышление относятся, по его мнению, наряду со многими другими к гипотетическим стадиям или аспектам когниции.②

认知是借助动觉信息的引入、还原、进一步加工、储存、提取和最后使用。像感觉、感知、表征、储存、记忆、解决问题和思维等概念都属于认知的不同阶段和角度。

（6）Когниция——познавательный акт; процесс познания.

认知是指具体认知行为和过程。

（7）Когниция—взаимодействие систем восприятия, представления и продуцирования информации в слове. В значении единиц языка заложены познавательные структуры, что проявляется при образовании окказиональных слов.

人类的认知是词汇里的信息感知、表征和生成系统。语言单位意义里存在认知结构，这可以在构成随机词语时体现出来。

在此给出认知语言学框架下认知的定义：狭义来看，认知是人与社

---

① Демьянков В. З. Когнитивная лингвистика как разновидность интерпретирующего подхода [J]. Вопросы языкознания, 1994（4）：23.

② Neisser U. Kognitive Psychologie [M]. Stuttgart：Klett, 1974：19.

会知识体系互动创建信息加工渠道的过程,这里的信息一定是人周围世界的产物。广义来看,认知提升了人与世界信息体系互动的质与量,改变了信息体系的发展过程。认知是客观现实反映的高级形式,是获取真知的信息加工过程。① 这个定义源于认知心理学,整体来看认知的术语内涵比较抽象,但术语使用争议不大,此处只是出于本书研究需要作出阐释。

认知包括不同的认知过程,如学习、注意力、记忆、语言、推理、决策等,形成人智力发展的重要部分。认知是加工信息的过程,是心理上的符号运算,是一种问题求解,是人的一种思维,是知觉、记忆、推理和问题求解,学习、想象、概念形成和语言使用等过程。它直接依靠主体感知能力和思维能力,而不借助实践手段认识客观事物的过程。认识过程是主观客观化的过程,即主观反映客观,使客观表现在主观中。

在科学发展到一定阶段后,学者们会关注语言中的一些科学概念的研究,尤其是专门目的的语言概念。本书认为,认知是人类活动的心智形象,是人感官和意识反映世界的直接结果。它是概念域和意识定型的总和,对人感知周围世界有影响,可以区分世界,分析现实,预测实践和现象,可以整理人的感知和逻辑经验,有助于在人意识中的储存。我们给认知归纳了具有代表性的五种定义:信息加工;心理上的符号运算;解决问题;思维;一组相关的活动,如知觉、记忆、思维、判断、推理、解决问题、学习、想象、语言使用等。认知可分为对客观事物进行感知,形成概念、范畴的过程和对事物关系的分析、判断和推理。② 认知其实是知识的习得和使用,是一个内在的心理过程,因而是有目的的,是可控的。③

---

① Галкин В. П. Проблемы современности: теоретические аспекты и основы экологической проблемы-толкователь слов и идиоматических выражений / Контекстное учебное пособие к циклу "Экологические проблемы человечества". Экология, социология, философия, право [M]. Чебоксары, 1997: 104.
② 赵艳芳:《认知的发展与隐喻》,《外语与外语教学》1998年第10期。
③ 桂诗春:《认知和语言》,《外语教学与研究》1991年第3期。

第四节　术语的科学认知问题

语言认知一般用概念来表征现实世界。认知能够给出意识状态的特定形式和功能的语言表达。认知视角研究语言的基本公设是现实不同体验方式的不同模型的推断进行的。认知科学呈现的是世界的多维结构。认知现实其实就是掌握知识的现实。认知本身是社会的、人文的，其视角可视为社会生活组织模型和行为体系的建构。术语使用对体现语言经济原则意义重大。一个庞大的术语系统对展现术语特性和专业领域的行业特色至关重要。术语对于学科发展意义重大。核心术语为读者提供有关核心词的简易解释和互参方法。某一学科或理论与核心词构成一个连续统：一端是某一学科或理论，经过精密分析后到达由核心术语组成的另一端。这是由于一个学科或者理论的存在必然要通过它和其他术语的区分与比较，最后在该学科或理论体系中去理解其意义、功能和价值。

认知的衍生术语有很多：认知能力、认知技能、认知发展阶段、认知失调、元认知、科学认知、认知评价、认知行为、认知轮廓、认知不协调、认知地图、认知操作、认知图式、认知心理学、认知科学、认知风格、认知疗法等诸多术语。认知作为一个术语有自身独特的价值和属性，与思维、想象和推理等活动密切相关。大多数学者认为，它是所有种类的心智行为，具有抽象性，涵盖了象征、顿悟、期待、复杂规则的运用，包括表象、信念、意图、问题解决等环节。认知不仅包括理论认知，还包括日常、简单认知。日常就是人对生活中事物的亲身感受、直观感受。任何一个认知的过程都是信息的加工过程。

一　科学认知

人的认知能力与人的认识过程是密切相关的，可以说，认知是人的认识过程的一种产物。一般说来，人们对客观事物的感知（感觉、知觉）、思维（想象、联想、思考）等都是认识活动。认知是处理信息的能力，感觉（我们通过不同的感官得到刺激）是获得知识的重要过程，而我们的主观特征，使我们能够整合所有这些信息分析和解释我们的世界。换句话说，认知是人从不同来源（感知、体验、信念等）接收到的信息吸收和处理，将它们转换成知识的能力。科学认知以反映世界本质为目标，是在特定科学发展阶段以特殊语言形式反映客观事实的完整的成体系的认识。科学认知由具体领域的科学概念构成，这些概念以其语言形式形成术语体系，服务于科学理论。科学认知服务于整个科学，运用分析、归纳、推理、演绎和实验等方法，透过概念表达对科学的整体认识，进而描写、揭示和预判科学现象。科学认知是具体学科在人类社会发展进程中获取世界知识的总和。它不断完善，但只能贴近反映客观世界，不能穷尽。随着认知水平的提高，一些理论会被重新思考，甚至推倒、修缮，在此基础上形成新知识，形成新概念。术语也是如此，固有术语被赋予新内涵，反映新概念。人类探索世界无止境，对知识的科学认知也会继续。人类的科学认知相对客观，虽然受民族语言、民族心理、民族传统和文化的影响，但都会产生相应的分类机制和术语体系。

皮夏利尼科娃（Пищальникова В. А.）认为，科学认知的基础是逻辑性（рациональность）或者是依托心智能够提出原则和思考前提的能力。然后遵循逻辑规则提取出新的知识。① 科学认知具有自己的基本规范。所获取的科学认知应是新的、独具特色且十分重要的。学者们经常得到与科学中已经存在观点的重合论断，然而真正的科学价值在于新知识的出现，当然也包括对已有事实的新阐释。科学认知应该是被证伪过的。经过总结和归纳，科学认知有很多的展现形式。科学认知最重要的特点就是社会价值。② 学者们获得的认知反映的是所描写事实的系统

---

① Пищальникова В. А., Сонин А. Г. Общее языкознание [M]. М.: Р. Валент. 2017: 41–42.
② Пищальникова В. А., Сонин А. Г. Общее языкознание [M]. М.: Р. Валент. 2017: 41–42.

关系。科学是基于特定原则对事物整个体系的认知。体系内所涵盖的概念、理论、规则、假说都能获取科学认知。本质上看，科学研究就是将分散的科学事实建构成体系的过程。研究者尤其是语言工作者关注自身体系的合理性和逻辑性，有时甚至比对客观世界本身的反映还重。李晓茜等指出，语言构成的理论体系影响人对事物的理解，影响着主体对客体的把握。语言在认知活动中内化为主体的知识体系，是主体选择客体、考察客体特征的前提。①

科学认知具有理论属性。理论是科学认知的本质，是客观反映世界特定领域事物相互关系的科学认知形式。科学研究的目标是解决理论内部的问题，这些问题可能是两种理论的竞争问题，可能是实践活动抽象出的理论与知识关系问题。一般出现问题之后，学者会提出相应的假说，假说如果经过实践检验就会被安入理论体系，为解决实际问题提供新方案。学者们建立的模型不管多么抽象，提出的术语不管多么复杂，最后都要用于实践，指向客观事物。知道是为了预见，科学一定要服务于、体现于实践，才能是改造世界的利器。科学认知还具有再现性，可以再现其描写和解释的事实。科学认知最重要的前提和基础是主体的积极性。任何知识都是主体与客观世界互动的产物。因此，科学认知其实是对人类经验的再现。化学的历史不仅是连串的实验和观察，还需要一些数据统计工作，也是一种概念的历史。理解客观世界现象首先要引入概念，只有借助正确的概念，人才能清楚地观察到事物和现象。当我们探索一个新的领域时，通常需要新的概念。② 与人不相关的客观世界吸引不了人的注意，所以，科学认知和科学本身都与人类自身息息相关。科学创新的源泉就是创建新的手段和工具，这里不仅包括复杂的机制也包括概念体系。

---

① 李晓茜、贺善侃：《中西方语言的差异对科学认知的影响》，《东华大学学报》（社会科学版）2009年第1期。
② 海森伯：《物理学与哲学》，商务印书馆1999年版，第174页。

二 科学认知在术语中的应用

科学认知与术语关系十分紧密。术语自身发展过程也是一个科学认知的过程。

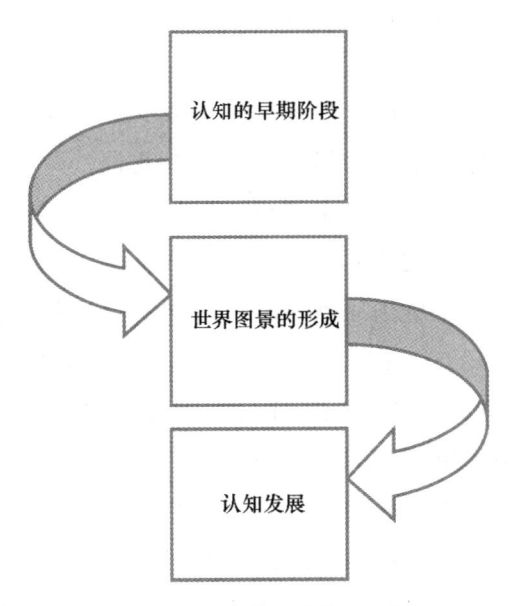

图 4-1 认知发展阶段示意图

从原型术语到行业词是术语演变的科学认知过程。同样，术语的认知是由朴素到科学的过程。原型术语（прототермин）属于专业词汇单位，一般是发生在专业知识发展的前科学阶段。原型术语命名专业知识缺乏严格定义，但词汇意义和形式相对稳定，修辞上比较中立。原型术语缺少理论支撑，即通常所说的俗名。随着科学发展，有一些原型术语会进入术语领域，其表达内容会逐渐科学，即变成术语。

类术语（термиоид）是功能与术语称谓相近，一般用来称名朴素概念，缺乏稳定性，有可能存在歧义，一般是没有明确界限概念的专业词汇，又称其为半术语（半科学术语或言语术语）。类术语缺少稳定性、不是学界公认的，且其形式往往不固定依赖上下文，缺乏意义准确性。类术语与术语在形式上差别不大。类术语与客体概念距离较远，对这些客体概念表现不充分。类术语和术语所表示的信息不同。类术语阐述的信息相对具体，以专业概念为基础。科学不断发展，对术语整理工作力度在加大，类术语数量会变少，一部分成为真正的术语，有些会被取代。

初术语（предтермин）有一定的术语资质，处在科学术语形成的早期阶段，是称名学科的新概念，是专业词汇单位。初术语具有术语的诸多特征，但一般只是简单罗列，一般是词组，不具备简洁性。初术语一般是临时发挥作用，形式相对固定，但意义不固定，从修辞色彩上讲不具备中立性。随着时间的推移和实践的发展，它可能失去术语的地位。初术语相对较固定，有准术语的称名资格。很明显，准术语是固定在言语中的初术语，也是不符合对术语提出的要求的专业词汇单位。准术语最常见外壳是描写式的主从关系词组。初术语是一个长复杂结构，在科学完善后可转变为科学术语。①

行业用语（профессионализм）大致等同于术语，表示专业概念、工具或劳动产品、生产过程，是在工业生产高度发达后出现的词汇。行业用语在使用上具有非规范性，是专业人士在非正式场合的口头交际语，语体上受限制，有表现力和感情色彩。区分术语和行业用语的标准是在专业领域使用是否受限，但这一标准要在特定条件下才能发挥效能。

非术语词用于表示专业概念而成为术语的过程叫作术语化。普通语体词和口语词汇参与了术语的形成过程，这个过程被称为术语化，即它是单词从非术语领域到特殊领域的过渡。术语化方法包括：（1）意义

---

① Сенина И. В. К вопросу о разграничении понятий «термин» и «предтермин» (на материале немецкой терминологии в области диалектологии) [J]. Известия Саратовского университета. Новая серия. Серия Филология. Журналистика, 2019（1）：91.

扩展或概括；（2）意义缩小或接近术语专业化意义，即一个词失去了一般、广泛的含义，并用一个更窄、更特殊的词代替它；（3）术语认知生成机制，其中包括术语语义隐喻或转喻，当一个术语用作隐喻或转喻时会生成新的与其有认知联系的常用词；（4）打破语义连接而形成谐音术语，一个同音异义词出现一个新含义，这个新含义与原语义不一致，以至于这个词被认为是一个独立词汇单位，即以同音词形式出现的新术语。使用一般语体词来表达特殊概念，是一种古老的、传统的、富有成效的方式，是根据一个词的改编来表达一种特殊的意义。在许多术语发展的前科学时期，是关于周围世界的实际信息的积累，然后被概括、逻辑处理和固定为形式的科学概念。但由于一个科学概念的词汇意义原来不足以用一般语体语言表达一个词的内容，其语义变得更加复杂，伴随着通过缩小或扩大意义的具体化。在这个过程中，一般语体词的普通和特殊含义分歧很大，往往会出现一个新的术语。在相应术语缺位的情况下，行业用语会在满足一定条件下成为术语。术语化是指语体通用词词义扩大或者缩小具有标准的术语意义，并可与其他日常词汇或专用词汇产生新的意义联系。

三 术语的科学认知

语言的认知功能不是新话题，而术语的科学认知功能却是个新鲜事物。术语的科学认知功能是其最为重要的特性。术语是一种人类活动，是认识世界和改造世界的过程。因而，可以讲，科学是一种知识语言，是专家语言。一门学科研究的前提是掌握该学科的有关对象、过程和关系。在此过程中，术语的价值就显得十分重要。术语有语言符号属性，作为认知—交际要素，为行业交际者提供了具有指导性的操作原则。术语系是人类对某一领域知识和活动的认知—逻辑模式。因此，术语是科学交际的工具语言，是形成相应概念体系的辅助手段。不同年代的学科术语的研究能体现某一历史时期人类对客观世界的认识水平，从而判断某一学科的专业化程度及所处发展阶段。此外，术语与信息理论和认知心理学等学科有密切联系。它反映了人类某一认知领域的发展阶段和发达程度，能够概括、扩容和传递科学知识，并把人类获得的信息固定下来，是重要的认知工具。

科学与语言相互促进，其程度对语言作用发挥有影响，此处所说的语言是科学语言。科学语言由特殊符号组构而成，是科学思维的表达手段和方式，能够帮助人认识客观事物。总之，科学语言有助于完成信息储存与交换，并获取相关科学研究对象的新信息。科学认知功能是术语最主要的功能，因为，术语在思维过程中发挥积极效用。作为客观存在的一种形式，术语是科学工作者对客观现实的事物和现象观察与认知后的产物。

科学认知的另一个现象就是术语化，日常词汇（语体通用词）上升为术语的过程伴随着科学认知。术语化主要分为下定义和隐喻两种。赋予日常词汇专业内涵、特定概念和专业意义就是术语化。使普通词汇获得明确的定义，这个过程也被叫作概念术语化。概念术语化是将语言中已有词汇引入专用术语的一种手段。隐喻是日常词汇成为术语的主要手段，从抽象到具体、化繁为简，构建出易于把握和操纵的现实世界。隐喻转化一般通过形态、功能、动作等方面的相似性实现术语化目标，将日常词汇纳入科技术语行列。人类使用术语的不同类型演化反映的正是科学认知进步的过程，是对世界片段信息获取的连续阶段。①

术语对专业概念普及发挥了很大的作用。术语是思维对象，其形成是长期实践活动和语言加工的共同产物。术语的目标是无限接近专业知识反应并表达其内涵。术语在科学认识过程中所发挥的作用不可忽视。科学思想从产生、加工到确定，最后发展成概念，这一过程要借助术语来实现。术语指称概念，为其称名。认知形象被相应术语固化下来，变成思维对象。因此，对首创的专业思想的表述就等同于构建一个新的概

---

① Голованова Е. И. Введение в когнитивное терминоведение ［М］. М.：ФЛИНТА，2011：91.

念,仅凭这一概念就足以丰富科学认识,创建术语就是在创建理论、确定知识。作为科学认识工具,术语是对研究对象本质的探索。因为,人最终认知的结果是以术语来体现的被认知事物的特征。当术语形式反映出命名概念的特征时,术语工作者无须借助定义就能明白术语意义。

新科学概念的描写要依托类推思维,概念隐喻是联想思维作用的结果,有系统化功能,这就是以认知隐喻为基础的类推功能。隐喻作为人类的一种基本认知方式,使原概念和新概念的对比突破了对客观现实自然范畴划分的界限,创造了知识,成为认知的工具,有助于科学发展。隐喻是用"感觉"现象表达"认知"现象。人要认知周围世界,探索未知领域,需要借助已知的概念,并将此映射到未知的领域,以获得新的知识和理解。在科学思维中,隐喻是一种重要的工具和手段,它是通过某一领域的经验来谈论另一领域经验的认知过程。隐喻能力是随着认知发展而产生的一种创造性思维能力,是认知发展的最高阶段,是认识世界,特别是抽象事物不可缺少的能力。如果说隐喻思维功能是语言抽象思维功能的基础的话,那么术语的隐喻思维功能就应该是科学抽象思维功能的基础。

术语促进了新概念的出现,通过类似成分确定相似概念间的联想关系。隐喻思维不仅具有解释、描述功能,还可以帮助科学家发明、发现新事物。在术语创建过程中,隐喻有命名的功能。可以说,一门新学科的创立伴随着系列新概念的命名,新思维的出现也需新词来表达。在新词或旧词新义的创造使用过程中,形象化类比、想象、联想等隐喻方式发挥着很大作用。如,реконструирование клапана 指瓣膜重建(реконструирование 是建筑术语应用到医学),атриовентрикулярная блокада 指房室传导阻滞(блокада 原指战争中的包围、封锁),сердечный тон 指心音(тон 原指音乐节奏),расслоение аорты 指主动脉夹层(расслоение 原指机械的分层),моторная функция 指运动功能(мотор 原指发动机)等,在这一系列双成分术语中,限定成分与定义的种概念参数相吻合。隐喻术语是科学认识新领域不断扩大的过程,是世界知识通过人的想象、加工、形成、衍生科学技术知识的过程。

术语是科学理论的构成要素，指称科学概念，将理论中的抽象元素形式化。它能建立概念的定义和分类，在概念与术语间建立单义联系是术语发挥功能的主要方式。理论概念通过术语的形式最终确定下来。当然，会有一些概念虽被确定，但不够完善或并不准确，因此需不断修正，甚至完全重建，直至被科学接受为止。人的理论活动指向客体，客体理论模式可能是数学的、物理的或语言的。在语言理论中，术语占据重要地位。它在规范化的过程中，理论活动会使理论模式日趋完善，这意味着，术语也会相应地日益成熟。因而，术语是科学活动的工具，就如实验中使用的仪器一样。术语间联系反映了事物、现象间的联系，这些相关术语逐渐形成一种认知结构，使对客体的认识更加清晰。从这一意义上讲，术语有参与科学认识和发现真理的功能。应该指出，术语是认识科学事物和想象的工具，能够创建被认识对象的认知结构模式。

在术语系统化、范畴化时，明确概念间联系并形成术语系中的分类至关重要。如此一来，松散的术语系会成为严密的系统。系统性是对经规范整理后的术语系统提出的要求，它是术语的固有特性。术语反映概念系统，概念系统通过术语得以固化，且通过概念名称（术语的形式）系统地反映概念趋势。术语系的每个术语都有确定的地位。这一地位决定了术语的结构及其成分。这就是说，术语的构词词素、结构、顺序等要由其在系统中的地位来决定，这体现了术语的系统性和有序性。术语和术语系相互作用，相互影响。术语系可以呈现人逻辑系统的分类结构，使事物和现象的分类标准化，但并非所有术语都能够做到这一点，因为对术语的逻辑要求与语言要求不可等同。换言之，要求内在逻辑联系的术语在表达手段与形式上一致是不符合现实的，对刚形成的学科术语来说更是如此。但术语系统化却能使学者们渐渐明确术语的形式，并重新审视现存的概念系统。术语的调整和系统化会伴有相应知识领域概念的准确化和系统化。概念系统化是整理术语的手段，术语系统化则是整理知识的手段。术语系统的启智价值就在于能够确立和使用术语的语义联想，拉近概念间的关系并将其系统化，为知识的理论成形创造可能。

本章小结

认知语言学学派众多，理论纷呈，尤其是俄罗斯认知语言学受本国心理语言学和语义学的影响较深，其理论独树一帜。划分学科学派、勘定研究方法为探讨其术语体系提供了深厚的理论基础。俄罗斯认知语言学建构了完整的方法论体系，在吸收欧美认知语言学方法论的基础上，结合自身心理语言学和语义学特有的研究成果，提出了很多具有特色的研究方法，如语义微分法、原型分析法、概念分析法和联想实验法等。这些方法为明晰认知语言学的研究对象，探讨语言与认知的关系提供了支撑。认知是认知语言学界定不充分的一个跨学科核心术语，对其探讨有利于夯实认知语言学的术语基础，挖掘人的认知语言活动。可以说，俄罗斯认知语言学是国际认知语言学的重要组成部分，对其理论形态的探讨为认知语言学研究本土化奠定了基础。

第五章 核心术语"概念"的术语学阐释

20世纪以来,概念研究成为俄罗斯认知语言学最热衷的理论课题之一。认知语言学家马斯洛娃、斯捷尔宁、波波娃、巴布什金、博尔德列夫等均提出,概念是认知语言学的核心术语,可以展现俄罗斯认知研究的前沿理论,整合认知语言学研究的研究成果,规范认知语言学的使用现状和研究情况。本章选取概念作为核心术语是因为它是认知语言学的最核心术语,因为有概念才能实现概念化——事物分类(范畴)就是人脑中概念的分类,即范畴化——才能形成人的语言意识。以概念作为核心术语可以展现认知语言学很多亚范畴的核心术语,如:具身认知形象、表征、图式、原型、命题、脚本、框架和格式塔等。认知术语学视角注重阐释概念的名称含义,其外延是客体。概念在认知研究中十分重要,在思维活动中扮演着必要的角色,在世界概念化、范畴化进程中发挥着重要的作用。本章从上述学科主流学者所给的概念的定义入手,分析概念的内涵、性质、分类、体系、民族特征和称名场等。

第一节 核心术语"概念"的术语内涵

概念是言语意义的认知体现,是思想的结晶,是思维现象。概念通过语言表达和语言外知识被改造,是一种文化标记词语的表达意义,外化手段是相应词汇语义聚合体,是有语言表达和民族文化特征的集体知识单位。

第五章 核心术语"概念"的术语学阐释

一 俄罗斯学界提出的концепт（概念）定义

关于概念的研究，中国古代就已有之。名实之辩，文与质，白马非马，其实都是概念之辩。语言产生之后就伴生了概念，语言与概念是一种相辅相成的关系，概念清晰与否是言语交际顺畅与否的前提。孔子说，"事欲成，当先正其名"，其实这就是经过研究、实践逐步形成表述精确的概念。

在汉语中"概"和"念"二字早就存在，但各具不同的含义。长期以来"概"和"念"始终执行不同的语言功能。钟少华指出："概念是被西方学者带到中国，由于中国人不感兴趣，又被日本人带到了日本，经过日本学者的改造，成为日本汉字，到19世纪末，中国的留学生将其带回中国的汉字形成了各种各样的概念。"[①] 之所以这样讲是因为，英语的concept / conception、俄语的концепт等词的来源大概都源于拉丁文conceptus/conceptio。洋务运动以后有许多学者翻译过西方的著作，但行文中均没有出现"概念"这个术语。日本著名学者西周先生第一个将英语中的concept对译成"概念"，日本汉字为ガイネン。（日本《大辞林词典》）。他没有接受其他人翻译的方案，首创性地使用了"概念"这个术语，获得了日本学界的普遍认可，且被广泛使用。中国留学生到日本后将"概念"引入本土。概念经过数以百年的认知加工成为了一个科学概念（术语）。综上所述，概念并非汉语固有术语，其术语内涵的产生与发展受到了英语和日语的影响。концепт同concept来源于拉丁语同一个词完全对应概念的术语内涵。

概念一直是困扰俄罗斯认知语言学界的难题，不同学派、学者对其阐释有所不同。本节用术语学方法展示其定义内容，对比其术语内涵，给出其工作定义，对该术语的内涵理解和标准化使用意义很大。

---

① 钟少华：《中文概念史论》，中国国际广播出版社2012年版，第25页。

(一) концепт（概念）的属性

学者们一直在尝试对"概念"形成一致的认识，但语言学中流派较多、研究方法众多，且使用的语料不同。有学者认为，概念这个术语在语言学中出现在20世纪60年代，是弗雷格（Frege）从数理逻辑引介来的术语。其实，俄罗斯学者阿斯科里多夫在20世纪20年代就提出了该术语及具体分类。列昂季耶夫在研究文本意义的问题时，指出了心理意义的结构和内涵，认为心理意义是心理概念。列昂季耶夫还提出了概念个体含义这个表达，表达主体对世界的个人态度，认为这也是一种概念。[1] 概念是一种具有语言特征的语义结构，反映着民族世界观。也有学者认为概念是心智结构，是价值观的构成要素。卡拉西克认为，"概念具有心理意义，是记忆中感觉表征与隐喻表达构成的有机统一体。"[2]

概念是折射民族语言意识的一面镜子，是构建客观世界的要素。它是一种知识量子，反映人类活动的内涵。概念的出现不是词义的直观呈现，而是民族敬仰与词义的有机结合，具有民族、表现力和情感的外部特征。[3] 一个概念是一种具有文化标记的语言文化含义，以构成相应词汇范式的语言实现方式。语言文化概念的内容计划包括两个序列语义属性。首先，它包括所有语言实现所共有的语义，它们结合了词汇语义聚合体并形成其概念或原型基础。其次，它包括至少部分实现所共有的语义特征，这些特征具有语言、民族特殊性，并且与心理有关。[4] 巴别恩科（Бабенко Л. Г.）认为，"概念在认知语言学中的5个属性：价值性、包容性、常体性、共相性、动态性，意在指出，概念对任何民族语

---

[1] Леонтьев А. Н. Избранные психологические произведения [M]. М.: Педагогика, 1983: 147.

[2] Карасик В. И., Прохвачева О. Г., Зубкова Я. В., Грабарова Э. В. Иная ментальность [M]. М.: Гнозис, 2005: 27.

[3] Маслова В. А. Когнитивная лингвистика. [M]. М.: Флинта, Наука, 2007: 47.

[4] Воркачев С. Г. Счастье как лингвокультурный концепт [M]. М.: ИТДГК «Гнозис», 2004: 36-37.

言都有价值，应将语言文化中浮现率高的现象纳入概念结构中。概念是人类普遍的、泛时的、通用的认知手段，有发展能力和动态本质。"①

马斯洛娃认为，"概念是人思想表征中最小的经验表达单位，借助言语表达，有场结构。概念是意识表征人类经验的言语结构；是知识加工储存和传输的基本单位；是加工、存储和传输知识的载体之一。概念具有运动、便捷和具体的特点，是文化发展的结晶。"② 沃尔卡乔夫（Воркачев С. Г.）认为，"概念"具有语言属性，其语言载体包括词、词组、主题序列（тематический ряд）、主题场（тематическое поле）、谚语（пословица）、绕口令（поговора）、民间口头创作（фольклорный сюжет）、艺术作品（произведения искусства）、仪式（ритуал）、行为定型（поведенческий стереотип）、物质文化实体（предметы материальной культуры）。③

津诺维约娃（Зиновьева Е. И.）和尤尔科夫（Юрков Е. Е.）认为，概念词应是高频的，应包含积极的派生基础。概念体验词应是积极惯用的结构，概念具有体验性，有一定的称名作用、价值观导向性、语言文化标记和交际相关性。④语言是表达周围世界知识的主要手段。词义中凝聚了关于世界的信息和对其的划分，是对事物的有序排列。词汇是储存信息的单位，与概念紧密相关，是言语表达的概念。它是人记忆中储存的语言资源，是以交际为目的的信息传播。⑤

因此，一些语言学著作中将"概念"阐释为"语言概念"。本书认为，从某种程度来看，词语意义可能是概念，但从认知语言学的角度来

---

① Бабенко Л. Г. Филологический анализ текста. Основы теории，принципы и аспекты анализа：Учебник для вузов［M］. Екатеринбург：Деловая книга，2004：104-106.

② Маслова В. А. Лингвокультурология［M］. М.：Академия，2007：47.

③ Воркачев，С. Г. Счастье как лингвокультурный концепт［M］. ИТДГК《Гнозис》，2004：42-51.

④ Зиновьев Е. И.，Юрков Е. Е. Лингвокультурология：Учебник［M］. СПб.，2006：149.

⑤ Лыткина. О. И. Проблема изучения концепта в современной лингвистике［J］. RHEMA. 2009（1）：71-72.

讲，词义是不完全的、狭义的概念。人只有掌握某事物的概念，才能做出关于某事物的判断、推理与论证。通过判断、推理与论证所获得的新知识凝结在概念之中，完善、精确已形成的概念。概念（特别是科学概念）是现实事物与过程的反映。所以本书从语言文化学、认知语言学、心理语言学和语言哲学的角度对概念定义进行了分析，并尝试给出了工作定义。

（二）俄罗斯学界关于концепт（概念）定义的分析

（1）Концепт-это все то, что мы знаем об объекте во всей экстензии.①

概念是对客体及其外延所有的认知。

（2）Это объект из мира «Идеальное», имеющий имя и отражающий определенные культурно обусловленные представления о мире «Действительность».②

概念是源自世界的"完美"客体，对现实世界的文化表征。

（3）Концепт-это «вариант отражения значения».③

概念是表达意义的变体。

（4）Бабушкин А. П. понимает концепт как «дискретную, содержательную единицу коллективного сознания, отражающую предмет реального или идеального мира и хранимую в национальной памяти носителей языка в вербально обозначенном виде».④

概念是集体意识的不连续内涵单位，反映语言承载者言语表达中现

---

① Телия В. Н. Русская фразеология：Семантический, прагматический и лингвокультурологический аспекты [M]. М.：Языки русской культуры, 1996：97.

② Вежбицкая А. Прототипы и инварианты [A]. Кронгауз М. А. Язык. Культура. Познание [C]. М.：Русские словари, 1996：97.

③ Ляпин С. Х. Концептология：к становлению подхода // Концепты. Вып. I [C]. Архангельск, 1997：16.

④ Бабушкин А. П. Типы концептов в лексико-фразеологической семантике языка. [D]. Воронеж, 1996：51.

实或理念世界的客体，以言语指称形式存在于民族记忆中。

（5）Концепт является результатом взаимодействия ряда таких факторов, как национальная традиция, фольклор, религия, идеология, жизненный опыт, образы искусства, ощущения и система ценностей.①

概念是民族传统、民俗、宗教、意识形态、生活经验、艺术形象、感觉和价值观体系相互作用的产物。

（6）Концепт-это некое представление о фрагменте мира или части такого фрагмента, имеющее сложную структуру, выраженную разными группами признаков, реализуемых разнообразными языковыми способами и средствами.②

概念是对世界片段或其组成部分的表征，其结构复杂，以不同的语言方式和手段特征来体现。

（7）Концепты-это индивидуальные представления, которым в некоторых чертах и признаках даётся общая значимость. Концепт есть мысленное образование, которое замещает нам в процессе мысли неопределённое множество предметов одного и того же рода. Концепт есть образование ума.③

概念是一种个体认识，其特性和属性有普遍价值。概念是思维结构，是思维过程一些客体的替代物，是一种心智构成。

（8）Концепт как ментальное образование высокой степени абстрактности связан преимущественно именно со словом. Из этого следует, что он включает в себя помимо предметной отнесенности всю

---

① Арутюнова Н. Д. Язык и мир человека [M]. М.：Языки русской культуры, 1999：3.
② Пименова М. В. Душа и дух：особенности концептуализации [M]. Кемерово изд-во：ИПК Графика, 2004：10.
③ Аскольдов, С. А. Концепт и слово Текст [A]. Русская словесность：Антология [C]. Под общ. ред. В. П. Иерознака. М.：Academia, 1997：270.

коммуникативно значимую информацию. Прежде всего, это указания на место, занимаемое этим знаком в лексической системе языка: его парадигматические, синтагматические и словообразовательные связи.①

概念作为高度抽象的心智结构与词关系密切。由此得知，概念包括全部有价值的交际信息。首先指向语言词汇体系中的符号位置（聚合的、组合的、构词的联系）。

（9）Лихачев Д. С. предложил считать концепт «алгебраическим выражением значения, которым носители языка оперируют в устной и письменной речи».②

概念是口头和书面言语中语言承载者意义的几何表达。

（10）Маслова В. А. определяет концепт как «семантическое образование, отмеченное лингвокультурной спецификой и характеризующее носителей определенной этнокультуры, которое окружено эмоциональным, экспрессивным, оценочным ореолом».③

概念是具有语言文化特点和民族文化承载者特点的语义结构，具有情感、表现力和评价特性。

（11）Прохоров Ю. Е., объединяя теории своих предшественников, предлагает следующее определение концепта: «Концепт-сложившаяся совокупность правил и оценок организации элементов хаоса картины бытия, детерминированная особенностями деятельности представителей данного лингвокультурного сообщества, закрепленная в их национальной картине мира и транслируемая средствами языка в их общении».④

---

① Красавский Н. А. Эмоциональные концепты в немецкой и русской лингвокультурах. ［M］. Волгоград: Перемена, 2001: 40-59.
② Лихачев Д. С. Концептосфера русского языка ［J］. Известия РАН. Серия литературы и языка. Т. 52. 1983（1）: 281.
③ Маслова В. А. Лингвокультурология: Учебное пособие для студентов ［M］. М.: Флинта, 2004: 36.
④ Прохоров Ю. Е. В поисках концепта ［M］. М.: Флинта, 2008: 159.

普罗霍罗夫总结了前人的理论，认为"概念"是有序整理世界混乱因素所依据的规则和评价的总和，受语言文化共同体代表活动特点的制约，固化在其交流手段的民族世界图景中。

（12）С точки зрения В. Н. Телия，«концепт-продукт человеческой мысли и явление идеальное，а，следовательно，присущее человеческому сознанию вообще，а не только языковому.①

概念是人类思维的产物，是意识现象，是人意识的本质体现，不仅为语言意识固有。

（13）Колесов В. В. отмечает，что «концепт в целом предстает （является） в своих содержательных формах как образ，как понятие и как символ.

科列索夫指出，概念以自己的形象概念内涵和象征意义作为内容形式来表达自身意义。

（14）Концепт-явление разноуровневое，одновременно принадлежащее логической и интуитивной，идивидуальной социальной，сознательной и бессознательной сферам.②

概念是多层次现象，同时隶属于逻辑、直觉、个体、社会、有意识和无意识的领域。

（15）Концепт операционную единицу мысли единица коллективного знания（отправляющую к вышим духовным сущностям）.имеющую языковое выражение и отмеченное этнокультурной спецификой.③

概念是思维操作单位，集体认知单位要素，有语言表达形式和民族文化特征。

---

① Телия В. Н. Русская фразеология. Семантический，прагматический и лингвокультурологический аспекты［M］. Москва Языки русской культуры，1996：109.

② Зусман В. Г. Концепт в культурологическом аспекте // Межкультурная коммуникация：Учеб. Пособие［M］. Армавир，2005：8.

③ Воркачев С. Г. Счастье как лингвокультурный концепт.［M］. ИТДГК «Гнозис»，2004：51-52.

(16) Однако концепт не непосредственно возникает из значения слова, а «является результатом столкновения словарного значения слова с личным и народным опытом человека».①

概念并不直接从词义产生，而是词义与民族或个体经验碰撞的产物。

(17) Концепт-дискретное ментальное образование, являющееся базовой единицей мыслительного кода человека, обладающее относительно упорядоченной внутренней структурой, представляющее собой результат познавательной (когнитивной) деятельности личности и общества и несущее комплексную, энциклопедическую информацию об отражаемом предмете или явлении, об интерпретации данной информации общественным сознанием и отношении общественного сознания к данному явлению или предмету.②

概念是离散的心智结构单位，是思维编码的基本单位，有相对有序的内部结构，是社会和个体认知活动的产物，有关于反映事物和现象的综合的、百科的信息，关于社会意识对该信息的阐释，是社会意识对该事物与现象的态度。

(18) Концепт-любая дискретная единица коллективного сознания, которая отражает предмет реального или идеального мира и хранится в национальной памяти носителей языка в виде познанного вербально обозначенного субстрата.③

概念是任意的集体意识的离散单位，反映理想世界和现实世界的对象物，以可被认知的言语支撑实体在语言承载者的民族记忆中储存。

---

① Лихачев Д. С. Концептосфера русского языка [J]. Изд. РАН. Серия лит. и яз, 1993 (1): 4.
② Попова З. Д., Стернин И. А. Когнитивная лингвистика [M]. М.: Восток Запад, 2007: 24.
③ Бабушкин А. П. Типы концептов в лексико-фразеологической семантике языка [M]. Воронеж, 1996: 95.

（19）Концепты представляют собой те идеальные, абстрагированные единицы, смыслами которых человек оперирует в процессе мышления. Они отражают содержание полученных знаний, опыта, результатов всей деятельности человека и результаты познания им окружающего мира в виде определенных единиц, «квантов» знания. Человек мыслит концептами。①

概念是理想化的、抽象化的单位，人在思维过程中进行操作的意义。概念反映知识、经验、人类所有活动产物的内涵，以特定单位、知识"量子"的形式反映人类认知周围世界的产物。人依靠概念来思考。

（20）Концепт-это некий смысл, выражаемый в лексемах（или граммемах）естественного языка。②

概念是自然语言词汇（或语法单位）中表达出的某种意义。

（21）Концепт-это ментальное национально-специфическоеобразование, планом содержания которого является вся совокупность знаний оданном объекте, а планом выражения-совокупность языковых средств（лексических, фразеологических, паремиологических и др）. ③

概念是心智、民族独有的构造，其内容层面是对象中所有知识的总和，表达层面（词汇、术语和箴言等）是语言手段的总和。

（22）Концепт в отличие от лексической единицы（слова）-это единица сознания, ментального лексикона. По словам Е. В. Рахилиной, «главным свойством концептов нередко считается их неизолированность, связанность с другими такими же-это определяет то, что всякий концепт погружён в домены, которые образуют структуру… Домены

---

① Болдырев Н. Н. Когнитивная семантика [M]. Тамбов: Директ-Медиа, 2002: 23 - 24.

② Урысон Е. В. Мысль, идея // Новый объяснительный словарь синонимов русского языка [Z]. М.: Языки славянской культуры, 1997: 103.

③ Маслова В. А. Когнитивная лингвистика [M]. М.: Флита: Наука, 2005: 27.

образуют тот фон, из которого выделяется концепт».①

概念与词汇单位（词）不同，是意识、心智语汇的构成单位。她指出，概念具有非孤立性、相关性。概念固着于某些结构组成域中，在这些域中概念被提取出来。

（23）Кубрякова. Е. С. Оперативная единая памяти, ментального лексикона, концептуальной системы и языка мозга, всей картины мира, квант знания. Самые важные концепты выражения в языке.②

库布里亚科娃则认为，"概念是人意识中的心智单位，是反映人的知识与经验信息结构的专门术语，是记忆、心智语汇、概念系统和大脑语言，反映了人心理中的所有世界图景的操作性内容单位。人在思维过程中使用概念，它以某些知识量子的形式来展现经验和知识的内容，反映人类活动的结果和认识世界过程的内容。"

（24）Концепт как психолингвистическое явление понимается, например, в работах А. А. Залевской: «спонтанно функционирующее в речемыслительной деятельности индивида базовое перцептивно-когнитивно-аффективное образование динамического характера. ③

概念作为心理语言学现象，是自发起作用的个体言语思维活动，是基本感知—认知—情感结构，自然地在个体的言语和思想活动中起作用。

（25）Концепт-самая общая, максимально абстрагированная, но конкретно репрезентируемая（языковому）сознанию, подвергшаяся когнитивной обработке идея «предмета» в совокупности всех валент

---

① Рахилина Е. В. О тенденциях в развитии когнитивной семантики［J］. Известия РАН. Серия литературы и языка, 2000（3）: 3.
② Кубрякова Е. С., Демьянков В. З., Панкрац Ю. Г., ЛузинаЛ. Г. ［M］. М. : Филол. ф-т МГУ им. М. В. Ломоносова, 1996: 92.
③ Залевская А. А. Психолингвистические исследования. Слово. Текст. ［M］. М. : Гнозис, 2005: 243.

ных связей, отмеченных национальнокультурной маркированностью.①

概念是最普遍的、最抽象的，但在意识中是具体体现的，是事物总体内部彼此搭配联系的认知加工，具有民族文化标记。

（26）Концепт-это семантическое образование, отмеченное лингвокультурной спецификой и тем или иным образом характеризующее носителей определенной этнокультуры. Концепт, отражая этническое мировидение, маркирует этническую языковую картину мира и является кирпичиком для строительства "дома бытия".②

概念是具有语言文化特色的语义构成，以特定方式衡量特定民族文化语言承载者的特性。概念在反映民族世界观的同时，标记着民族世界图景，是构建"存在之家"的"砖块"。

（27）Слышкин Г. Г. отмечает, что концепт является системным образованием, поэтому имеет вход («точки приложения воздействий среды») и выход (точки, из которых исходят реакции системы, передаваемые среде). Совокупность входов образует интразону, совокупность выходов-экстразону.③

概念是系统构造，因此有"入口"（受环境影响的着力点）和"出口"（传输给环境的系统反作用点）。"入口"的总和构成内涵区，"出口"的总和构成外延区。

（28）А. А. Залевская определяет концепт как объективно существующее в сознании человека перцептивно-когнитивно-аффективное образование динамического характера в отличие от понятий и значений

---

① Красных В. В. Виртуальная реальность или реальная виртуальность? [M]. М.: Диалог-МГУ, 1998: 184.
② Маслова В. А. Введение в когнитивную лингвистику. [M]. М.: ФЛИНТА, 2007: 47.
③ Слышкин Г. Г. Лингвокультурные концепты и метаконцепты [D]. Волгоград, 2004: 60-67.

как продуктов научного описания （конструктов）.①

扎列夫斯卡娅将概念看作是人意识中客观存在的动态的直觉—认知—情感结构，与作为科学描写的概念和意义有所不同。

（29）В. В. Красных определяет концепт следующим образом： максимально абстрагированная идея «культурного предмета», не имеющего визуального прототипического образа, хотя и возможны визуально-образные ассоциации, с ним связанные.②

克拉斯内赫认为，概念是文化对象的最抽象的思想，一般没有视觉上的原型形象，但可以引发与之相关联的视觉联想。

（30）Шейгал пишет：«Концепт как ментальная репрезентация культурно-значимого феномена в массовом сознании фиксируется в лексикографических толкованиях имени концепта （содержательный минимум концепта）, в его синонимических связях, образных переосмыслениях, ассоциативных реакциях, сочетаемости, паремиологии и неклишированных текстах и высказываниях».③

概念是一种大众意识里有文化价值现象的心理体验，概念应关注其名称的词典释义、同义联系、形象内涵再理解、联想反映、搭配、箴言、非固定语篇及话语中的语义。

（31）Концепт-это действительно некий смысл мыслительный образ достаточно широкого структурного диапазона：по горизонтальной оси-от обобщенных наглядных образов до логических понятий；по оси вертикальной-с разной степенью эксплицирования его глубинных

---

① Залевская А. А. Психолингвистический подход к проблеме концепта ［A］. Методологические проблемы когнитивной лингвистики ［C］. Под. ред. И. А. Стернина. Воронеж：ВорГУ，2001：39.

② Красных В. В. «Свой» среди «чужих»：миф или реальность？［M］. М.：Гнозис，2003：187-190，268-269.

③ Шейгал Е. И. Семиотика политического дискурса ［M］. М.：языки словянской культуры，2004：70.

смысловых слоев》.①

概念是结构半径相当广阔的现实某种意义的思维形象，从水平轴来看，可以从概括的直接形象到逻辑概念，从垂直轴来看，是其深层意义层的不同层次的外显。

（32）Концепты—концентрат культуры и опыта народа, по словам.②

概念是民族文化和经验的结晶，是人意识中文化环境的精华。

（33）Концепт-один из наиболее популярных и наименее однозначно дефинируемыхтерминов совр. лингвистики. Он связан прежде всего с антропоцентрической парадигмой языкознания и когнитивно-прагматической методологией и используется наряду с такими ключевыми понятиями, как "дискурс"，"картина мира"и др.，для репрезентации мировоззренческих，интеллектуальных и эмоциональных интенций личности, отраженных в ее творениях-текстах.③

概念是最普遍、定义的一致性最弱的语言学术语。它与语言学的人本中心主义范式和认知语用方法论紧密相关，同话语、世界图景等核心概念一起使用，用于在个体的创作（文本）中表达心智世界观和个体的情感意向。

（34）Концепт—культурно отмеченный вербализованный смысл, представленный в плане выражения рядом своих языковых реализаций，образующих соответствующую лексико-семантическую парадигму，единица коллективного знания, имеющая языковое выражение и

---

① Алефиренко Н. Ф. Поэтическая энергия слова. Синергетика языка, сознания икультуры［M］. M.：ACADEMA，2002：228.
② Лотман Ю. М. Беседы о русской культуре. Быт и традиции русского дворянства （XVIII-начало XIX века）［M］. M.：Азбука，1994：34.
③ Стилистический энциклопедический словарь русского языка［Z］. M.：Флинта，2019：487.

отмеченная этнокультурной спецификой.①

概念是有特征的言语意义，以自己语言现实表达层面呈现，构成相应的词汇语义聚合体，是集体认知的结果，有语言表达和特定的民族文化特征。

（35）Концепт——факт образа жизни, общественного сознания, тео рии, выражений, в языковой форме: единица человеческого знания о мире, стоящая за семантикой языково знака. Гланый элемент языковой картины мира. К. рождается на базе слова в полном объеме его содержания, включая коннотацию и конкретно-чувственные ассоц иации. Он постепенно насыщается интеллектуальным содержанием и социально-культурным опытом, аккумулирует в себе самые разнобр азные индивидуальные и групповые впечатления о данном явлении. Таким образом, К. содержит в себе понятие о классе явлений, а кроме него-объемное ассоциативное социокультурное представление об этих явлениях в обобщенном виде. Эти составляющие неразрывно связаны между собой. Исходное слово на любой стадии формирования концепта используется как его имя, но строго говоря, сам концепт знаковой единицей не является: это ментальная единица, обеспе ченная многообразным набором языковых (вербально знаковых) и неязыковых стредств. Научные концепты носят собственно понятий ный характер, ассоциативно они связаны с научной деятельностью и в совокупности составляют понятийный аппарат науки, ее терминос истемы. В культурных концептах концентрированно отражается уклад жизни народа, его мировоззрение и мировосприятие, представление о национальном характере. Источники формирования концепта здесь

---

① Гаспаров Б. М. Язык. Память. Образ. Лингвистика языкового существования [M]. М.: Новое Литературное Обозрение, 1996: 48.

第五章 核心术语"概念"的术语学阐释

более многообразны, велика роль образных представлений. ①

概念是生活形象、社会意识、语言形式表达理论的事实，是语言符号语义表达世界认知的单位，是语言世界图景的要素。概念在词汇内容最丰富的表达中生成，包括文化伴随和具体感觉联想。概念会不断融入智力内容和社会文化经验，储蓄对该现象个体和群体多样性。概念包含了分类现象，还包括概括形式表达的大量社会文化联想表征。概念内部要素间密切相关。形成概念任意阶段的原始词汇作为概念的名称使用，但严格来讲，概念自身不是符号单位，是心智单位，由语言符号和非言语手段一起保障。科学概念自身具有概念性质，与科学活动紧密相关，沟通构成科学的概念体系和其术语体系。文化概念反映的是民族人民的生活方式、世界观和民族性格。概念的产生根源多种多样，形象表征在其中作用巨大。

（36）Концепт-это замещение значения слова в индивидуальном созании и в определенном контексте, это личностное осмысление, интерпретация объективного значения и понятия как содержательного минимума значения. ②

概念是特定语境中个体意识里词汇意义的替代物，是对作为意义最小单位的概念和客观意义的阐释和思考。

（37）Что человек знает, считает, представляет об объектах внешного мира и есть то, что называется концептом. Концепт-представление о фрагменте мира. ③

人对外部世界客体的认知、思考、表征。"概念"就是对世界片段

---

① Матвеева Т. В Полный словарь лингвистических терминов [Z]. М.: Феникс, 2010: 82-83.

② Лихачев Д. С. Концептосфера русского языка // Русская словесность. От теории словесности к структуре текста [M]. М.: Academia, 1997: 281.

③ Пименова М. В. Символы культуры и способы концептуализации внутреннего мира человека (концептуальная метафора дома) [A]. Концепт. Образ. Понятие. Символ [C]. Отв. ред. Е. А. Пименов, М. В. Пименова. Кемерово [M]. М.: ИПК «Графика», 2004: 8.

的认识。

综合俄罗斯认知语言学界对概念的定义可以看出：概念可以理解成一个描写实体，是人心理代码的基本单位，内部结构有序，是社会的认知活动的结果，并携带主体或现象复杂的百科信息。通过公众意识和态度来解释此信息是对给定现象或对象的认识。[1]概念同时属于逻辑和直觉、个人和社会、有意识和无意识领域，是多层次现象。[2] 概念不仅包含抽象的符号，还包含特定的联想和情感评估符号。[3] 本书对"概念"定义的理解主要包括：概念是认知客体；有与某类事物相关的一般特征；是人类认知和世界互动的工具；是有综合特征的基础思想物；是思维产生和发展的源泉。

二 中国学界对"概念"的定义

概念是最普遍、抽象的心理现象，反映人们对客观事物的认知加工，包括带有民族文化标志的所有联系[4]。概念是知识的节点，是人类各种心理体现成分的总和。[5] 它把文化、认知和语言领域联系在一起，虽然隶属于认知，但通过语言来物化，同时又是文化的体现形式。但中国学界对概念界定的视角与俄罗斯略有不同，学者们对概念的定义主要是从逻辑学、哲学、术语学等学科的角度展开的。

（1）概念不是事物的现象，不是其各个方面，不是其外部联系，而是事物的本质、全体和内部联系。

---

[1] Стернин И. А. Типы значений и концепт [A]. Концептуальное пространство языка: Сб. науч. Тр [C] Под ред. Проф. Е. С. Кубряковой. Тамбов: Изд-во ТГУ им. Г. Р. Державина, 2005: 257.

[2] Зусман В. Г. Концепт в культурологическом аспекте // Межкультурная коммуникация: Учеб. Пособие [M]. Нижний Новгород: Деком, 2001: 38.

[3] Слышкин Г. Г. Лингвокультурный концепт как системное образование [J]. Вестник ВГУ. Серия «Лингвистика и межкультурная коммуникация», 2004 (1): 29.

[4] Касьян Л. А. Термин концепт в современной лингвистике: различные его толкования [J]. Вестник ЮГУ, 2010. Вып. 2 (17): 50.

[5] Прохоров, Ю. Е. В поисках концепта [M]. М.: Флинта: Наука, 2008: 26.

第五章 核心术语"概念"的术语学阐释

（2）概念是反映事物本质属性、特征的思维形式。①

（3）概念是反映事物范围和本质的思维形式。②

（4）概念是反映事物的特有性（固有属性或本质属性）的思维形态。③

（5）概念是反映对象本质属性的思维形式。④

（6）每个事物都有形式，人的理智根据直觉和想象来抽象活动，使这些形式脱离开事物产生概念。⑤

（7）概念是反映事物及其特有属性的思维形态。⑥

（8）概念是头脑对思维对象的特有属性和分子范围的反映。⑦

在综合分析上述定义的基础上，本书用图5-1展示概念的内涵，概念是事物的反映，具有内涵和外延，多集中在逻辑学和哲学领域。

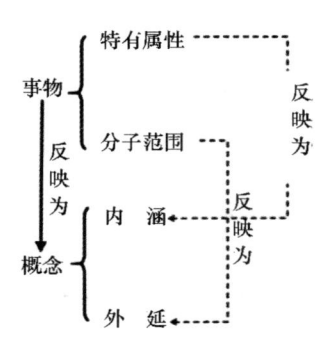

图 5-1 概念与事物关系图

（9）概念是人思维的组成部分，是反映事物特有属性的思维单元，反映客体特有属性的思维方式。⑧

（10）概念是分类、分科的重要单元，是说理最基本、有效的手段。⑨

---

① 中国人民大学哲学系逻辑室：《形式逻辑》，中国人民大学出版社1984年版，第17页。
② 金岳霖：《形式逻辑》，人民出版社1984年版，第14页。
③ 《普通逻辑》编写组：《普通逻辑（增订本）》，上海人民出版社1993年版，第47页。
④ 王国维：《王国维文集》，中国文史出版社1997年版，第23页。
⑤ 倪荫林：《关于概念的新定义及其逻辑学意义》，《社会科学辑刊》1998年第6期。
⑥ 中国社科院哲学研究所：《形式逻辑学原理》，人民出版社1982年版，第18页。
⑦ 牛曼卿：《概念是事物的反映？》，《九江师专学报》（哲学社会科学版）1988年第3期。
⑧ 冯志伟：《术语学中的概念系统与知识本体》，《术语标准化与信息技术》2006年第1期。
⑨ 张春泉：《王国维的术语学思想》，《长沙理工大学学报》（社会科学版）2010年第1期。

(11) 概念是约定俗成的民族精神的基本单位，用于意识、语言与文化的综合研究。①

(12) 概念是理性认识的基本形式之一，是思维形式的最基本单位，是人们进行判断和推理的基本要素。②

(13) 概念反映事物本质特征的思维方式，是人们对事物本质的认知，是逻辑思维的最基本单元和形式。③

(14) 概念是反映对象本质属性的思维形式。人在认识过程中，从感性上升到理性，把感知事物的共同、本质特点抽象出来，加以概括成为概念。④

(15) 中华人民共和国国家标准 GB/T152376：概念是特征组合而形成的知识单元。⑤

(16) 概念是对事物普遍、抽象的基本认知，反映客观事物（一般的、本质的）特征的大略概念。人类把感觉到的事物的共同特点（本质属性）抽象出来加以概括，就成为概念。⑥

中国学者对概念的定义如图 5-2 所示，一般认为是外在现象通过感知形成思维概念，在思维概念的背后形成符号表达。一般从逻辑学、哲学角度对概念的研究较多，定义多从人的思维本质术语的范畴，后来随着认知科学和术语的发展，概念的内涵不断丰富。一般来说，术语学对概念有三层理解：概念是思想单元的要素，指个人的观点见解与知识构成的认知单位。它构成思想和知识模块。概念取决于人脑中的认知变化，是知识单元，是知识模块的全部特征，是在特定时间经过专业人士

---

① 彭玉海等：《谈俄罗斯民族主干文化概念》，《俄罗斯语言文学与文化研究》2014 年第 2 期。
② 王寅：《认知语言学》，上海外语教育出版社 2007 年版，第 92 页。
③ 杨治良、郝兴昌：《心理学词典》，上海辞书出版社 2016 年版，第 326 页。
④ https：//baike.baidu.com/item.
⑤ 中华人民共和国国家标准 GB/T15237.1—2000.
⑥ 中国社会科学院语言研究所词典编辑室编：《现代汉语词典》，商务印书馆 2016 年版，第 418 页。

或机构一致确认后形成的规约语言单位。①

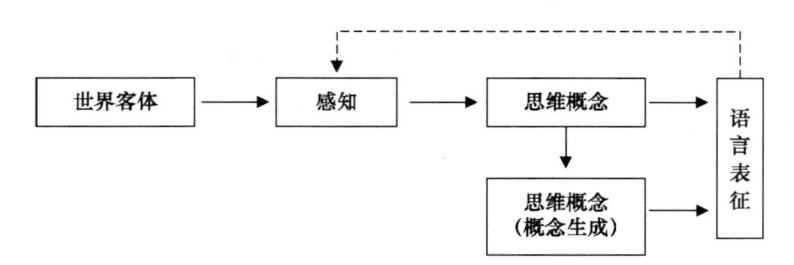

```
世界客体 → 感知 → 思维概念 → 语言表征
                    ↓          ↑
                  思维概念
                  （概念生成）→
```

图 5-2　客体概念表征示意图

语言学对概念的理解包括广义和狭义两部分。在广义上，概念指体现语言主体世界图景的符号要素，表示人类认知过程中的心智资源和信息结构，反映人的知识和经验。它是行之有效，含义丰富的人类记忆。在狭义上，它是一种体现语言文化特点的语义结构。认知语言学、语言文化学、心理语言学、哲学、逻辑学、术语学等科学中有很多种对概念内涵的解读。概念作为个体的心智构造，属于社会群体的文化范畴；作为文化单位，是集体经验的体现，也是个体认知的基础和财富。认知语言学的概念沿着从个体认知到文化的向度形成、发展。此外，心理学中的概念是一个多维度的心理现象，包含人类对客观世界认识的各种心理体现形式。

在不违背国标定义的背景下，结合中俄学界的概念定义，本书给出概念的分支学科工作定义。

（1）工作定义（语言文化学）：概念是有语言文化特点和民族文化承载者特点的语义结构，是思维操作单位，集体认知单位要素，有语言表达形式和民族文化特征。

（2）工作定义（逻辑学、语言哲学）：概念是事物本质属性的反

---

① 梁爱林：《术语学研究中关于概念的定义问题》，《术语标准化与信息技术化》2005 年第 3 期。

映。概念应归属于思维形式和形态。

（3）工作定义（认知语言学、心理语言学）：概念是一个民族或国家意识的浓结晶，通过言语交际体现。概念有相关格式塔形象和丰富文化联想信息。作为思维的基本形式之一，概念反映客观事物的普遍、本质的特征。人在认识世界进程中，事物感知的普遍特点抽象出来加以概括的产物就是概念。

（4）工作定义（术语学）：概念是一种思想单元，指个体观点与知识结构；是认识单元，是世界片段的全部特征，是在特定时间经过行业工作者或行业权威机构一致确认形成的认知方式。

研究概念的必要性在于概念反映的是个人的认知、概括和分类，而个体认知始终需要一套完整表达的手段。概念随着实践和认识的发展而发展，处于运动、变化和发展的过程中。这种发展过程或是原有概念的内容逐步递加和累进，或是新旧概念的更替和变革。所以，对"概念"的术语内涵给出工作定义十分必要，在不同学科使用相应的定义，对术语标准化和学科发展都有意义。

第二节　концепт 的汉译及内涵解读

中国俄语学界对 концепт 的翻译一直处于有争议的状态，俄语学界主要有三种观点：一是"译作观念论"，主要是华劭、赵爱国、张志军等学者，为数最多，影响力最大；二是"译作概念论"，主要是隋然、姜雅明、陈勇等学者；三是"主观确定论"，郑述谱建议处理该术语时不拘泥于现有翻译方案，可以再提；彭玉海认为可以根据研究内容和对象主观增加修饰语，如文化概念，也有学者建议用文化观念、认知概念等方案。丁晓梅等合编的《新时代俄汉汉俄语言学术语新编》中关于 концепт 的术语列出了 24 条，分别是 концепт（观念、概念内容、深层概念、观念词），концепт ситуации（情景概念），концептология（理论、观念学），концептосфера（概念场、概念域、观念圈、观念域），

концепт-схема（图式观念），концептуальная память（认知记忆），концептуальная система（概念系统），концептуальная структура（观念结构），концептуальный анализ языка（语言观念化分析），концептуальное значение（概念意义、理性意义），концептуальное поле（概念场），концептуальное содержание（概念内容），концептуальное тождество（概念同一），концептуальное ядро（概念内核、意念核心），концептуальность（理念性），концептуальные блоки（概念块），концептуальные слова（概念词），концептуальные суперкатегории（概念超范畴），концептуальный анализ（概念分析），концептуальный квадрат（概念四方体），концептуальный образ（观念形象），концепт-фрейм（框架观念），концепты-понятия（概念观念），концепты-представления（表象观念）。① 该词典中既有译作"观念"也有译作"概念"的，略显混乱。术语词典对концепт的"入典"释义尚且存在争议，足见该术语的汉译亟待解决。

巴兰诺夫（Баранов А. Н.）等给出concept的释义为："концепт，понятие。语篇语言学中概念被看作是文本世界模型的组成部分，是知识中构成要素的相互联系。"② 只不过俄语中有固有词понятие表达概念，但这个概念应用领域相对窄了很多，且俄语中有很多外来术语替代本族术语的范例，比如过去的议员称为депутат（代表、议员），但如今只有下议院（国家杜马）的才叫депутат，一般总称为парламентарий（议员），上议院的议员一般用来自西方的сенатор（上议院议员）。当然此处情况不完全相同，但可说明концепт译成概念并无问题。

苏联《语言学百科词典》中"概念"（понятие）的释义为：（1）思维单位，以概括形式将现实事物、现象属性、关系加以固定，反映事物

---

① 丁晓梅等：《新时代俄汉汉俄语言学术语新编》，大连海事大学出版社2014年版，第54—55页。
② Баранов А. Н., Добровольский Д. О. Англо-русский словарь по лингвистике и семиотике［Z］. М.：Азбуковник，2003：71.

和现象,概念中属性和关系体现相关事物和现象普遍、专门的类别特征。(2)同语法范畴或语义范畴(参见语言范畴),通常不是最高层面的概括,例如双数、事件、非当下现在时等概念。концепт(concept)"概念"开始被经常用于这一意义。

概念是与词义同一层级的现象,但须在些许不同的另外一个联系系统中观察。意义在语言系统中观察,而概念在逻辑的关系和形式系统中观察;逻辑的关系和形式既是语言学的研究对象,又是逻辑学的研究对象。

概念用作第一意义的逻辑学定义和语言学定义大体相同,总是至少要用某个概括名词或与其等值的短语[如 железная дорога(铁路)]参与表示。但除此之外,在逻辑学中概念还可依据所采用的系统(逻辑语言)以不同符号形式表达,包括某种函数式。在后一情况下,概念一般而言不与任何有定符号形式联系。在传统语言学中,概念被看作与概括名称这一特定符号形式关联,如印欧语中的 человек(人),революция(革命),жилище(住所),бег(跑步),белизна(白色),беление(漂白),заболеваемость(发病率)之类的符号(名词)或 белить 漂白之类的意义对等符号(动词)等,而所有其他概念形式一律被看作由该符号形式派生,与之按照特定的历史、共时相关关系(转换)规则关联。传统语言学曾讨论一个问题——概念与词根(词干)相关,还是与作为词类的单词完整形式相关(如在俄语中与 бел-相关,还是与 белизна,беление,белить 相关),由此发现,概念与其符号形式的联系并非刚性,这已经朝向现代逻辑学迈近一步。

在此基础上,概念(或 концепт)进而开始从不同词和结构的使用中抽象出来(如事件、过程、事实等概念)。进行抽象时,用作基础的既有句子和句子构成的述谓名词短语,还有具体意义和概括意义名词,同时顾及这些语言单位的使用语境。这一程序称为"概念分析",其任务之一是使概念更加特定化。

在确定概念与对应概括名称(同时顾及"概念分析"确立的其他

语言表达式）的相关关系过程中，概念（也是词的意义、意思中的概念成分）的复杂结构显示如下。

1. 概念意义——一个事物（现象）的特征总和，这些特征对于特定语言系统中特定词正确称谓该事物（现象）十分重要。概念意义是概念的结构性最显著的成分，确定该成分总是首先采用相对关系的方式，亦即根据该词在语言词汇义系统中（词汇语义场中，对立系统中，同义词、反义词、转换词、迂说中）的位置。比如说，给予材料以物理作用和材料相应发生变化的概念在法语中经常与同一词相关。试比较法语 cuire［煮（饭）］与俄语 варить（обед）［煮（饭）］和варится（обед）［（饭）煮着］，俄语中区分为词干相同，但尾缀-ся 有无不同的两个动词。立陶宛语中虽也区分为两个相关动词，但词根不同：laužti（折断，使弯曲），lūžti（断，弯曲）。可见，同一概念在这几个不同语言中以各种不同形式表征。

2. 内涵——事物或现象概念的正确（科学）定义，概念在这里与事物或现象的"本质"（拉丁语 essentia，英语、法语 essence）范畴联系。由于这样定义时首先指出表示属的和种差别的词，内涵也属于某一语言系统。内涵与概念意义特征总和可能不完全吻合，因为用来科学称名事物或现象的特征可以不必穷尽这些事物或现象的本质特征。试比较俄语 гриб（蘑菇）一词的概念意义和内涵：（1）不开花结实的植物，由肥厚的帽盖构成，大都有腿儿支撑（概念意义）；（2）低等孢子植物，无叶绿素，不开花结实，体肥厚，形状各异（内涵）。

概念意义和内涵彼此处于特定的历史（历时）关系中。作为概念意义基础的特征（因而也是词的内部形式），通常是称名的偶然结果。

既然概念意义以及内涵是通过它们同该语言研究所有与之相关词的相对关系定义的，而它们的内部形式已经觉察不到［如俄语 человек（人）］，那么操该语言者也可以不知道所有这些联系，亦即不知道母语词的内涵，就如同会数数的人不知道被数论所研究的数的属性一样。

3. 指物（外延）——该语言系统中特定词可用来正确称谓的全部

同类现实（现存）事物。

概念意义、内涵和指物之间存在复杂（尚未透彻研究）的关系。如果一个词的概念意义特征已经确定（已知），那么具有这些特征的任何事物都可以以其正确称谓，不具有这些特征的事物不能以其称谓。然而，人们往往并不能准确知道，操该语言者正确使用母语词遵循哪些特征，研究这个问题是语言语义学这一包括语言和心理语言实验在内的学科任务之一。词的内涵似乎在许多甚至所有情况下都可能是逻辑推理确定的。不过，当一个词的内涵已知时，所指只被其限制，但不被其锁定，清楚的只是哪些事物不能成为该词的指物。如果事物不具有被内涵囊括的某实质特征，它们则被从该词外延内排除。能否纳入外延还取决于存在的现实性。另外，当一个词的外延已经确定（已知）时，内涵同样只被其限制，但不被其锁定。内涵不应包括只属于词外延的部分事物的随便什么特征，但可以不包括纳入外延的全部同类事物共有的某特征。例如俄语 овощи（蔬菜）外延包括"通常与盐食用的菜地植物"，但是"与盐"特征并不包含在 овощи 的内涵中。形式逻辑的一个通常规则——外延与内涵呈反比例关系——表述得不准确，这种相关关系发生在（科学）内涵和逻辑外延之间。

4. 逻辑外延，"囊括""延伸性"分类及其结果，即特定词可用来正确称谓的不与想象抵触的全部同类事物（不管这些事物在现实中是否存在，其存在是否为人所知）。以俄语为例，试比较 идти（走），ехать（乘行）/стоять（站，停）；лететь（飞行）/парить（盘旋）；плыть（航行）/？这组词的正确分类会产生一个结论，语言在结构上提供了一个以"？"表达的位置，但俄语没有用词填充。法语中存在这样的词：flotter（停在水上不动），类似于俄语词 стоять（停在陆地上不动）和 парить（停在空中不动）。可见在俄语系统中与现实存在现象（停在水上不动）对应的概念没有形成（未知）。

许多科学术语都是在语言中特定分类框架内，作为与想象不抵触的、可能的自然现象或社会现象的称谓而建构的，尽管这样的现象可能尚不存在或者不为科学所知。

概念可能有联想意义伴随。所谓联想意义，指那些虽然不包含在概念之内，却在语言中围绕于概念周边的种种特征，这些特征因认识（关于世界的知识）、情感、表现力、风格（属于这种或那种言语风格）等联想关系而产生。概念和联想意义的综合有时被纳入词的语用层面，有时被认为是"词汇概念"。

概念结构在这里是按照语言中被最大限度揭示的、与概括名称对应的概念类型加以描写的。其他类型的概念（或концепты）与其他类型的词和语言构造（谓词、小品词、感叹词）对应，具有弱化的语义结构，有时不直接与概念关联（如在感叹词中）。还存在概念的其他逻辑系统（模式）（与本概念系统接近的 C. I. 刘易斯的四成分系统和弗雷格的二成分系统等）。这些问题由逻辑学和语言学的一个新方向"语言概念分析"研究。

各种语言学著作中可以见到概念的另外一些描写：（1）概念意义和内涵两个术语有时不加区分，例如在教学型著作中，与之相应的概念各部分合并为一体，概括统称意思（sense）；后一术语内还经常纳入联想意义或称词的聚合体系统；（2）概念意义称作朴素概念（阿普列相）、语言概念（斯捷潘诺夫），后几种概念对立于科学概念，并因而在一定程度上对立于内涵；（3）指物和逻辑外延不加区分，统称外延（extension）；（4）逻辑外延和相应的概念成分根本不划分出来；（5）概念的结构性成分——概念意义——另称为所指，如价值（德·索绪尔）、所指（莫里斯、斯捷潘诺夫）、语言研究所指客体（乌费姆采娃）、联想意义（米尔）；（6）术语联想意义用作术语内涵的同义词（在某些盎格鲁-撒克逊逻辑学家，例如路易斯著作中）；（7）逻辑外延用于内涵意义（经常见于法国学者的著作）；（8）使用动态表过程术语"表义"（signification）、"内涵"（intension）、"指涉"（英语的 denotation）取代静态的表结果术语，这是刘易斯和许多其他英美作者使用的术语。①

张家骅在解释这一词条时写道：这个词条第一段的主要意思是说，"понятие"有两个使用领域：思维单位，用于逻辑领域；语言单位，用于语言学领域。在语言学领域，与"концепт"（大体）相同。如果说有区别的话，仅在于后者通常不指属概念，即上位概念，而指类概念，即下位概念，就语法领域而言，不指语法范畴（грамматическая категория），而指语法位范畴（категория граммемы），例如，通常不说концепт числа、концепт единственного числа、двойственного числа等。之所以有用法上的微小差别，是由于语言本身常不允许存在绝对同义的词项、语项。汉语中的对应词"概念"暂无这两个用法区分。

《苏联百科词典》中概念内涵（концепт）：指名词（符号）的意义，及概念的内容。其外延为名词所表示的事物。② 《哲学百科词典》中концепт的释义为：содержание понятия "概念外延"。③ концепт/понятия二者的区别如同哲学、逻辑学中的значение/ смысл，前者表示概念外延，后者表示概念内涵。④ 但中国俄语界关于"концепт"汉语译名的争议只涉及"概念"的第二义项"概念内涵"，与"概念外延"无关。也就是我们的《现代汉语词典》缺少第二义项，可能是因为这个义项是术语（百科知识）的缘故。

上文已经阐释了"概念"的内涵，这里有必要对观念的术语内涵作出阐释，观念（英语ideas）是意识中反映、掌握外部现实和在意识中创造对象的形式，同物质东西相对立。它源自希腊语，指"看得见的"形象。⑤ 按《现代汉语词典》第六版的解释："观念是思想意识；

---

① http：//tapemark. narod. ru/les/383e. html.
② 《苏联百科辞典》，中国大百科全书出版社，1986年版。
③ Филосовский энциклопедический словарь［Z］. M.：Советская энциклопедия，1989：279.
④ Филосовский энциклопедический словарь［Z］. M.：Советская энциклопедия，1989：593.
⑤ 《中国大百科全书》，中国大百科全书出版社2001年版。

客观事物在人脑里留下的概括的形象（有时指表象）。"①《辞海》对它的释义为：思想，译自希腊语 idea，表示思想的内涵。也指表象或客观事物在人脑中的概括形象。② 观念只能表达 концепт 抽象内涵的那部分，比如人生观、价值观、道德观、审美观等，但俄罗斯认知语言学中很多现象无法用观念来表达，比如马斯洛娃的《认知语言学》的概念 туманное утро 译成"有雾的早晨观念"就不合适。英语认知语言学对 concept（概念）的入典工作已有涉及，在一些语言学术语词典当中可以查阅得到。

концепт 翻译成"概念"的另一个原因在于，在中国现有的心理学观点体系中，概念是对所有心理反应形式的总称。这一点与 концепт 的内涵完全吻合，而观念和表象同义，是在思维上习惯化、一贯化的观点。观念其实是人在长期的社会生活和生产活动中形成的对客观事物总体的、综合的认识。它有主观理解色彩。所以，人认识的历史阶段局限性决定了认识会因随着时间的变迁而出现与时代不符合的观念，就是主体使用思想达成目标的方法，会在主体意识里进行一种对事物或现象抽象认知的行为。在了解观念的内涵后我们发现观念不能准确表达 концепт 包含的文化学、认知语言学等赋予的意义。

国内学者有将 концепт 译作观念的，也有译成概念的，也有主观增加修饰词的，如心智概念、文化概念、认知概念等诸多说法。本书将 концепт 译为"概念"。从认知科学和术语学角度看，"观念"不符合 концепт 一词的内涵，译作观念不合适。本书建议将 концепт 和 понятие 的内涵纳入到概念一词中。国内姜雅明、隋然等学者建议直接译作概念。俄罗斯主流认知语言学流派对 концепт 的研究基本属于认知语言学领域（认知心理、认知语义）的研究范围，концепт 基本等同于

---

① 中国社会科学院语言研究所词典编辑室编：《现代汉语词典》，商务印书馆 2016 年版，第 478 页。
② 辞海编辑委员会：《辞海》，商务印书馆 1999 年版，第 760 页。

概念，研究重点在于揭示作为人的意识和心理思维结构的 концепт 在人的认知过程中的作用。① 本书建议遵循术语约定俗成的原则，在按照汉语概念的词源和术语意义基础上，继续将 концепт 的术语含义囊括进概念的内涵中。在使用概念这个术语时不给出大而全的定义而是可以使用工作定义。

我们采取译作"概念"的做法，首先，从认知科学角度看概念更符合 концепт 的内涵，且根据术语来源看我国的概念一词源自对英语词 concept 一词的翻译，与 концепт 都源自拉丁语，内涵一致。其次，概念本身就是外来词固化到汉语中的术语，源于日语，是译自英语的，术语具有人为规约性，再将俄罗斯学界提出的 концепт 的内涵赋予概念有一定可行性。最后，观念是意识形态领域的东西，译成观念与其内涵大相径庭。

концепт 和 понятие 在斯捷潘诺夫的理论里有一定区别，понятие 主要用于数理逻辑，而 концепт 则是认知科学术语，这样的区分在认知语言学中也得到延续和运用。根据他的观点，концепт 是人意识的文化结晶。文化以 концепт 形式进入人的精神世界当中。концепт 的结构既涵盖 понятие 的所有东西，又包括那些把 концепт 变为文化事实的东西。② концепт 是一种结构，可以表征名词的联想场。它是名词的聚合模型，包括名词内容的逻辑结构和次逻辑结构。这种结构可以从名词搭配（自由、非自由）得出，即从名词的组合关系得出。③

根据科列索夫的论断，концепт 具有欧洲语言学和哲学的术语内涵，俄罗斯语言学界传统上把 понятие 视为 концепт，这种观点我们没有问题。一个外来术语在获得本民族术语内涵后替代固有专业词汇的事

---

① 姜雅明：《对"концепт"的解读与分析》，《中国俄语教学》2007 年第 1 期。
② Степанов Ю. С. Константы：словарь русской культуры［М］．М．：Издательство：Академический проект，2001：43.
③ Чернёнко Л. О. Лингвофилософский анализ обстрактного имени［М］．М．：Либроком，1997：287.

情常有发生。其实，根据科氏的观点，понятие 的字面意思是用理智去掌握客观与形象和象征之间的相互关系。понятие 是一种逻辑范畴。根据科列索夫的观点，концепт 是实体事物的理想化，понятие 是实质所表现的现实形态。在他看来，концепт 是一种对立统一的客体和主体的结合，是思维及其客观事物的统一，即词语所有成分在其内容形式中的重合。①

俄罗斯认知语言学界认为，концепт 是心智、意识对经验的操作单位，是世界观的概括和总结，是人对世界知识的划分。这是从语言角度观察世界的范畴，是理念世界的产物，也是民族文化的产物。концепт 是一种含义，是存在于心智世界不同形式的表达，如表征、象征和概念。在意识中，концепт 是通过格式塔形成的，是相关词的意义的总体，包含它的联想和隐含。② 学者们也有从修辞学角度来厘清它们的差异的，认为 концепт 是书面语体词，而 понятие 是中性语体词。此处的论断笔者表示不赞同，因为二者在科学文献出现的频率都很高，只不过前者是外来词，后者是俄语固有词。但从内涵来看，концепт 用来表达更抽象、深层和本质的意义，而 понятие 则用来解释相对具体和表层的含义。我国学者隋然撰文指出，这两个术语的意义相当于主观概念和客观概念。③

笔者认为，在 концепт 和 понятие 同时出现时应将 концепт 译为"广义概念"，понятие 译为"狭义概念"，若不在同一语篇中应统一译作"概念"。论文无意确定一个权威的解决方案，只是在术语内涵没有被充分理解时应多加讨论，在术语没有被正式确定之前定义难免有不准确之处，随着科学发展，认知水平的提高，术语的问题会慢慢被解决，

---

① Колесов В. В. Язык и ментальность [M]. СПб：Петербургское Востоковедение，2004：19.

② Энновьева Е. И. Понятие концепт в отечественном ящыкознании：основные подходы и направления исследования [J]. Вестник санкт-перербурского университета. Сер 2. Языкзниния，2003（10）：35-43.

③ 隋然：《语言认知理论研究中的概念现象问题》，《外语学刊》2004 年第 4 期。

只不过在这之前该术语应该一直处于打磨、研究的状态。

第三节 概念体系的建构

一 概念的认知

人在思维过程中使用概念，以某些知识"量子"的形态来展现经验和知识的内容，反映人类活动结果和认识世界过程的内容。① 概念是语言世界图景的基础，是自然语言反映的世界感知和组织的特定方式，在自然语言中意义形成某种容易的观点体系。② 概念是人的知识与经验信息结构表达的专门术语，是记忆、心智语汇、概念系统和大脑语言的要素，反映了人心理中的所有世界图景的操作性内容单位。人意识中的概念结构是人认知和改造世界的产物，由实践经验、领域活动、心智操作、语言知识等领域要素构成。概念是词汇表达人客观活动最重要的意识要素；信息加工、储存和传递的最重要手段。概念是发展变化的，功能也随之变化，是文化的核心环节。③

概念包括不同认知属性的组构要素。认知形象在概念结构中多种多样。认知形象是由在语言者意识中借助感官反映客观世界的产物的知觉认知特征。形象特征是相关客体或现象隐喻思考形成的，因此这种形象也称为隐喻或认知形象。知觉形象包括视觉、听觉、味觉、嗅觉等，如 роза красная（红玫瑰）、язык громкий（响亮的语言）、церковь с куполами（圆顶教堂）、нож острый（锋利的剪刀）、кислый лимон（酸柠檬）、оранжевый апельсин（橙色的橙子）、теплый котенок（温

---

① Кубрякова Е. С., ДемьянковВ. З., ПанкрацЮ. Г., ЛузинаЛ. Г. Краткий словарь когнитивных терминов [M]. М.: Издательство Московского государственного университета, 1996: 92.

② Гончарова Н. Н. Концепт как основа языковой картины мира [J]. Известия Тульского государственного университета. Гуманитарные науки, 2013: 225.

③ Апресян Ю. Д., Лексическая семантика (синонимические средства языка) [M]. М.: Наука, 1974: 367.

暖的小猫)、медведь бурый（棕熊）等。概念是复杂、连续的人心智世界的结构，是人感觉、感知、想象和生活经验的产物。主体的形象表征（образные представления）从各种感知入手研究概念物体的视觉、触觉、听觉、味觉和其他可能的特征。

概念是在社会历史发展过程中形成的，是知识、经验的概括和总结。它的内涵随着社会实践的发展而变化，每代人都要通过掌握已有概念来获得社会知识，参加到社会生活中来。人通过各种感官得到的感性经验是极其丰富多样的，即使对于同一事物，人在不同条件下所得到的感性经验也是千差万别的。感性经验具有很大的变异性。但是，在感性经验基础上形成的概念却是相对稳定的。因此，概念成为人们表达有关某种事物的全部知识经验的核心，使有关的知识经验能够围绕这个核心组织起来，构成一定的系统。个人经验的系统化有利于知识经验的记忆，为人们获得新的知识经验提供必要的内部条件，也使人们能应用已有的知识经验于各种不同的情境。概念在思维活动中占有重要的地位，人有高度发达的抽象思维，概念是思维的组成要素，人已经掌握的概念的数量和程度直接影响着思维的进程和水平。

概念在现代认知研究中地位突出，在人的思维活动中角色重要，在人对世界的概念化、范畴化进程中处于核心位置。概念是人书面或口头言语中意义的表达参数。概念用词语表达且映射到文化范畴中。它是人类思想的结晶，是思维现象，是语言意识所固有的成分。

二 概念的层级体系

俄罗斯认知语言学界对概念的划分有很多种，包括抽象程度、用途、社会价值、体系建构、应用类别等划分方法。斯捷尔宁指出："划分概念类别，构建概念体系是认知语言学必须解决的理论问题。"[①] 俄罗斯认知语言学对概念分类的标准有很多，包括以概念结构发展特征、

[①] Стернин И. А. Когнитивная лингвистика [M]. М.: Восток-Запад, 2007: 81.

来源特征、生成特征、基本结构持久性、效用发挥、层次性等为标准。①

在综合考虑认知语言学发展特色和研究需要的角度，本书同意斯捷尔宁对概念的划类，以对客观世界反映程度对概念体系进行划分，建立一个抽象程度从低到高，表达事物和现象门类齐全的概念体系。俄罗斯认知语言学沃罗涅日学派的观点是依据抽象度将认知语言学的概念体系划分为具身认知形象（конкретно-чувственный образ）、图式（схема）、原型（прототип）、命题（пропозиция）、框架（фрейма）、脚本（скрипт）以及格式塔（гештальт），这样的体系能够清晰呈现概念结构内涵。

（1）具身认知形象指的是意识中某一客体或现象的形象，例如具体的手机、汽车等。② 抽象程度略高于具体感知形象的表象。

（2）表象指的是各种客体、现象的综合感知形象，例如电话指的带有听筒可传递声音的机器。表象反映的是客体或现象直观、外部的特征。③ 认知心理学界也将表象和意象视为同一个术语。表象分为记忆表象和想象表象。表象会随着年龄的变化而变化，也会因性别的不同而不同。我们所探及的表象大都是视觉表象。长期以来，心理学将表象与直觉紧密地联系起来，将表象看作是已经储存的直觉象的再现，或者经过加工形成新的形象。

（3）图式是巴特利特研究人类记忆问题时提出的概念，是一种广义的概念，是认知活动的基本构件，是经过组织的知识。一般来说，认知心理学家将图式看作是"信息包"，其中同时包括固定的成分和可变成分。猫的图式中的固定成分是：哺乳动物，有四条腿，可以家养；其可变成分是：品种、毛色、性情等。另外，图式也常常用来表示信息之

---

① Стернин И. А. Когнитивная лингвистика [M]. М.: Восток-Запад, 2007: 81-82.
② Болдырев Н. Н. Когнитивная семантика: Курс лекций по английской филологии [M]. Тамбов: Изд-во Тамб. ун-та, 2001: 36.
③ Болдырев Н. Н. Когнитивная семантика: Курс лекций по английской филологии [M]. Тамбов: Изд-во Тамб. ун-та, 2001: 36.

第五章 核心术语"概念"的术语学阐释

间的关系。猫的身体各个部分要组合在一起才成为一只猫。正如概念之间可以产生各种联系（例如上位概念、下位概念、同位概念）一样，图式之间也可以产生类似的联系。

图式是客体或者现象有空间轮廓特性的思维范本（外部轮廓、电话图式表象、家、运动轨迹、人的外部轮廓等）。如 Точка、точка、запятая-вышла рожица кривая（句号、句号、逗点画出一张歪脸）。图式是意象的一种，是一个比意象和命题更大的知识单位，是对特定环境各种特征之间的相互关系进行抽象后，将相关知识结构组织编码的过程。图式是根据人在日常生活中与世界互动过程中的经验而形成的一种简单和基本的认知结构。儿童的运动技能低是没有建立起正确的运动模式。心理学研究证明，成人经过长时间的学习会建立起一套与环境互动的运动模式，培养起视觉和四肢配合协调的技能。如果给受试者戴上特殊的眼镜，把眼前景象颠倒过来，那么受试者在一个相当长时期内将难以适应环境，且不能采取正确的行动，包括走路、骑自行车、抓取食物。但如果戴着这样的眼镜经过一个时期的适应性训练，他会重新建立起一套适应环境的认知模式并且学会采取与环境相协调的行动。这说明，人凭借复杂的认知模式保持与环境之间的协调，一旦观察方式发生改变，认知模式也相应做出调整。

（4）原型是表征特定范畴典型成员的范畴概念。原型说是概念结构理论的一种，由认知心理学家罗斯（Eleanor Rosch）提出。概念的内部成员在典型性程度上有差别，有的成员典型特征较好，而另一些成员典型特征较差，最典型实例称为原型，处于概念的中心，而非典型成员则分布在概念边缘。罗斯的原型理论本质在于，依据他人感知的语义范畴可以确立已有中心和边缘，原型中有核心，就是百科信息，一系列变化因素。语言承载者能够区分词汇的原型义素，在语境发生变化时会对词义进行再思考，观察意义从属的新条件。[1] 这样概念就可以由原型加

---

[1] Rosch E., "Reclaiming concepts", *Journal of Consciousness Studies*, 1999: 61.

一些变换规则来描述。规则界定了概念的边界，并表示概念成员与原型之间的类似程度。原型说适合解释自然概念的形成。原型可以是典型范本、社会程式、价值观、意象等。①例如典型的家庭主妇、典型的政治家、典型的英雄、典型的俄罗斯建筑以及典型的四川菜等都会让人脑中浮现这些人或事物的表象，这就是原型。罗斯的认知指称观点是这一概念的理论支撑。他认为，人借助原型对周围世界的事物、现象进行划分，并依次做出判断。

（5）与这些术语密切相关的认知语言学核心术语还有命题。若要论证命题这一术语，必须要厘清命题态度的术语内涵。命题态度这一术语用于"表示意图、愿望、意见、心理、表象是主体赋予某种客体的态度"②。命题是命题态度的对象，命题态度也被称为命题意向（пропозициональная установка），是人们考察命题的新视角。命题态度将语句切分为客观语义常量（объективная семантическая константа）和主体变元（субъективная переменная）两个。前者是命题，后者是命题态度，表示说话人对所述内容的评价、情感态度。阿鲁玖诺娃的例子可以很好地论证命题与命题态度的关系。她所说的"Я утверждаю（сомневаюсь，полагаю，думаю，отрицаю），что в городе начались беспорядки. Я спрашиваю, не начались ли в городе беспорядки. Я боюсь, как бы в городе не начались беспорядки"等例句中，说话人的意图通过整个命题的谓项 утверждать，сомневаться，полагать 等表达出来。в городе начались беспорядки 是与这些变元密切联系且表示现实与可能事态的稳定语义核心。

由此观之，命题是一个常量，它指语句所反映的客观内容，而命题态度则是变元，指说话人利用同一语句表达说话人不同的主观目的。命

---

① Болдырев Н. Н. Когнитивная семантика: Курс лекций по английской филологии [M]. Тамбов: Изд-во Тамб. ун-та, 2001: 36.
② 孙淑芳：《言语行为理论中若干术语的阐释》，《外语学刊》2002年第3期。

题与命题态度的关系就像身体与灵魂的关系,彼此不可分割。华劭认为:"每个语句不仅包含有特定内容的命题,而且还体现说话人的某种意图。这两者有着密切的关系,但并不是一回事。"① 命题(пропозиция)概念源于逻辑分析哲学、日常语言(分析)哲学,是罗素率先提出的,用以研究句子的真值意义,分析命题之间的各种逻辑关系,描写言语交际的运行机制,被看作具有真值意义的语义条件,命题逻辑关系的一种特殊类型,言语交际成功的语用条件。② 命题是指具有内在联系的两个或者两个以上的概念组合而构成的事实,是知识的最基本单位。③ 命题是思维活动的基本意义单位,是用来表示两个或多个概念之间的联系的符号表征,是人脑加工和存储信息的一种形式。命题表明了若干个概念之间的关系,并由单词联合组成的句子来表示。虽然其依赖于句子中的个别字词,但并不是句子或词组本身,而是一个较为抽象的、由单词所指的概念组成的实体,其意义远远超出这些字词含义的总和,是直接表述事物情况的思维形态。④ 实际上,命题是构成人类知识的基本单位。例如纽约是美国第一大城市。习近平是中华人民共和国主席。这些都是事实,都是命题而非概念。概念通过语词表达出来,知识是由一系列内部相互连接的概念组合构成。命题表征虽不等于概念表征,但概念是构成命题表征的重要成分。命题是认知中概念组织形式的最普遍的方式。

　　命题是我们经验特定领域的模型,在模型中可以分成变元以及基础谓项。命题本身可为真可为假。比如"吃掉(人、狗)",人吃掉狗命题为真命题,狗吃掉人多半是假命题。我们把这里的"吃掉"称为关系项,括号内部的人和狗两个概念我们称其为"变元"。博尔德列夫认为,变元间的语义关系由施事(агенс)、受事(пациенс)、状态主体

---

① 孙淑芳:《言语行为理论中若干术语的阐释》,《外语学刊》2002 年第 3 期。
② 张家骅:《新时代俄语通论(1)》,商务印书馆 2011 年版,第 138 页。
③ 梁宁建:《当代认知心理学》,上海教育出版社 2003 年版,第 200 页。
④ 杨治良、郝兴昌:《心理学辞典》,上海世纪出版股份有限公司辞书出版社 2016 年版,第 324 页。

（экспериенцер）、情景参与人（бенефактив）、手段（инструмент）等语义功能呈现出来。这些概念具有客观性、逻辑性的特征，原因在于它们传递的是现实关系的本质与特性。在认识这个术语时，人可以将自己的概念结构模型以基础谓项和变元的形式加之于命题内部。①命题就像句子一样，但比句子抽象。命题像一个句子所表达出的句子意思，而非句子本身。小明看见了小红和小红被小明看见了。尽管是句子的语序不同但表达的是同一个命题。由此观之，命题不是词汇也不是句子，而是人脑中的某个或某些概念。命题按照特定的规则组织形成，每个命题都有自己的框架结构。命题结构由行为执行主体、行为和行为客体组成。命题是两个或者多个概念相互联系、作用的结果。

（6）按照卡拉乌罗夫的观点，概括层面的框架以命题的方式呈现，框架网就是命题的体系。例如评价框架包括评价主体（оценивающий субъект）、评价谓项（предикат оценки）和评价客体（объект оценки）。②框架、脚本是人脑中表征知识的重要术语。在认知语言学理论中，框架是人脑中已经被范畴化的认知知识结构，框架以多维主体的形式存在于人脑中。框架这一术语由明斯基引入，用于解决人工智能领域的问题。博尔德列夫认为，框架是一种认知结构。框架知识的语言符号是表达概念的前提。框架作为一种知识网络连接一个语言形式的多个认知域。框架是内容丰富、要素众多的概念，是信息、知识以及规定情景的综合体。③例如剧院（театр）的构成要素：验票处（билетная касса）、观影大厅（зрительный зал）、餐馆（буфет）、更衣室（раздевалка）、剧（спектакль）等。形式上框架会呈现出联结关系的二层结构。联结结构顶部（вершинные узлы），包含情景所需的正确数据，联结结构底部（терминальные узлы），由填充具体实际情景的数据

---

① Болдырев Н. Н. Когнитивная семантика [M]．Тамбов：ТГУ，2001：37.
② Караулов Ю. Н. Русский язык и языковая личность [M]．М.：Наука，1987：194.
③ Болдырев Н. Н. Когнитивная семантика [M]．Тамбов：ТГУ，2001：37.

构成，以底层框架（терминальные узлы）和植入框架（вложенные фреймы）的形式呈现。通过底层数据激活框架时我们可以完整地重塑情景结构。框架是可以代表典型情景的知识结构，是一些特定行为和概念的原型要素，可以阐释话语意义的理解过程。诚然，框架是一种语言表达手段的选择系统：语法范畴、词汇范畴。

框架可以视为经验的组织手段和认知工具。框架从概念化的视角来看，是词汇认知结构的核心要素。由此观之，框架是一种外显的、程序化的概念结构，体现了原型化的情景或客体的原型特征。框架是这种知识的有效运行方式，是其内部的思维结构。框架是人脑中知识与经验的分类与识别。研究框架的术语内涵是围绕信息的概念结构展开的。框架理论研究的意义在于解释框架在人认知结构中的作用，可以揭示认知活动的机制，为客观世界的事件、客体和现象的语言范畴化、概念化提供手段。框架具有较强的应用性，迅速在心理学、人工智能、社会学、语言学学科内部生根发芽、开花结果。框架作为一个语言学术语是由自身的构成要素组成，这一要素就是脚本。脚本是事件动态呈现的框架，是事件的阶段连续性的展开方式。例如剧院框架内的个体事件包括这样的脚本：参观剧院（посещение театра）和买票（покупка билетов）。框架、脚本和命题是结构化概念的一种类型，具有相同的概念结构。①

每个框架都由许多概念系统构成，这些概念系统是对某一类事件的抽象称名，被称为脚本。人对客观世界的认知是按照上述称名方式进行的，即以脚本的形式贮存于人的认知框架之中。脚本是框架连续的情景。脚本是为浮现率较高的事件序列设计的知识结构，具有一定的动态性，以预想为前提依赖于概念。脚本实质上是意识的一种类型，是框架的一种形式。脚本是与现实所描写的客体对应的一种信息，是实际情形中不断发生变化的信息填充起来的环节。世界片段的词汇化、熟语化就是人认知交际活动中的脚本。我们常见的情景脚本具有一定的程式更迭

---

① Болдырев Н. Н. Когнитивная семантика [M]. Тамбов：ТГУ，2001：37.

性质。脚本是认知结构的不同形式，储存于人固有的知识体系之中。人的大多数脚本都是儿童时期掌握的，是直接经验或是在观察别人时产生的共同感受。脚本理论描写的事件大多具有自动化的属性，一定具备一定的特征。生活经验是人们在具体情境中操作的范本，这种经验知识叫作脚本。

　　人的思维大多按照脚本进行，了解的知识越多，就越容易适应不同的交际情境，进行不同的角色扮演。大多情况下，脚本就是思考已经的存在。脚本具有联结框架与事件的作用。如果将框架看作是静态的知识体系的话，脚本则是构成这一知识体系的动态的结构要素。脚本一般具有开始、连续行为、结束三个阶段，按照特定的规则运行在人脑之中。脚本是由尚克和埃布尔森提出来的概念，它指的是关于常规性事件或人类行为的某些相对固定的程序。图式往往和脚本联系在一起，甚至可以说，脚本就是一种特殊的图式。例如去餐馆就餐，其脚本就是：找位子坐下、点菜、等待（其间常常会去洗手间）、就餐、结账、离开餐馆。大家说的基本步骤就是这些。心理学研究表明，人脑中的脚本存储着诸多相关连续情景，在人进行思维活动时会被激活，足见脚本在认知活动运行的重要作用。

　　格式塔的术语用途在于表现事实内容的完形性，即一个事物的联想框架。格式塔系德文 Gestalt 音译的产物，主要指完形，即具有不同元素分离特性的有机整体。这一术语最早是由奥地利哲学家艾伦菲斯在论文《论格式塔性质》中提出的。[①] 格式塔作为一个认知科学术语有两种含义：（1）是指形状或形式，亦指物体的性质。在这个意义上说，格式塔意即"形式"。（2）是指一个具体的事物和它的一种特殊形状或形式的特征。格式塔这个术语发端于视觉领域，但又不限于该领域，甚至可以扩大到整个感觉领域，其应用范围远远超过感觉经验的限度。苛勒认为，形状意义上的"格式塔"已不再是认知心理学家们的研究中心。

[①] 杨明天：《观念的对比分析》，上海译文出版社 2009 年版，第 54 页。

根据这个术语的功能定义，它可以包括学习、回忆、志向、情绪、思维、运动等过程。广义来讲，心理学家们用格式塔来探讨研究心理学的整个领域。

格式塔是一种概念结构、完型形象，其内部包含了感性和理性的要素。它是情景感知完整的、不可切分的结果，是高度抽象的产物，是连续的、非结构化的知识。格式塔是认知过程的初期阶段：最普遍、不可切分的知识。例如对于从来没上过大学的人来讲，他就不会完全了解大学的结构（学院、系、教研室等），不会完全了解教学过程（课程、课堂讨论以及实验课教学等），不会完全了解研究生学院的结构（大学毕业的教学形式以及论文写作等）。格式塔是认知的最高层级（特定知识系统、自觉性意识）。当人拥有关于客体无穷无尽知识的时候，就掌握了各种各样的概念，就可以形成具体表象。例如学校建筑设施以及课程、学校的一般图式、高校教育的科学概念以及学校和学校教育的结构等。格式塔具有空间思想整体性，格式塔理论强调把视觉形象作为统一的整体来认知，通过事物的整体图式来把握事物的各个部分。彭玉海认为，格式塔的联想来自对概念客体的理解和认知，就是将概念客体同人心中的形象化事物建立起对应关系，而这种看似十分自然的联想反映是人的心理对事物的感知和体验。[①]

概念格式塔可以折射文化要素，体现人的心智意识、文化意识及民族意识。这样一来，格式塔内容就是概念客体在人的意识中被概念化出来的客体形象，也就是抽象思维概念。词汇的语义格式塔的意义存在于意识中的抽象实质到具体现象的投射，就是完成思维从源域向目标域的映射。而正是格式塔联想的客体概念同事物的深层联系为概念的各种表层形式搭配提供了语言依据。作为心智世界要素的语言的普遍存在形式，概念词具有了自己的外部轮廓，这是无形实体向构成具身认知世界客体投射的结果。格式塔就是认知的最终产物。

---

① 彭玉海：《刍议文化概念分析》，《外国语言文学》2017 年第 3 期。

格式塔实则是一种概念系统，具有整合各种类型概念的能力，这些概念在认知进程中分化，促进人的表象、图式以及框架系统。概念彼此交融，在人的思维与言语活动中并发挥重要的作用。概念反映客观事物本质特征思维形式，是人们对事物本质的认识，是逻辑思维的最基本单元和形式。它的最基本特征是抽象性和概括性。人们通过实践，从对象的诸多要素中，抽出其特有属性概括而成。概念的形成，标志着认识已从感性认识上升到理性认识。科学认识的成果皆由各种概念来总结和概括而成。概念能使一类事物与另一类事物区别开来，是判断和推理的基础。概念不是永恒不变的，而是随着社会历史和人们认识的发展而变化。格式塔是综合的、完整的功能思维结构，使意识中单个现象有序集合在一起。格式塔是完整的形象，包括感觉和理性要素，还整合了所反映对象的动态和静态特征。очередь（顺序）、игра（游戏）、пытка（尝试）、любовь（爱）、судьба（命运）等概念都具有典型的格式塔形象，这是基本概念信息。①

本书支持这种观点将其分为具体认知形象、表征、图式、原型、命题、框架、脚本、格式塔。概念作为认知语言学的核心术语，表征概念通常在具体词汇语言单位中可以体现。词汇单位的意义层面主要受词典释义影响，实际上由一系列客体称名特征的感觉形象构成。表征一般是静态的，是外部清晰直观感觉事物的综合体现。图式是一系列概括的空间图表式的概念，是客体或现象的思维形象。图式可以描绘，讲述的是知识结构的形式问题，是表征和逻辑概念的过渡地带，是抽象发展的特定阶段。

第四节　概念化

俄罗斯认知语言学概念体系的建构可以窥视整个学科的理论体系，使

---

① Попова З. Д., Стернин И. А. Семантико-когнитивный анализ языка [M]. Воронеж：Научное издание，2006：24.

研究者、学习者能更深刻理解概念化、范畴化等一系列认知语言学核心理论。概念化是一种心智活动。语言概念化是对语言现象心智经验、活动的研究，语言概念化根据其内容分为注意概念化、判断概念化、视角概念化和格式塔概念化。语言的概念化有其动因和理据。说话人遴选不同事物满足交际目的的需要，向受话人阐释相关信息，说话人的交际目的是概念化动因。概念化的动因还包括文化背景知识。中国人爱把贪吃的人说成"猪八戒"，即用"猪八戒"来概念化一个贪吃、爱吃的人。这是因为在中国文化里"猪八戒"表达懒惰、吃得多、比较笨的形象。这里概念化的动因是说话人的文化背景知识。除了交际目的和文化背景知识外，交际场合和情景及说话人角色和知识状态等都可能是概念化的动因。这些是概念化的外部动因，概念化还有语言内部的动因，如语言规约性等。

一 概念化的定义

俄罗斯认知语言学体系里的概念化是建立在"人本中心主义范式"之下的。概念化理论是俄知名学者库布里亚科娃率先在认知语言学中使用的，她认为："概念化是知识结构化过程中认知形式和出现不同知识表征结构中那些最小概念体系的某种镜像反映。"[①] 扎列夫斯卡娅指出，"概念化是人脑中客观世界（包括客体、行为、状态、联系等）的折射。"阿赫伽莫娃等认为："概念化是世界认知特征总体的确定过程（包括范畴特征），是用新信息丰富意识中已储存概念和世界特征的行为。认识世界的片段在认知语言学中被称为'概念'，是一种离散结构，是思维编码的基本要素，其内部结构相对有序，是社会认知活动的产物，承载着所反映事物的综合特征和信息，是大众意识对事物和现象的处理过程。对概念的加工和整合就是概念化。"[②] 概念化是定义一组

[①] Кубрякова Е. С., Демьянков В. З., Панкрац Ю. Г., Лузина Л. Г. Краткий словарь когнитивных терминов [M]. М.: Филол. ф-т МГУ им. М. В. Ломоносова, 1996: 245.

[②] Ахтямова В. А., Ефанова Э. А., Ахтямов А. М. Методология концептуализации [J]. Вестник Казанского технологического университета, 2012 (3): 168.

认知的过程现实或想象世界现象的过程（包括分类的），它允许一个人在其脑海中记住并用新信息补充一个概述的概念和对这个现象的想法，并将其与其他现象整合到一起。在认知语言学中，人类关于世界的知识片段通常被称为概念，认知学家将其定义为"一个离散的结构，它是一个人的心理密码的基本单位，具有相对有序的内部结构，是社会的认知活动，承载着关于所反映的对象或现象的复杂的、百科全书式的信息，关于公众意识对该信息的解释以及公众意识对该现象或对象的态度"。①

概念是脑中形成的反映对象的本质属性的思维形式。概念建立在对具体事物抽象基础上，是对某类事物同一性的认识。但概念的同一性认识是以实践发展为基础的，尤其是在学术研究中很多学者都有可能在对基本概念的认识上产生分歧。因此，对概念认识的分歧经过讨论和实际发展，认知最后达成一致，实现对概念的具体界定就是概念化的过程。也就是说，概念化是描述一个术语具体含义或演绎的过程。正如库布里亚科娃指出的那样，"概念化是概念的区分和确立过程，是认知活动的最重要环节之一。它是思考进入人脑的信息，将其合成概念、概念体系的过程。"②

以健康这个术语的概念化为例，健康是动物活动、生活所具有的正常状态。张之洞（1837—1909）在兴办学堂时曾请同事路某拟一大纲。不料拟定完之后张之洞因为其中有"健康"这个词而勃然大怒。他提笔写道，"健康乃日本之词，用之殊绝可恨"，（见《清稗类钞·文学》）掷还路某。但是路某略通西学，当即发现张之洞的"把柄"，便针锋相对地加写道："名词亦日本名词，用之尤觉可恨。"（《读书》1995 年第 4 期）"她恨不能马上找到生活做，有了工钱好给娘请医生，

---

① Стернин И. А. Типы значений и концепт ［A］. Концептуальное пространство языка ［C］: сб. науч. тр. / Под ред. проф. Е. С. Кубряковой. —Тамбов: Изд-во ТГУ им. Г. Р. Державина, 2005: 257—282.

② Кубрякова Е. С., Демьянков В. З., Панкрац Ю. Г., Лузина Л. Г. Краткий словарь когнитивных терминов ［M］. М.: Филол. ф-т МГУ им. М. В. Ломоносова, 1996: 92.

第五章 核心术语"概念"的术语学阐释

好给娘买药吃,好使娘恢复健康。"(周而复《上海的早晨》第一部三)日.健康(kenko)注<汉."健康,康健"日文见 1862 年(形容词)、1886—1870 年(名词)书证。现知汉语的健康最早见于 1890 年黄遵宪的《日本国志》(卷三十一)。关于"健康"这个概念,过去学界都认为来自日语,但近来有学者发现在明代就已有此概念。明·周瑛《翠渠摘稿·怀母歌送祁使君忧制东还》:"我昨有书来故里,书中亲致慈母语。谓我年来稍健康,弃官就养儿姑止。"《翠渠摘稿·贺林素庵处士应诏冠带序》:"先生乌纱白发,辉映堂序,而且举止健康,尤少壮时。"察验语境,似为略松弛的词组,可分拆理解。如此推断,即"健"和"康"应可互换对调。汉语"健""康"二字均有"健康"义项,同义并用是汉语经常使用的修辞手法。宋·沈括《梦溪笔谈·杂志一》中有:"然自此宿病尽除,顿觉康健,无复昔之羸瘵。"又,宋·邵雍《伊川击壤集·梅花诗》:"况复筋骸粗康健,那堪时节正芳菲。"又,清·吴敬梓《儒林外史》第九回:"相别十几年,你老人家越发康健了。"明代"健康"夹在宋、清二代"康健"之间,可见,汉语在彼时"健康"尚未实现概念化凝固工作,而当时流行的是"康健"这一概念,"健康"让日本后来学去,翻译对应 health,并从此凝固成内部紧密的词。由此再返回汉语,于是引发张之洞的怒气。如若清代"健康"概念化工作已经完成,张之洞绝不会没有察觉,也就无此牢骚。因此"健康"很可能只是个回流词。① 而如今健康作为术语已经正式入典,具有清晰的概念意义,完成概念化的过程。在《辞海》中释义为:"人体各器官发育良好、功能正常、体质健壮、精力充沛,并具有健全的身心和社会适应能力的状态。通常用人体测量、体格检查、各种生理和心理指标来衡量。"②

科学术语都要经历概念化的过程,例如"失范"(Anomie,或译无

---

① 史有为:《新华外来词词典》,商务印书馆 2019 年版,第 513—514 页。
② 辞海编辑委员会编:《辞海》,上海辞书出版社 1999 年版,第 695 页。

规范、迷乱）是社会学术语，指现代化过程中，因传统价值和传统社会规范遭到削弱、破坏乃至瓦解，所导致的社会成员心理上失去价值指引、价值观瓦解的无序状态。在失范社会，曾有的统一信仰遭到怀疑和抛弃，而个人又尚未确立自身的信仰体系，所以社会成员会感到失落，缺乏目的性和方向感。这种心理上的挫折感会产生一系列后果，比如犯罪和自杀，因而导致社会的不稳定。失范并不单指个人行为，也涉及群体行为。概念化经常被视为从最小概念中的知识表征结构和知识结构化过程的媒介和手段。① 个体概念化是为解决思维问题提供范例，在概念化内部运行着总结和获取信息等操作机制。概念化现实现象和想象世界认知特征的确定过程，使人可以利用某些概念和对世界的表征储存、丰富意识中的新信息。人认知世界的片段在认知语言学里是一种描写结构，是人思维码的基本单位，有有序的内部结构，是社会认知活动的产物，是一种关于事物和现象综合的、百科的信息，是大众意识对于该信息的阐释和社会意识对这些信息的关系。②

二 概念化的作用

概念化是生成人意识内容中人类经验的过程。随着语言的形成，人对现实的认知能力具有了新形式，可以保障直观感知事物，在人脑中形成长期记忆。③概念化是新思维生成的过程。认知语言学家非常关注新概念如何产生、概念体系中已有概念对新概念的影响等问题，来解释如何不断丰富自身的概念体系。韦日彼茨卡娅（A. Wierzbicka）指出：

---

① Anthony Giddens、赵旭东等：《社会学》，北京大学出版社 2003 年版，第 194 页。
② Стернин И. А. Типы значений и концепт ［A］. Концептуальное пространство языка：Сб. науч. тр. ［C］. Под ред. Проф. Е. С. Кубряковой. Тамбов：Изд-во ТГУ им. Г. Р. Державина, 2005：257.
③ Видинеев, Н. В. Природа интеллектуальных способностей человека ［M］. М.：Мысль, 1989：154.

"语言只是间接地反映世界，反映人的世界概念化（концептуализация мира）。"① 可见，概念化有很强的阐释力，反映人的大脑活动，对概念进行解读；将普通概念升华为抽象的或智力概念，能将直接的感觉、运动和感情经历概念化；是一种非即时的、逐渐展开的概念启动；是对自然、社会和语言语境的完整把握。简言之，因为有了概念化，语言意义被看作是心理、物理活动，是以社会—文化为基础的人心理活动作用的结果。

概念化被视为知识表征结构和知识结构化过程中概念形成的媒介和手段。个体概念化行为是解决问题的范例，在概念化内部运行着总结、获取信息和其他操作等机制。一些科学概念，如跨民族婚姻（межэтнический брак）、价值与价值取向（ценность и ценностные ориентации）、政治耐力（политическая толерантность）、公共政策（публичная политика）、社会研究所（социальный институт）、领导层（лидерства）、国家性（государственность）、社会团结度（социальная сплоченность）、刑事相关心理状态（уголовно-релевантные психические состояния）、政权（власть）、风险（риск）、附加行为（аддиктивное поведение）、政治世界图景（политическая картина мира）等都是普通词汇概念化的实例。起初，这些概念在人脑中并未固化，经过民族文化和个体发展的有机整合实现了概念化。

俄罗斯学者帕维列尼斯（Павиленис Р. И.）曾对概念化进行过系统研究，"概念化总结了人的认知经验，在前语言、语言层面都有，是观点和认知的体系。概念化是概念体系中的重要组成部分，探讨意义和概念等客观世界的信息。人在不熟知语言时就对客观世界有一定了解，通过感知渠道感知世界、支配世界的信息，区分客观事物，将客观事物

---

① Булыгина Т. В., Шмелев А. Д. Языковая концептуализация мира（на материале русской грамматики）[M]. М.：Языки славянской культуры，1997：10.

与世界容在一起。"①

概念化是认知、语言、文化、心理互动的重要渠道，对语义结构的研究有重要影响。有学者认为意义就是概念化。其实不尽然，概念化这个术语包括：原概念和新概念的比对，抽象概念和直接感觉的分析，运动和情感经验的体现，历时概念的再现，也包括对社会语言环境的整体掌握。束定芳认为："语言的意义是人脑和心理活动的物理、社会文化基础。② 他将概念化分为心理纵观、观点调整、背景、隐喻、前景等要素。"概念化作为一种方法论行为，旨在探寻人类活动的科学认知意义。意义表达与有关现象特定功能机制相互关联，③ 概念化是认知的逻辑操作过程。作为人认知活动的交际要从属于意义间的相互关系，这种意义关系一般是相对稳定不变的整体。④

认知语言学通过概念化来揭示人类认知体系的本质特征。人只有通过大脑中的概念才能接触到现实，是语言现实的心智操作，因此研究语言应围绕人的心智、认知和概念来进行。⑤ 认知语言学家从概念入手探讨语言的意义，其重要原因之一是有"世界映像"（Образ мира）的存在。词汇、语法都是将某一特定的世界映像附加在概念内容上。世界映像在认知语言学中具有重要的意义。世界映像表示我们脑中用不同方式来构建的生活情景。在选择某词语或搭配时，说话人以某种方式来组构该被感知情景。他从一系列的方案中选择某一特定世界映像组织的概念内容来用于表达。（1）这是个三角形。（2）这是个三边的多边形。实际上，两个句子客观上相等，但两个句子在语义上有所区别，因为它们

---

① Павиленис Р. И. Проблема смысла：Современный логико-философский анализ языка [M] . М.：Мысль，1983：65.

② 束定芳：《隐喻学研究》，上海外语教育出版社 2015 年版，第 105—106 页。

③ Медушевский А. Н. Когнитивно-информационная теория как новая философская парадигма гуманитарного познания [J] . Вопросы философии，2009（10）：70-92.

④ Касавин，И. Т. Традиции и интерпретации：Фрагменты исторической эпистемологии [M] . Спб：Изд-во РХГИ，2000：20.

⑤ 王寅：《认知语言学》，上海外语教育出版社 2007 年版，第 296 页。

对被感知的情景选择了不同的意象。"Отец не был на море.""Отца не было на море."两句话都表示"父亲没在海上",但概念化过程完全不同。概念化是用不同的方式感知、描述同一情景的能力。语言成分将特定世界映像结构强加在它们所唤起的概念内容之上。概念化是假定存在于某个学科领域的对象、概念和其他实体,以及它们之间定义的关系。概念化是为某种目的而呈现的对世界的抽象、简化视图。概念化是世界上某种现象的抽象模型,通过与这种现象相关的概念给出。

概念化是对传入信息的理解,是对象和现象的心理构造,它以概念形式形成有关世界的某些想法。

综上所述,概念化是对词语理论意义的赋予或定义,从而将它们转化为概念。

概念化是以图形、表格或文本的形式对学科领域的知识进行描述,它反映了学科领域主要概念间的关系。

概念化是概念连接的模型,是组织认知过程的一种方式,其最终目标是创建一个抽象单元,即一个以最结构化和最详细的形式表示所获得知识的概念。

概念化是使用适当的理论方法在理论水平上研究事实的过程。这是一个概念方案或研究概念的创建。

概念化是心智活动的组织形式,是概念有序的凝结。人脑中可以将从外部获取的信息(视觉、听觉、嗅觉、动觉的结果与语言习得整合)分成不同模态进行思维加工。人天生就有概念化的能力,在人的实践活动中将其演化成特定层级的抽象认知。

第五节 概念的民族内涵

概念有民族文化特性,不同民族语言意识的文化特点不同。在不同民族文化背景的人进行交际过程中,个体会在自身的语言意识中表现出本民族的文化特点。

一 概念的民族特性

每一个语言承载者脑中的知识、认知、概念都受民族文化的影响。人在进行言语活动时会在头脑中产生语言意识，并在其主导下输出一定的口语或文字。不同民族文化承载者可相互理解，相互影响，从而形成民族文化交流。

民族文化影响语言承载者的概念表达，使其成员在面对客观世界的事物和现象时行为、状态呈现一定的差异，折射出每个民族的独特文化特点，这些特点在言语活动中表现出来。因此，研究分析民族文化的言语产品，如符号、语言、文字等可对不同民族文化进行了解。在对不同民族语言和文化文本进行比较研究时，对跨文化交际参与者的概念进行调查研究，可以发现不同语言概念的特殊性和民族文化特点。俄罗斯学者乌费姆采娃对俄罗斯、英国、韩国、乌克兰等国大学生的言语联想实验结果进行对比分析，发现了不同民族语言文化概念的差异，如：俄罗斯人、英国人的语言意识中表示主要现实存在的概念不同，两国人最喜欢使用的评价概念、典型行为都不同。卡拉乌洛夫对俄罗斯人和西班牙人语言意识中的概念做了对比联想实验，发现俄罗斯人和西班牙人概念词中有50%是吻合的。乌费姆采娃对俄罗斯人、白俄罗斯人、保加利亚人、乌克兰人进行了概念的联想对比分析，发现4种语言中相重叠概念很多，有：жизнь（生活、生命）、человек（人）、любовь（爱）、радость（快乐）、хорошо（好）、друг（朋友）、счастье（幸福）、плохо（不好）、деньги（钱）、большой（大的），吻合度占比33.3%。这些民族间的概念联想对比发现了民族文化的异同点，为跨文化交际提供了参照。

二 概念民族文化特性的分析

20世纪90年代，认知语言学派形成了民族认知的分析方法，"概念"的民族文化特点被学者斯捷尔宁引入认知语言学，成为研究热点。

第五章 核心术语"概念"的术语学阐释

语言承载者民族概念的不同是造成跨文化交际障碍、影响言语生成与理解的因素。俄罗斯学者对概念民族文化特点的研究除了通过先例现象、定型等切入点来研究外，还通过对某一文本或文本片段，特别是民间文学作品、诗歌文本以及成语、谚语这类语言单位进行分析。

概念是特定民族内语言世界图景片段的重要组成部分，处于人与世界的中间地带，是民族文化概念域的组成要素。这里的概念域是俄学者利哈乔夫提出的独特术语，是由概念及其要素构成的认知域。利哈乔夫认为，"概念域是民族概念的总和，概念域由语言承载者全部概念潜能构成。民族概念域的概念比其词汇承载的语义领域更宽泛。民族文化、民俗、文学、科学、造型艺术、历史、宗教越丰富，概念域越宽泛。"① 概念及其概念域的本质都是心理的、思维的。现代科学数据表明概念和概念域的存在十分有意义。概念域的排列是有序的，由概念构成，概念根据自身特点、异同、与其他概念的层级关系归入相应体系中。概念的系统关系特性需要研究，基于民族概念域的共性原则也影响很大。原因在于，思维是客体范畴化的体现，范畴化是客体的整理和分类。概念是民族思维信息库和概念的总和。

不同学者分析概念民族特性的视角不同，克拉斯内赫从心理、语言和文化三位一体的融合视角来进行，使用术语认知空间（когнитивное пространство）来表达语言个体知识和认识结构化排列的总和②，提出了概念认知基础，是某民族意识语言文化共同体结构性知识的总和，是最精华、必备知识的表达。③ 普罗霍罗夫认为，特定文化属性从属于认

---

① Лихачев Д. С. Концептосфера русского языка [J]. Изд. РАН. Серия лит. и яз，1993（1）：5.
② Красных В. В. 《Свой》среди《чужих》：миф или реальность [M]. ИТДК Гнозис，2003：61.
③ Красных В. В. 《Свой》среди《чужих》：миф или реальность [M]. ИТДК Гнозис，2003：61.

知的基本定型核心，在社会个体适应其发展的过程中会反复出现。① 知识基本定型内核（базовое стереотипное ядро знаний）或者民族认知基础（когнитивная база народа）事实上是存在的，个体概念是其构成要素，是所有语言文化共同体成员都掌握的。概念域分为行业、年龄、性别等类型。

综上所述，概念形成的基本来源是个体认知活动，包括其交际活动。研究概念可以从心理、文化、认知等方式进行。作为认知世界图景的信息基础，它保障了认知的有序性、结构性和体系性，保障了人对现实的认知，但没有穷尽人的认知世界图景，因为它包含了心智单位体系、认知的动态机制和感知定型等成分。此外，概念域在个体认知世界中的作用十分重要，是纯思维领域的东西，以表征、图式、概念、框架、脚本、格式塔等外部世界综合认知要素的形式出现。概念民族特性执行一定的认知区分功能，能够划定概念的组织程序。不同民族概念域揭示着不同语言的词汇语义空间。

三 概念民族文化研究的成果

俄罗斯认知语言学概念民族文化特性分析成果丰硕，由卡拉西克、斯捷尔宁主编的六卷本《概念选集》（Антология концептов）是俄罗斯概念域研究的集大成著述，也是一种新型的词典。学者们把固着在语言意识中具有文化认知意义的重要概念做了分析，他们称为"认知语义分析"，其实就是我们上文归纳的概念分析法，该书分析了俄罗斯文化中核心概念134个（此处重复的已经略去），能够呈现概念的词源、词典、词汇、熟语、句子、语篇等语言单位，分别用于呈现俄罗斯民族的认知概念场。

---

① Прохоров Ю. Е. Национальные социокультурные стереотипы речевого общения и их роль в обучении русскому языку иностранцев［M］. М.：Либроком，1997：14.

第五章 核心术语"概念"的术语学阐释

表 5-1　　　　《概念选集》（第一辑）

А. В. Рудакова（Воронеж）	быт 日常
Н. М. Катаева（Екатеринбург）	воля 自由
О. А. Арапова，Р. М. Гайсина（Уфа）	дружба 友谊
О. Н. Кондратьева（Кемерово）	душа 心灵、сердце 心、ум 智慧
И. В. Палашевская（Волгоград）	закон 法律
А. Н. Усачева（Волгоград）	здоровье 健康
Ю. В. Мещерякова（Волгоград）	красота 美丽
Л. Е. Вильмс（Волгоград）	любовь 爱情
Е. Ю. Балашова（Саратов）	ненависть 恨
Н. Н. Панченко（Волгоград）	обман 欺骗
О. Г. Прохвачева（Волгоград）	приватность 隐私
Я. В. Зубкова（Волгоград）	пунктуальность 精确性
А. С. Солохина（Волгоград）	свобода 自由
С. В. Зайкина（Волгоград）	страх 恐慌
Е. В. Димитрова（Волгоград）	тоска 悲伤
Н. В. Дорофеева（Краснодар）	удивление 惊奇
Н. М. Сергеева（Кемерово）	ум и разум 智慧与心智
В. М. Топорова（Воронеж）	форма 形式
Д. Ю. Полиниченко（Краснодар）	язык 语言

《概念选集》（第二辑）

О. А. Урусова（Кемерово）	Америка 美国
А. В. Костин（Иваново）	вода 水
В. А. Шемарова，Р. М. Гайсина（Уфа）	встреча 会见、приветствие 欢迎、прощание 告别、расставание 离别

续表

Н. О. Козина（Иваново）	грех 罪孽
Н. Э. Агаркова（Иркутск）	деньги 钱
О. В. Абыякая（Санкт-Петербург）	Домовой и русалка 家神与美人鱼
О. О. Ипполитов（Воронеж）	дорога 道路
Е. В. Бусурина（Санкт-Петербург）	дурак 傻瓜
Н. А. Паскова（Иркутск）	женщина 女人
О. А. Ипанова（Санкт-Петербург）	жизнь 生活
А. Г. Осипова（Санкт-Петербург）	купля 买、продажа 卖
А. А. Контримович（Иркутск）	наказание 惩罚
Г. В. Кусов（Краснодар）	оскорбление 侮辱
Ю. Г. Евтушок（Иркутск）	преступление 罪
Е. Н. Евтушенко（Волгоград）	пространственная ориентация 空间定位
Лю Цзюань（Волгоград-Чанчунь, КНР）	путешествие 旅游
Н. Н. Ефимова（Иркутск）	риск 风险
О. Г. Орлова（Кемерово）	россия 俄罗斯
Е. В. Бабаева（Волгоград）	собственность 财产
Ю. Н. Петелина（Астрахань）	торг 交易
Т. В. Гоннова（Волгоград）	труд 劳动
Э. В. Грабарова（Волгоград）	умение жить 生活能力

《概念选集》（第三辑）

Л. А. Тавдгиридзе, И. А. Стернин（Воронеж）	русский язык 俄语
Г. Н. Милованова	родной язык 母语
Н. Ю. Моспанова（Брянск）	добро и зло 善与恶
Р. И. Веселова（Иваново）	воля 意志
Т. М. Григорьева, Р. М. Гайсина（Уфа）	свет и тьма 光明与黑暗

第五章　核心术语"概念"的术语学阐释

续表

А. Ф. Гершанова（Стерлитамак）	рай и ад 天堂与地狱
М. И. Агиенко（Кемерово）	правда и истина 事实与真理
А. В. Полина（Харьков）	Бог 上帝
И. П. Черкасова（Армавир）	Ангел 天使
Т. Ю. Передриенко（Челябинск）	дьявол 恶魔
Е. А. Мошина（Кемерово）	надежда 希望
Л. Э. Кузнецова（Краснодар）	любовь 爱
М. А. Хизова（Краснодар）	дружба 友谊
Е. А. Дженкова（Волгоград）	стыд и вина 愧疚与错误
И. И. Чесноков（Волгоград）	месть 报复
Г. В. Елохова（Абакан）	долг 债务
Е. Н. Сергеева（Уфа）	судьба 命运
С. А. Сергеев（Кемерово）	мечта 梦想
Н. В. Подзолкова（Волгоград）	одиночество 孤独
Е. П. Бондарева（Кемерово）	мысль 思维
А. В. Крюков（Волгоград）	интеллект 智能
А. А. Осипова（Магнитогорск）	смерть 死亡

《概念选集》（第四辑）

З. М. Дударева（Уфа）	время 时间
Н. Н. Рухленко（Белгород）	семья 家庭
Н. Р. Эренбург（Воронеж）	успех 成功
И. А. Майоренко（Краснодар）	деньги 金钱
Т. Н. Новоселова（Владивосток）	материальное богатство 物质财富
Т. Г. Смотрова（Таганрог）	победа и Поражение 胜败
Ма Яньли（Волгоград）	застолье 节日宴席
Ж. Н. Церенова（Элиста）	кочевье 游牧

续表

Д. А. Кожанов（Барнаул）	родина 故土
Р. Д. Керимов（Кемерово）	Германия 德国
И. Л. Лебедева（Владивосток）	социальный протест 社会对立
О. А. Евтушенко（Волгоград）	порицание 责备
Ю. Г. Соловьева（Иркутск）	обвинение 指责
Е. Н. Ермолаева（Иркутск）	конфликт 冲突
Е. Н. Горбачева（Астрахань）	спор 争议
С. С. Катуков（Воронеж）	брань 骂语
М. В. Прищепенко（Волгоград）	услуга 服务
Н. С. Федотова（Астрахань）	гарантия 保障
М. В. Малинович，Н. И. Свистунова（Иркутск）	футбол 足球
А. И. Молоткова（Екатеринбург）	цветок 小花

《概念选集》（第五辑）

Ю. В. Крылов（Новосибирск）	злость 欺侮
О. В. Кошманова（Астрахань）	скромность 谦虚
И. А. Долгова（Волгоград）	терпение 忍耐
И. В. Корогодина（Иркутск）	антипатия 厌恶
Т. В. Лунёва（Киев）	гармония 和谐
М. Ю. Шевченко（Воронеж）	культурный 文化人
Е. А. Зацепина（Воронеж）	вежливость 礼貌
Г. А. Гуняшова（Кемерово）	семья 家庭
И. А. Калюжная（Волгоград）	детство 儿童
В. Б. Крячко（Волгоград）	война 战争
М. А. Филиппова（Волгоград） Е. С. Миронец（Владивосток）	демократия 民主
Т. Г. Панина（Иркутск）	значение 意义
О. А. Кирияк（Ярославль）	воровство 盗窃

《概念选集》（第六辑）

М. А. Садыкова（Ижевск）	свет и тьма 光明与黑暗
О. А. Сайко（Иркутск）	радость 愉悦
Н. Ю. Чайковская（Волгоград）	волеизъявление 意愿表达
С. Г. Растатуева（Тула）Ли Же（Симферополь）	толерантность 宽容
Н. А. Неровная（Воронеж）	терпимость 忍耐
Д. В. Хохлов（Иркутск）	народ 人民
Д. И. Медведева（Ижевск）	запрет 禁止
Е. Г. Стешина（Саратов）	богатство и бедность 富裕与贫穷
Н. В. Григоренко（Белгород）	зависть 嫉妒、羡慕
Е. Н. Бочарова（Белгород）	глупость 愚蠢
Е. Н. Черкасова（Астрахань）	подарок 礼物
А. Г. Бойченко（Абакан）	питие 饮品
Т. С. Глушкова（Омск）	винопитие 饮红葡萄酒
Н. Е. Некора（Санкт-Петербург）	болезнь 疾病
Лю Сун（Волгоград）	похороны 葬礼
Дун Жань（Волгоград）	свадьба 婚礼
З. С. Держоева（Саратов）	родство 亲属
Н. В. Киреева（Екатеринбург）	книга 书籍

综上所述，俄罗斯学者对概念进行了综合分析，其中包括情感概念、心智概念、社会概念、人工制品概念、人生观概念、民族概念等。这些选集利用概念分析的方法探讨俄罗斯民族核心概念，从词源、词典释义、语义场、文本体现、联想实验等多种视角进行了阐释。他们的研究表明，概念是意识的基本操作单位，可以通过语言手段体验

（репрезентация）、客观化（объектизация）、外化（овнешнение）、言语化（вербализация）。同时，也可以看出，概念具有民族特色。① 概念民族属性是重要的理论课题。不同民族概念域在语言中都能找到类似表达。概念普遍性是不同文化交流的基础。翻译必须在译语和源语中找到类似内涵的表达。概念的民族特性在不同民族同名概念中得以表达，并且有的相同，有的区别很大。不同民族文化中同一概念可能有交叉，有重合，也有区别。不同民族文化的概念对比起来其内涵有所不同，这就是跨文化交际研究的意义所在。汉语中的太阳在俄语中用 солнце 表示，在乌兹别克语中用 куеш 表示，在塔吉克语中用 офтоб 表示。不同民族的非等值概念表现得也比较明显，非等值概念通过非等值词汇来承载，非等值词汇单位可以展现民族概念的独有性。俄语中的 авось 和汉语中的"膻昧"都很难在外语中找到等值概念。

因此，概念民族文化特征对比研究意义很大，确立概念民族文化特征可以通过描写各民族文化概念的方式进行，重点论证非等值和地域性概念。某一概念分析可以揭示语言系统中的民族特性，通过概念表征了解不同语言的民族属性。认知语言研究通过探讨语言符号进入人的民族概念，揭示了民族不同时期历史的本源，了解不同民族文化和思维的差异，用于探讨民族、社会思维方式视阈下的跨文化交际问题。

第六节　概念的称名场研究

一　概念的语言表达

概念在语言层面上实现了自己的客观化。客观化的进程和产物可以有不同的术语表达，如概念体现（репрензентация концепта）、概念的

---

① В. И. Карасик, И. А. Стернин. Антология концептов [C]. Том 4. Волгоград: Парадигма, 2006: 2.

语言激活（языковая актуализация концепта）、概念语言化（вербализация концепта）、概念名称（имя концепта）、概念称名（номинация концепта）、概念的词汇显现（лексические репрезентации концепта）、概念本体化的语言手段（языковые средства онтологизации концепта）、概念客观化的语言手段（языковые средства объективации концепта）等。根据体验层次的不同可以依次分为：词汇体现（лексическая репрезентация）、熟语体现（фразеологическая репрезентация）和语法（грамматическая репрезентация）（词法、句法、语篇）体现。研究概念要通过分析语言单位的词典释义、搭配意义和语境意义，分析语言单位同其他单位的组合搭配。概念的生成和其分组密切相关，概念化机制与概念体系相互依存，要依据某一范畴的所属度来判断。随之伴生一个重要的语言现象就是概念的称名。概念的称名表达通常以场的形式体现。概念的称名场是人脑范畴化机制运作的结果。以概念结构 A 是范畴 B 的例子为例，A 对 B 范畴的所属度可高可低，但要具有一定的理据性。当代术语学的发展促使人们关注语言称名形成的认知机理，关注如何运用语言手段对客观世界进行概念化之时，称名研究就显得十分必要。

二　称名

称名是语言学普遍关注的问题。词、客体与概念之间存在复杂的关系，主要围绕名与实（事物、概念）的关系。名称就是一般概念。春秋战国时期，孔子的"名不正，则言不顺"，墨家的"取实予名"，公孙龙子的"夫名，实谓也"。上述观点阐述了名对实的指称要立足现实来实现，以达到名实相符的目标。事实上，名实关系问题是语言与世界的关系，即称名符号与客观事物间的指称关系。这种关系就是客观事物称名的问题。称名研究语言单位构成的一般规律、语言单位构成过程中思维、语言和现实的相互关系。选择称名时要考虑人的因素和作用，称名的行为、手段、方式、类型等语言技术问题，以及称名在交际方面发挥功能的机制等。

根据词的语音形式和意义或能指与所指的关系，可以把语言单位区分出直接称名（прямая номинация）和间接称名（косвенная номинация）。直接称名是指人借助某种语言形式在其意识中再现现实世界中的客体对象。人通过语言手段，把事物转换成抽象语言符号，把现实存在的客体变成了称名的对象。视觉和听觉特征结合形成了事物的外在特征。

称名是概念化和范畴化的过程和结果，揭示了语言单位与事物（现象）等的关系。称名通常是以语言为媒介的有意义的思维活动，是动态与静态的统一。语言中有许多自古存在的语言称谓或表达形式，如небо（天空）、река（河流）、земля（大地）、море（大海）、берёза（白桦树）等，这些词是如何产生的，已经很难意识到它们是派生词或有理据词了。有时，人无法解释语言的直接称名现象。因为语言是自主、自发地形成发展的。具体语言受到社会文化束缚，依赖于其所属的民族。可见，无论用什么样的语词形式来表达客观事物或现象，它都离不开人的创造性思维活动。

间接称名是为了适应人类对客观世界认识不断发展的需要，人将现有称名单位用于新的命名行为，使语言中产生大量的二次称名。新创名称中呈现出旧有的名称，由这种方式产生的称名与被称名事物间存在明显的理据性。间接称名针对整个语言系统及其功能而言，受制于语言自身特点，与语言表达手段有限性及传递思想内容无限性相关。间接称名一般通过构词、句法转换、语义转换等手段来实现，常保留原词的形态，但其意义发生了转移。间接称名以直接称名为基础，结构相似性、意义相关性是形成间接称名的前提。术语称名是针对于术语创造过程中的语言的间接称名。

概念称名还以层的形式呈现，即概念的知觉层面（перцептивный уровень）和非知觉层面（неперцептивный уровень）。概念的结构错综复杂，正是由此，其内容只能部分在语言中得以展现。概念结构特性是由其背后的抽象程度决定的，这种抽象程度就是认识的形成方式。概念可以是单个的思维，也可以是完整的"概念"结构。глава（领导）的称名场就是典型的例子，包括 руководитель（领导）、начальник（主任）、шеф（上司）、босс（老板）、хозяин（雇主）、администратор（负责人）、первое лицо（一把手）、власть имущий（掌权者）。распоряжаться（安排）、командовать（领导）是处于 руководитель（领导）这个词称名场边缘的词汇。кричать（喊叫）、своевольничать（发号施令）、капризный（任性的）、компетентный（有管辖权的）、авторитарный（权威的）、всевластный（专制的）处于极外围。

  称名把人的思维对象变成可感知的语言符号形式，这种语言符号还必须承载一定的意义。因为无论在命名活动中所取的名称还是在交际中传递的名称，也无论是直接称名，还是间接称名都不是毫无内容的空洞符号，而是有一定内涵（或意义）的语言单位。当然，语言称名问题涉及内容远不止这些，可服务于当前的语言认知研究，还为其他领域的研究提供理论借鉴。称名的实质在于把人们思维的对象变成可感知的语言符号，这种语言符号还必须承载一定的意义。

  随着俄罗斯认知术语学理论研究的不断深入，许多学者开始关注术语称名理论，他们从不同的视角揭示作为称名单位的术语所具有的语言学特点，这种研究都基于语言称名理论，但又从不同的侧面扩大了语言称名的研究范围。术语就是一种科学概念，概念需要在语言符号中体现，为了再现概念的结构，应该研究其称名场，因为这些固定表达是语言特有的。[①] 概念称名包含对事物特征的最大体现，有助于对事物的认识。概念称名对客观事物范畴化或者分类的结果是一个层级系统，在科学分类中体现得尤为明显。

[①] Пименова М. В., Кондратьева О. Н. Концептуальные исследования. Введение：учебное пособие［M］. Флинта，2011：9.

三 概念称名场

"场"作为术语,源于物理学,如电场、磁场、引力场等。物理场即相互作用场,是物质存在的基本形态之一。19世纪英国学者麦克斯韦(Maxwell)提出了电磁场理论,后来这一理论被应用于心理学、神经科学、语言学等领域。为了表达词的这种集合,韦斯格伯(Weisgerber)使用了"词场"这个术语。这种理论认为,每个词都处于相互关联的概念之间。这些词之间与概括它们的那个单词一起,共同构成一个自成体系的结构。场是个体词汇对语言现实的整合梳理。作为局部性的整体场,有的场与其他词语一起组合成更大结构体的共同特征,有的场与其他词一起分割为更小的共同特征。

概念称名场可以描写概念宏观结构的功能,表达概念结构内部形象、信息和阐释场之间的相互关系;能够描写概念的范畴结构,揭示客体及现象的层级区分特征;可以展现描写场的组织形式,这个过程涉及概念的结构宏观部分认知属性以及信息和解释场的划分。这展现了信息的类型及概念间的关系。斯捷尔宁和波波娃认为,概念存在阐释场(интерпретационном поле)。① 阐释场分成以下区:百科区(энциклопедическая зона)、应用区(утилитарная зона)、调节区(регулятивная зона)、评价区(общеоценочная зона)、社会文化区(социально-культурная зона)、神话区(мифологическая зона)、验证区(идентификационная зона)。概念场的信息内容(информационное содержание концепта)包含概念化客体的特定基本的认知特征。它是多维的复杂结构,包括联想内涵、普遍人类、民族文化、社会个体的成分。概念场中包含了概念内核(ядро концепта)、概念核心外围(приядерная зона концепта)、概念边缘(периферия концепта)、概念最近边缘

---

① Попова З. Д. Очерки по когнитивной лингвистике [M]. Воронеж:Истоки,2001:61.

第五章 核心术语"概念"的术语学阐释

(ближайшая периферия концепта)、概念最远边缘 (дальнейшая периферия концепта)。

概念有时代、行业、性别、年龄和个体差异。语言研究者和语言学研究方法也不允许将概念做穷尽展示和完整表达。概念容量很大,且呈动态,取决于社会现状。正如克留奇科娃所说:"概念与社会其他概念千丝万缕,共时描写概念只有通过某一历史时期的其结构和内容进行,受到当时社会意识的影响。"①

人给事物称名时要以事物整体或者某个部分的特征作为依据。研究称名取象要结合事物特征一起分析。因为称名时会选取事物的整体或者部分,再对这个整体或者部分作特征判断,这个过程包括对事物类属、指示部分还有特征的取象。比如说矮樟的类属取象是"樟",指示部分是树木整体,特征取像是不高。称名场理论在汉语中使用的理论和实践前景很广阔。如汉语中"客"字具有很强大的称名场:客户、游客、客人、顾客、客观、黑客、客气、乘客、客厅、侠客、过客、客场、客房、客栈、旅程、客运、刺客、客车、客商、做客、剑客、请客、作客、宾客、客机、客家、客流、来客、食客、客串、房客、旅人、客源、政客、商旅、常客、客体、剑客、嫖客、刀客、贵客、不速之客、会客室、客座、客套、好客、看客、主客、待客、客票、拉客、客官、迎客、送客、客轮、客货、接客、客店、墨客、旅客列车、旅舍、旅居、会客、香客、说客、客套话、客满、客船、回头客、酒客、徐霞客、赌客、熟客、茶客、豪客、客居、宴客、门客、小客车、客舱、揽客、稀客、迎客松、客家话、陪客、骚客、老客、堂客、逐客令、知客、客堂、雅客、留客、仙客来、镖客、座上客、谢客、客舍、客位。

称名场是在一种语言中概念不同称名在某种语言中表达的相对参数,在另一种语言中很少使用或者只是透过描写语言表达。认知语言学

---

① Крючкова Н. В. Взаимодействие концептов как основа их варьирования [J]. Известия Волгоградского государственного педагогического университета, 2008:23.

的基本原则就是把概念作为一种思维单位可以通过语言手段来描写。因此，概念研究与语言单位紧密联系在一起。体现概念的语言表达的总和在特定时期是由人类确立的概念称名场来决定。称名场与传统的词汇分类组群——词汇语义场、同义序列、词汇联想场有一定区别。称名场兼具上述各场的属性，但不是语言体系的分类。称名场涵盖所有词类，它是专门语言表达手段，有机整合了社会语言体系中与交际相关的概念，其中包括讨论对象、信息交流和语句关系等。有些概念是宽泛的概念，很容易在称名场中得到体现。

四 概念称名场的建构

在一个稳定历史时期内，概念表达语言手段相对固定，其总和是概念的称名场。称名场包括词汇语义场、熟语场、同义序列、反义序列、主题序列和联想场等。称名场是研究称名单位的总和，在特定历史时期形成，主要为了实现概念的交际和互动。这些概念就是社会中讨论的对象物、信息的交流和话语关系。

概念的称名场多种多样，包含了概念的直接称名和间接称名。构建关键词的词汇称名场，遴选关键词的同义词、反义词以及上位词、下位词是建构称名场的主要途径。这种方法以俄语词"общение"（交际）为例，词汇称名场是表达"общение"概念最重要的范围和容量最大的场之一，此处我们只做简单摘录，说明其称名场。动词和静词是构成此场的最主要要素。场内核部分浮现频率较高，一般是意义直接相关，修辞中性，无情态表现力的词汇，受语境的影响相对较小，内核部分包括：разговаривать（交谈）、рассказывать/рассказать（告诉）、приказать/приказывать（命令）、обещать（允诺）、просить/попросить（要求）、молчать（沉默）、звать（称为）、спрашивать/спросить（问）、отвечать/ответить（答）、отказаться（拒绝）、заявить（宣布）、благодарить（感谢）、требовать（要求）、вызвать（引起）、предлагать/предложить（建议）、требование（要求）、беседа（交谈）、разговор（谈话）、

ответ（答案）。中心部分：говорить（сказать）等词进入中心部分的义素比其他部分的频率高。近围义素的特点是频率低于前两部分，修辞中立性相对较差，一定程度依赖语境：сообщить/сообщать（通知）、шутить（开玩笑）、жаловаться（抱怨）、объявлять（宣告）、заговорить（唠叨得使人疲倦）、согласиться（同意）、разрешить（允许）、доказать（证明）、признаться（承认）、повторять/повторить（重复）、сообщение（通知）、весть（音信）、просьба（请求）、критика（批评）、объяснение（解释）、предложение（建议）、фраза（句子）、заявление（申请）、признание（认可）、молча（沉默）等。外围同义和多义义素相对频率较低，多义词中交际意义与该词并非完全直接相关：объясняться（解释）、вести беседу（进行交谈）、разговаривать（与……谈话）、выступить（表演、发言）、произнести речь（说话）、высказать свое мнение（表达自身观点）、высказаться на собрании（在会议上发言）、высказаться перед публикой（在公众面前发言）具备一定修辞中立局限性，трепаться（瞎扯、胡说八道）、болтать 等具有较强的情态表现力。极外围频率十分低的词如 отступиться，意思是 перестать общаться с кем-нибудь, громко, много говоря, заставить замолчать других，表达"交流"的特征相对弱，具有相当的修辞和情态表现力的局限性，使用频率很低，врать 意为 лгать, говорить неправду，一般用在口语中。属于极外围的交际表达如 болтать, говорить вздор, отлипнуть, отмахнуться, оттолкнуть, отцепиться, обрезать, лаять 等词汇形式场展现了"交流"概念的认知特征。①

  称名（номинация）源自拉丁语 "nominare"，意为 "называть"，给……命名，概念称名场在波波娃和斯捷尔宁的研究中体现得较为充

---

① Шаманова М. В. Коммуникативная лексика русского языка：состав, семантика, функционирование автореферат диссертации на соискание ученой степени доктора филологических наук［D］. Киров, 2015：5-40.

分。概念作为心智单位通过语言客观化分析得以揭示，学者们将概念的称名场定义为在社会发展的一定时期将概念客观化（语言体现）的一套语言手段。这个概念的一个重要特征是它的称名密度（Карасик В. И. 的术语）。称名密度（номинативная плотность）被理解为某个概念空间的语言表征的详细程度，"对现实的指定片段的详细说明，多重变体指定和指定的复杂语义痕迹"。根据认知称名的数量，概念的称名场可能有高或低的称名密度。这个概念的高称名密度表明了理解这个或那个现实领域对于特定社区的相关性，它对人们的实际活动极为重要。称名密度主要参数包括：概念的古老性及其与此相关的价值意义；概念的交际相关性，即讨论它的必要性；在特定社会中交换这种概念性信息。

  概念的称名场在结构上是异质的。它既包含对概念本身的直接命名（称名场的核心），也包含对概念的个体认知特征的命名，这些认知特征揭示了概念的内容和对概念的态度。不同的交际情境（称名场外围），无论是系统的还是偶然的、随机的个体作者的主格方式，都在语言认知分析过程中受到识别，因为它们都进入了概念的称名场，都为认知解释和概念模型的构建提供了素材。在创建概念的称名场时，研究人员可以采用两种方式。它通过仅识别概念的直接提名——关键字及其同义词（系统的和偶尔的，个人作者的）来构建概念的主格域的核心。例如，"女人"这一概念的主格域的核心由女人、女性、女士、阿姨、弱性别、女方、女儿等单位组成。除了确定直接称名之外，研究人员可以访问概念的整个称名场的定义，包括概念外延（下位词）的变体的称名：妻子、情妇、母亲、老妇人、狐狸精、女孩、商务女性、老巫婆等。

  俄罗斯人对于"人"概念的称名场还包括：大师、工匠、保护者、榜样、模特、专家、孩子、酒鬼、暴君、好色之徒、深情、温柔、反复无常、生孩子、八卦、清洁、擦除、嫉妒、有家暴倾向的丈夫、照顾家庭、爱花钱、照顾丈夫、缝补衣服等。最常被提及的下位词通常是交际

第五章 核心术语"概念"的术语学阐释

中概念的最典型代表,最常被提及的特征是交际中讨论的概念最显著的特征。这些和其他都使我们能够补充我们对所研究概念结构的理解。

在比较不同语言中同一概念的称名场时,要考虑到人们在各自文化中对该概念的理解的特殊性。对概念的语言观察表明,脱离源语言特定单位的意义对称名场建构影响消极。在意义层面"工作",人脑能够分析包含在概念结构中的概念,并对其进行各种操作。理解概念的认知和文化加工语言的方法并不相互排斥。概念作为个体头脑中的一种心理形态,是社会概念场的一个微观缩影,最终是文化的出口。进一步讲,概念是文化的一个单位是集体经验的固定,成为个人的财产。换言之,这些方法在与个体相关的载体上有不同。语言认知概念是从个体意识到文化的方向,而语言文化概念是从文化到个体意识的方向,这种差异可与沟通的生成和解释模型相媲美。同时,我们理解向外运动和向内运动的分离是一种研究技术,实际上,运动是一个整体的多维过程。①

概念称名与语言符号表达相关,表达越丰富构成的称名场也会越大。称名场是认知发展到一定阶段的结果,其语义描写是概念称名场的要素。称名场由多种不同语言单位构成,其语义描写目标是表达其意义要素。语义描写是概念单位进入称名场单位的阐释,是专门研究名称和最近指称的意义和解释。② 概念称名是检验语言承载者脑中概念的"镜像反映",是认知研究的必要阶段。因为许多传统语言学方法获取的结果需完全符合语言承载者意识状态才可以。但称名场的构建渠道多元,具有更大适应性。

概念称名场分析其实就是概念认知语义分析。概念认知语义分析阐明概念特征的结构意义,展示概念频率、分类和属性。经过对比分析,所研究概念的结构、认知模型、语言图式等方面都能被展现出来。概念

---

① Попова З. Д. Когнитивная лингвистика [M]. М.: АСТ: Восток-Запад, 2007. 314с.
② Карасик В. И. языковой круг: личность, концепты, дискурс [M]. Волгоград. гос. пед. ун-т; н. -и. лаб. "аксиол. лингвистика". Волгоград: ПЕРЕМЕНА, 2002: 110.

认知语义分析可以分为以下 5 步。

（1）构建概念的称名场。

（2）分析概念称名场内词汇的语言单位的语义。

（3）对表达认知特征的语言单位进行认知阐释。

（4）解释语言承载者所获取知识的认知特征。

（5）绘制认知特征清单描写概念内容。

在提取和生成概念认知特征的过程中，人的主观因素影响很大，在这个过程中可能推进、推翻研究者发现认知特征的准确性。概念称名场可描写概念的宏观结构，其形象要素、信息要素及其阐释场，揭示出概念间相互关系。描写概念结构，以层级形式展现，具有认知分类特征，能概括出概念的场核心、近核心和边缘情况。对"概念"宏观结构和场的研究是一些推断性的模型。纵使研究者使用实验方法来展现，也无法完全实现。因为概念本身就是主观内容是意识现象。学者们对"概念"研究通过描写一定的语言单位来进行，因此是建立在推论的基础之上的。例如，俄罗斯人对 русский язык 这个概念直接称名包括：родной язык（母语）、русский речь（俄语）、слово（词）、язык（语言）、наш язык（我们的语言）、наше слово（我们的话）、великий язык（伟大的语言）、могучий язык（强大的语言）等概念。此概念的直接称名场并不庞大。上述例证均出自问卷和联想词典中。毋庸置疑，使用问卷和词典可以表达概念称名场，分析词义阐释词义可以看出俄语这个概念在母语中的概念组配现象。

概念称名场的建构利于有效地组织学习活动，可将知识有机地组织起来。弄清俄语中概念下属的各个亚类对俄语词汇教学习得有很大帮助。例如讲"专有名词"这一概念时，人名、地名，还要有书名、国名、机构名等亚类，如 Путин（普京）、Владивосток（符拉迪沃斯托克）、Война и мир（《战争与和平》）、МИД（外交部），这些俄语词汇的内涵对于概念的记忆有帮助。概念称名就是对知识进行组织的重要方法之一，它用场方法展现与某个问题有关的重要人物、地点、事件、语义搭配、民族特点等要素之间的关系。称名场由若干"节点"和"连线"组成,"节点"表示概念(人物、地点、事件等),连接各节点的"连线"表示两个概念间存在某种关系,如原因、结果、状态、搭配、举例等。

概念的称名场能帮助人有效地整理知识,从整体上更好地把握外语学习中涉及的词汇,帮助构思词汇的结构和层次。概念称名场加强了学习过程的自觉意识,提高元认知学习技能。研究概念称名场对外语学习意义十分重大。外语学习者观察周围世界的事物,一步步地积累经验。在学习外语前,学习者也可以先接触有关的事物,看相关的图片得到一些感性经验,例如讲 зверь(动物)之前先去动物园,参观大象、鳄鱼、豹子等,有助于记住俄语中的 слон(大象)、крокодил(鳄鱼)、гепард(豹子)。概念采用先呈现原型实例再归纳出定义的模式。概念学习是语言学习的基本内容。概念分析有利于清晰理解概念,明确事物的类别特征也有利于掌握分类的标准。概念特征分析将新知识与生活经验联系起来,更好地理解概念,同时也从中看出人对新概念的掌握程度。

本章小结

综合分析概念的术语内涵会发现,概念已冲出单一学科的桎梏,被赋予了新的研究内涵。概念是反映客观事物或现象特有属性或本质属性的思维方式。人通过社会实践,从对象众多属性中抽象出概念。概念是被观察事物或现象的统一理解。世界知识是"概念"系统的构建要素,通过整合特定层级和范畴团体信息来加工主体经验。概念能够保障这种提取概念要提取特征的知觉属性,还需要考虑到客体同客观实践的互动,及其互动目标、评价等。

概念的内涵决定了其属性和分类,俄罗斯认知语言学对概念的分类做了细致的研究。在此基础上,对概念称名场进行研究具有可行性。概念的称名场是通过语言手段表达概念的一种形式，是概念的言语化。概念具有民族特色，所以对不同民族概念进行对比研究是重要的学术课题。

第六章 核心术语"语言意识"的术语学阐释

语言意识是人脑对世界范畴化的产物,人在概念化、范畴化、联想等心智操作之后形成了对事物本质的认识,逐渐开始对事物的类别进行探讨,从而形成范畴,这一分类过程就是范畴化的过程。由于国内认知语言学对此术语阐释众多,术语内涵争议较少,本书只是做简单梳理,因为范畴化是语言意识产生的深层机理。本章用小篇幅加以阐释。

第一节 核心术语"范畴"的术语内涵

"范畴"在我国早已有之,来自《尚书·洪范》中"洪范九畴"一语,"洪"指的是"大"的意思,表示类别很多。范畴是哲学术语,是人的思维对事物本质的概括和反映。它来自日语,意译自英语的 catergory 或德语的 katogorie。[①]

松村明『スーパー大辞林』(2010):三省堂中『書経(洪範)』の『洪範九疇』の語による井上哲次郎の訳語。『哲学字彙』(1881年)に英語 category の訳語として載る。

译文:范畴是《书经(洪范)》的"洪范九畴"的译词(井上哲次郎)。作为英语 category 的译词载于"哲学词汇"(1881年)。

[①] 刘正埮等:《汉语外来词词典》,上海辞书出版社1984年版。

(1) 同じ性質のものが属する部類。

译文：范畴，性质相同事物所属的部类。

(2) 実在や思惟の根本形式。概念のうちで最も一般的・基本的な概念。

译文：实在与思维的根本形式，概念中最一般、最根本的。

(3) アリストテレスで、事物を述語へと一般化する究極のもの。最高類概念。実体・量・質・関係・場所・時間・位置・状態・能動・受動の10項目。

译文：范畴，亚里士多德指将事物一般化为谓项的最终结果，分为实体、量、质、关系、场所、时间、位置、状态、能动、被动10个项目。

(4) カントで、経験的認識を得るための悟性の働きの形式。量（単一性、数多性、総体性）、質（実在性、否定性、制限性）、関係（実体、原因性、相互性）、様相（可能性、現存在、必然性）の4項12目。

译文：范畴，康德指为获得经验性认识的悟性的作用形式，分为量（单一性、数多性、全体性）、质（实在性、否定性、限制性），关系（实体、原因性、相互性）、样式（可能性、现存性、必然性）4项12目。

《现代汉语词典》（2016年版）中给范畴的释义：范畴是人们的思维对客观事物的普遍本质的概括和反映。各门学科都有自己的一些基本范畴，化合、分解等是化学的范畴；商品价值、抽象劳动、具体劳动等是政治经济学的范畴；本质和现象、形式和内容、必然性和偶然性等是唯物辩证法的范畴。①

范畴（категория）是人们对客观事物的本质和关系的概括，源于

---

① 中国社会科学院语言研究所词典编辑室编：《现代汉语词典》，商务印书馆2016年版，第418页。

希腊文 Kategoria，表示"指示""证明"。亚里士多德最早对"范畴"做了研究，视其为分析归类客观事物的不同方面而得出的基本概念。他在《范畴篇》提出实体、数量、性质、关系、地点、时间、姿态、状况、活动、经历 10 个范畴。① 但由于时代的局限性，他没能揭示范畴内在的辩证相互联系。康德建立了先验范畴论体系，提出 4 大类范畴：(1) 量范畴（统一性、多样性、完整性）；(2) 质范畴（实在性、否定性、限制性）；(3) 关系范畴（依附性与存在性、因果性与依存性、交互性）；(4) 样式范畴（可能性和不可能性、存在性和非存在性、必然性和偶然性）。他还探讨了范畴的逻辑功能以及范畴在思维中、在加工整理感性材料方面的作用。范畴是理性的先验概念，思维可能性的条件。

黑格尔从客观唯心主义视角对范畴作了阐述，范畴"贯穿于我们的一切表象"，它们是"一般的东西"，范畴间的关系是相互联系、相互转化的。在他的思想里范畴是独立的本质，范畴的推演是绝对概念的自我发展。唯物辩证法认为，范畴是主客观的统一，是客观世界规律性东西在人认识中的反映形式。

列宁说："思维范畴不是人的使用工具，而是自然和人为结合的规律性表述。"范畴是在认识发展的历史过程中形成的。它标志着人认识客观世界的一个阶段。范畴是认识世界的过程中的梯级，是认识和掌握自然现象之网的网上纽结。概念化和范畴化过程是获取、加工、储存和再生信息的手段，两者密切相连。

简单讲，范畴就是类型的意思。范畴化是把不同事物归类的过程。范畴衍生出"范畴化"，一个认知语言学的核心术语。俄罗斯认知语言学对"范畴化"研究的兴趣比较高，主要是因为语言要素、结构、意义的分析不仅是对事物状态的客观描述，还与选择、组织和传输信息的方式有关。范畴理论是人如何在话语中选择和分配信息的可能解释之

---

① https：//iphlib.ru/library/collection/newphilenc/document/HASH7c502f11983e819124187c.

一。因为，概念类型与范畴问题密切相关。库布里亚科娃认为："概念化是认知活动的最重要过程之一，在于理解他所得到的信息并生成人脑中的概念、概念结构和概念系统。"① 对感知材料形成概念后出现的任何主观理解都需要范畴的作用，其结果是形成认知单元或认知结构，即范畴过程"伴随"着思维过程。

狭义上讲，范畴是对某种现象和事物在一定经验标准下的分类过程，一个范畴及成员的划分过程就是据其功能和基本特征对外部和内部世界的划分。通过将各种现象简化为较少类别、关联以及划分范畴的活动认为是范畴化的结果，可有序表示各种现象。范畴化是描述人的认知活动的关键概念之一，与认知机制中认知能力和其思考过程执行操作有关，包括比较、识别、相似性的建立等。范畴是人思维的可识别形式之一，可以概括人的经验并进行范畴化。认知科学提出了范畴化是人类基本认知活动的论断。基于此，人对事物进行范畴化，将感觉、客观物质及其运动形式归纳为某些主题，这些是人认知、语言发展的重要机制。

范畴化的两个核心概念是"原型"和"基本层次"范畴。自然范畴中成员状态不平等，处在特殊地位的成员是该类别中最好的例子，即最充分满足事物或现象原型的范例。范畴形成与其构建的一个或一组概念紧密相关，选择组合表达概念可揭示事物间的相似性。② 范畴在客观世界中并非先验存在，而是人类思维过程的结果。因此，事物类别研究应从范畴化和心理单位的形成来进行，即从研究人的心理范畴化开始展开，要对范畴、形象感知、身心互动、心理形象、现实在文化中的作用等因素进行通盘考虑。

人脑中范畴化机制是认知表征中最基本的概念之一，与人的认知能力密切相关，与活动各组成部分紧密相连。记忆力、想象力、注意力都

---

① Кубрякова Е. С.，ДемьянковВ. З.，Панкрац Ю. Г.，Лузина Л. Г. Краткий словарь когнитивных терминов［Z］. М.：Филол. фак. МГУ，1996：93.

② Кубрякова Е. С.，ДемьянковВ. З.，Панкрац Ю. Г.，Лузина Л. Г. Краткий словарь когнитивных терминов［Z］. М.：Филол. фак. МГУ，1996：42-47.

会影响范畴化的进行。事物的范畴化是将其分配到不同组类中的过程，是人类活动的一个重要环节。范畴归类能力在人对世界感知行为中影响对认知对象的判断和处理。人将所接收到的信息安置在一个有序类别、系统化形式中。范畴化可能是离散的，其所有单元有一定功能，集合起来作用发挥得更加明显。语言学界有观点表明，在同一范畴中存在核心和外围，不是完全相同的单元。人通过范畴化将概念分成不同的类别。

范畴化使人通过分类理解世界上的事物和所发生的事件，并作出预测。例如，知道了木麻黄属于树的类别，我们就可以利用"树"的特点对这种植物特点作出预测。鲸鱼是一种鱼，还是哺乳动物。这代表两种不同的范畴化过程：（1）鲸鱼属于鱼类；（2）鲸鱼属于哺乳类。这两种不同的范畴化过程对人认识鲸鱼有重要影响。范畴化是对现实的认知划分，其实质是将整个本体空间划分为各个范畴区。这就是世界的结构，是将词或其他客体分配给特定组的行为，是建立类层次关系的方式。在分类时，优先考虑相似现象的基本属性。库布里亚科娃指出："概念化和范畴化是对世界进行切分的重要手段。概念化用于提取理想意识状态下客体的最小单位。范畴化是以某种方式表现出相似性，或被相同单位合并成更大类别。"①

俄罗斯学者发表了许多论文和专著论述范畴化在语言中的应用，对范畴化机制、范畴描写、范畴对语言的作用都有涉及。认知语言学对词类分析大多基于范畴化视角，词类中存在自然原型范畴。范畴化过程、范畴方法论、语言范畴类别（包括词汇、语法和模态）在语言称名、交际和阐释功能中的作用在博尔德列夫的著作中有系列阐述。鲍里斯金娜（Борискина О.О.）和克列托维（Кретовый А.А.）提出语言世界范畴化研究的方法是展现英语、俄语语言意识的分类现象，以 воздух（空气）、вода（水）和 земля（土地）等概念为例，研究语言范畴化、范畴结构原型问题、范畴类别、范畴的认知层级。语言认知研究对象应

---

① https://lektsii.org/10-60317.html.

该是语言意识空间、时间和从属关系范畴的现象、个体范畴空间、范畴数量、范畴持续性、范畴层级性、范畴增加、范畴变异现象、范畴集聚现象等。语言范畴分为词汇范畴、语法范畴、评价范畴等。自从第一部俄语语法书问世以来，语法范畴学说已经存在了数百年，并且一直在发展。此问题的历史不是本研究的主题。因此，博戈罗基茨基（Богородицкий В. А.）、维诺库尔（Винокур Г. О.）、泽姆斯卡娅（Земская Е. А.）、波铁布尼亚、列法尔玛茨基（Реформатский А. А.）、谢尔巴（Щерба Л. В.）、阿鲁玖诺娃等俄罗斯学者从很多视角研究范畴，对词汇、语法范畴的研究比较深入，对词典学研究意义深远，具体到事物称名范畴化、俄语熟语范畴化、事物称名结构的范畴化、性别范畴化都有涉猎。范畴凝结着人们在实践基础上取得的科学认识的成果，是人进一步认识的起点。它是发展变化的，随着实践和科学的发展而发展，同人们对客观世界的认识的深化过程相一致，并表现着科学发展的总结和要求。每门具体科学中都有各自特有的范畴，例如化学中的化合、分解，经济学中的商品、价值等。

一门科学的理论体系由其特定概念、范畴和规律构成。范畴在反映客观世界的整体性和内在联系的一定体系中存在。范畴包含许多要素系统，范畴本质在构成它各个要素间的关系结构中得以体现。诸范畴间存在着内在联系，对立范畴既相互区别，又彼此联系并转化。在相互联系中，范畴才能在不同结构层次上反映系统和整体客观现实，并克服抽象化的片面性。范畴和规律不可分割，但在反映深度上有区别：规律反映事物总体的、全程的、普遍的本质联系，而范畴则反映客观世界的各个不同层面、阶段的普遍联系。人以范畴为思维工具去揭示客观事物发展的规律，而认识规律又能进一步丰富人们对范畴内容的认识。

范畴研究具有重要意义，是人理解和认识世界的基础，也是思维和交际的基础。概念范畴能把经验结合起来，有助于人经验的习得。人要在大脑中分离出知识，并将其融入表达客体范畴的概念中。此外，范畴有促进人类语言交际的作用。语言对事物的普遍分类与归纳就是范畴，词能表示某一范畴的事物。范畴是人思维经济省力的主要动力。认知通过范畴与个体联系，对客观和主观世界进行认识和表征。恰内舍夫（Чанышев А. Н.）认为："范畴扩大了人对知识的掌握程度，认识一个范畴可以知晓其内部成员普遍特征。范畴化机制在认知中的最直观要素就是语言。世界图景中对范畴的专业指称类似于称名概念，但一定与现实背后的相关理据和本质相符。一类事物的区分是人脑中现实客体对应的外延，这是范畴的称名定义。"① 范畴化是对事物本质的概括与抽象。事物命名是从整个可能名称的集合中选取，这些名称包括用于描写事物的范畴。"基本层次范畴"有重要的术语意义，处于范畴层次的高低之间。概念和名称的协作可以解决很多实际问题，比如称名行为、分类行为。范畴化现象和本质的表征随着时间变化而变化。如何把意识与感知、想象和感觉活动结合，将认识与抽象操作、象征有机结合是范畴化未来需要探讨的课题。

范畴变化是人脑中概念分类的转换，也是对客观世界的重新认识。认知语言学中"概念"的概念是：（1）在某一概念系统中，概念是构成系统关系的符号；（2）是与世界上客观事物和范畴对应的符号。这其实是客观主义的论断，因为它独立于从事这一认知活动的人。由此看出，概念范畴是客观世界某范畴的符号表征。某一概念范畴的成员是对应世界范畴的一个符号实体。这样对概念的阐释不完全符合实际，没有充分考虑到从事认知活动的人的因素。概念范畴并不完全是通过范畴成员的客观特征刻画的，表现在两方面：第一，人类的概念范畴中有一小部分范畴取决于从事这种范畴化活动的人的因素，而不仅是取决于范畴成员的特征。第二，人类概念范畴具有的某些特征来自隐喻、转喻等机制，并不反映自然的想象过程。

范畴理论也关注家族相似性理论。家族相似性是某一范畴的成员以

---

① Чанышев А. Н. Курс лекций по древней философии: Учеб. пособие для филос. фак. и отделений ун-тов [M]. М.: Высшая школа, 1981: 293.

某一方式互相联系。范畴成员按一定中心程度次第展开，某一范畴成员与其他成员相比可以更好地作为该范畴的范例。范畴成员有原型性，由某一能产成员根据相似性原则展开。范畴内部成员有一定的隶属度，并无明确的界限。范畴以概念体现，某些范畴的特征是人类的生理能力本质及其在一个物理和社会环境经验的结果。范畴是人总结、分类思维的认知形式。认知语言学认为，范畴化就是认知活动问题，以认知活动为基础，对人和事物进行划分。范畴化是集合序列分组和划分范畴，不反对逻辑层级对每个成员的要求。科学范畴和逻辑范畴的成员地位不均等，有非重复特征，其中有优先属性的成员，是范畴的典型范例，是最符合原型表征的个体。但它周围有许多其他成员，就是边缘范畴，非原型。

范畴并非按从最普通到最特殊的层级结构组织排列，最基本范畴并非正好处在最普遍概念到最特殊概念的中间。抽象和概括从基本层次向上进行，基本层次范畴很重要。基本层次包括格式塔感知、意象形成、动觉运动、知识组织和语言表达。范畴一般有参照推理的原则，对某一范畴成员的推理过程可以反映出整个范畴。范畴化是认知语言学中的一个重要研究课题。认知语言学主要探讨范畴表达类型、范围和意义。范畴化与认知能力紧密相关，与认知活动不同要素也有关系，尤其是记忆、想象和理解等。感知客体的范畴化是整理人接收新信息的最重要途径。从狭义来看，它在特定经验框架内承认某一成员就是现象、客体、过程。

范畴自身的组构和划分过程就是在区分内部和外部世界的功能、状态及特性，在对不同现象进行划类整合。认知体系与思维操作有关，包括比较、统一等系列能力。人在思考现实世界时，将个体事物归到某一类别和范畴之中，提取出与其他世界片段不同的一般特征。认知语言学十分关注范畴的心智体现。方法论内容上，认知语言学研究与范畴化密切相关。范畴化对思维、感知、行动和语言来说十分重要。在日常生活中，我们自动地对人、动物和物体进行分类，对同样的事物根据不同标准划分种类，如一个女人可以同时具有女人、母亲、教师、音乐家和演员等身份。

认知语言学的目标是探究范畴，主要研究问题包括：范畴基础、内部结构、语言习得、范畴化依据、范畴间关系、范畴化作用、范畴化机制和对社会集团语言意识的影响等。人的范畴化过程与经验、想象、感知、大脑活动、文化、隐喻和转喻等机制有关。范畴和范畴化问题是认知语言学研究的核心，是人语言意识形成的深层机制。

第二节 核心术语"语言意识"的术语内涵

意识是人与动物心理区别的根本标志，是最高级、最主要的反映形式，是自觉认识、体验和意志等心理活动的总和。可以看出，意识的整体结构的评价、高级组织特点都透过语言展现，研究人的言语联想网是解决语言意识的最有效途径。

一 意识

索绪尔（Saussure）率先将语言和言语分离，阐释并单独展开研究。现代认知科学克服了将语言和认知方法割裂开来的弊端，研究人的语言和言语知识。如此一来，语言意识的研究就应探讨语言在实际使用中的积极效用。意识一直是心理学研究的核心课题。早在 14 世纪冯特（Wundt）就提出了统觉理论（теория апперцепции），意识走进了人的研究视野。利用词汇来分析意识本身就是一个认知过程，巴甫洛夫认为，进入第二符号系统（语言系统）一定有意识参与。波铁布尼亚也认为，精神要寓于言语和思维中研究，言语和思维（从本质上来看就是意识和心理）的相互关系可以涵盖整个语言学的使命。苏联心理语言学家鲁宾斯坦（Рубинштейн С. Л.）和列昂季耶夫对意识作了细致的探讨，并证明意识的研究离不开语言。鲁宾斯坦认为，意识是人对世界和自身思考的心理活动，其操作单位是人的活动和对客体的反映，这其中包括对知识和交际关系的思考。① 列昂季耶夫认为，意识直接揭示人的活动和状态，是一种世界图景。②

意识的功能是主体基于对世界的主观形象。为了清晰展示语言意识，认知语言学研究中要融合两方面的属性：（1）意识是非物质世界的心理现象，不可通过空间属性衡量，不能听见或看见；（2）意识是所传递或记录的语音物质外壳及口头语言形成的生理过程。这两点都是俄罗斯认知语言学从心理语言学引进的研究方法，可使用物理设备记录语音，收听、记录关节肌肉的肌电图，确定特定语音的脑电图，可以客观地记录语言间（语言）交流的形成和结束等。言语是承载信息的重要载体。综上，认知语言学有两个问题有待解决：其一，是否可以假设意识是通过心理和生理的直接相互作用在言语中找到表达的；其二，了解有关心理过程和事物本质如何相互作用的机制。

关于第一个问题，科学界目前尚未明确心理和物质直接相互影响的媒介问题。语言的交流能力的发展和丧失是普通心理和生理过程。在对语言意识的科学研究中，仅提及意识在语音产品中被反映或被表达是不够的。言语中意识的反映是生活中的日常事实，也是一个巨大的科学问题。根据上述论断，现实中有很多模式用来描述意识和言语间关系，这些模式实际上是隐喻思维在起作用的结果。如"мысль проливается дождем слов"（思想如言语方面一般倾盆而出）、"мысль подобна нависшей туче"（思想就像一团若隐若现的云）。在这里的"云"是意识、思想的类似物；雨对应的是言语。例中明显描述了"水"这种物质实体：云是气态水，水是液态水。然而，意识与言语相关性的奥秘恰与"水"这种实体有关，是物质的、无形的。心理非物质过程如何转变为物质（意识状态转变为言语）是需要科学理解参与的。物质表达的影响（如说话）如何影响思想和受话人意识。新生儿受到环境影响

---

① Леонтьев А. Н. Деятельность. Сознание. Личность [M]. М.: Политиздат, 1975: 280.
② Леонтьев А. Н. Деятельность. Сознание. Личность [M]. М.: Политиздат, 1975: 167.

第六章 核心术语"语言意识"的术语学阐释

达到一定状态时,开始使用语言,通过词来表达其心理状态,即语言意识形成。对语言意识的探讨有助于了解自然界创造了哪些生理结构来执行言语功能,其细目分类、反应方式等。毫无疑问,世界与人的进化让我们看出心理与物质、生理之间的相互作用、相互影响。

语言意识理论有助于了解语言和意识间联系的深层性质。事实上,作为判断语言意识的材料,言语联想是受试者在个体发育中发展起来的语言间联系的反映,并在其神经系统中形成所谓的"语言网络"。[①] 俄罗斯学者的研究证实了语言与意识的关系。俄罗斯心理学界认为,生活环境和人的心理经验在口头联想的形成过程中十分重要,这意味着心理经验会与生理、时间产生联系,促成语言网络的结构变化。因此,在常规研究工作中,应使用完全科学的确定性方法研究语言意识,密切跟踪心理和生理因素的相互作用。如此,意识在语言结构中的形成路径就有可能得以揭示。

心理语言学界对意识的划分有两种主张:一种是按各种不同心理过程来分,意识可以分为有意知觉、有意识记、有意再认、有意回忆、有意表象、有意想象、逻辑言语思维、有意注意、有意体验、意志行动等。另一种是按个体内省知觉状态来分,意识可以分为总体意识、焦点意识、边缘意识、下意识、无意识、潜意识等,其主要特征是自觉性、能动性和社会制约性。

认知学界对意识的界定有很多的观点和学说,主要看法有:(1)意识就是认识。意识是互相关联的共同知识,是人对自身内部的知识。(2)意识是意识流。意识是人脑中一种连续不断的流。(3)意识是行为。行为主义心理学认为,意识难以直接观察,把心理活动归结为肌肉收缩和腺体分泌的结果。(4)意识是心理表层行为。意识是同外界直接感受

---

① Ушакова Т. Н. Функциональные структуры 2-й сигнальной системы. Психофизиологические механизмы речи [M]. М.: Наука, 1979: 47-55.

到的、短暂的心理行为。① 克拉斯内赫认为，意识具有语言属性意识的存在意味着掌握语言即掌握意识，意识是意识单位。② 所以本书指出，意识受到语言的影响很深，意识从某种程度来看就是语言意识。

二 语言意识

语言意识是人脑范畴化的产物。人对事物的分类是产生联想的基础，联想是对语言意识的最直接反映。由此我们引入俄罗斯认知语言学界最热门的一个核心术语"语言意识"。近20余年来，俄罗斯学界对心理认知的研究已经转向语言意识领域。语言意识是20世纪90年代塔拉索夫率先提出的术语，斯捷尔宁将其应用到认知语言学研究之中。作为术语，语言意识来自语言学和心理学，把两个学科紧密结合起来，构成了现代科学范式发展的进步潮流。③

沃罗涅日心理语言学派以沃罗涅日国立大学为基地，常设沃罗涅日心理语言学协会，领军人物为斯捷尔宁（Стернин И. А.）。据2021年俄罗斯学界e-libary数据库统计表明，其论著共1086篇（部），引用次数达到26109次，在俄罗斯语言学家排位中居榜首。该学派自2002年起主要以词汇语义的心理语言学阐释为主，倡议举办了若干场心理语言学学术会议，出版了多部心理语言学学术论文集，主题多以词汇心理语义与词典学心理语言学研究视角为主，主要观点有：意义的心理语言学阐释是词汇意义的心理现实表征，是通过心理语言学实验结果描述、呈现出来的语言承载者语言意识中的现实功能意义，最为有效的方法为自由联想实验及定向联想实验。

词义描写依托心理语言学实验来进行，民众意识中语言发展的现阶段的语义现实就是对受试刺激产生的结果。实验结果需要进行语义上的

---

① 车文博：《当代西方心理学词典》，吉林人民出版社2001年版，第442页。
② Красных В. В. "Свой" среди "чужих"：миф или реальность？［М］. М.：ИТДГК Гнозис，2003：13.
③ 杜桂枝：《论语言意识》，《中国俄语教学》2006年第4期。

第六章 核心术语"语言意识"的术语学阐释

阐释,就是将联想刺激作为意义或者意义要素(语义要素、义素)来审视,其理论基础是米勒(Дж. Миллера)的述谓联想假说。当然这个描写词义的过程需要使用许多术语来进行,我们在下文具体步骤中加以阐释。心理语言意义的确立是作为一种心理现实来进行的,心理语言意义与词典释义和交际意义比起来更贴近人的心理现实。按照斯氏的定义:词汇的心理语言意义是其语义要素的有序统一体,与特定历史时期人意识中的语言外壳联系在一起。[1] 然而,作为心理现实的完整意义显然不能被全部阐明,总是有些意义要素会置于研究者视野之外,不能通过心理语言实验法表达出来,还不能十分清晰地表达个体语言意识。因此,心理现实意义是一种科学概括、标尺化行为。意义研究者竭力在其描写过程中将意义表达抽象化、规范化。心理语言意义这个概念更具体和确定,是意义在语言承载者语言意识中发挥现实作用的内涵表达,可以通过心理语言实验描写和展现。心理语言意义比词典相关概念更宽泛,外延更大。词典释义通常会与心理语言意义完全重合,其要素在心理语言意义中据表达清晰度不同,也比交际意义更宽泛,因为其包括表达实验交际不相关的语义要素。[2]

心理语言意义结构上以"场"原则排列,其构成要素按照显性程度以层级形式呈现。在多义词框架下单个心理语言意义按照层级形式组合,划分出核心和边缘意义。核心意义与边缘意义看起来与词典描写释义不大相同。于是,在解决心理语言意义这个问题上遇到的一个难题就是遴选有效及省力的实验程序表征心理语言意义的描写形式。沃罗涅日学派在这方面积累了丰富的经验,其先后出版了多部论文集和著述来论证此问题。《语言概念学与心理语言学》《心理语言学与词典学》证实,描写心理语言学意义的方法比较可行的是自由联想实验和链式联想实验。

---

[1] Когнитивная лингвистика и семасиология. Воронеж. ООО《Ритм》,2018:213.
[2] Когнитивная лингвистика и семасиология. Воронеж. ООО《Ритм》,2018:7-10.

给出受试的语义刺激—反应公式为：

(1) adj +X；

(2) X+V+N；

(3) X+Vi；

(4) X is used to Vi（Vp +N）；

(5) X is +adj。

古茨（Гуц Е. Н.）认为，心理语言意义描写的步骤包括：①总结词典释义；②描写实验结果；③建构词汇语义联想场（此阶段主要是通过刺激—反应模式呈现受试个别联想）；④构建层级表达心理语言意义①进行联想反映的语义阐释，思考联想反映的语言表达（其客观化、现实化的途径，综合展现词汇心理意义的浮现频率）②。

从2018年开始，该派编撰了《心理语言语义词典》《心理语言性别词典》《心理语言年龄词典》《心理语言专名词典》《同义词心理语言词典》《心理语言时间表达词典》等大型辞书。现有的研究也涉及词汇联想场在不同年龄、性别群体的具体化工作。此类词典能够反映母语者对特定词汇的心理感知，利于阐明词汇的联想深层语义。因此，可以说沃罗涅日学派的词典给出的语义比传统词典更为丰富和生动，更能呈现心理现实性。它的编纂主要依托词汇的心理语言意义，反映的是语言承载者的心理联想。在人的意识中，词汇的语义成分与声音、书写等外壳联系在一起，赋予词汇以心理现实表征意义。这种心理意义在特定时期的语言个体、群体以及民族意识中逐渐形成"标尺化"操作。详解词典基于测出的个体语言意识的现实数据，厘清语义模糊的词语意义、评价、情感、功能等特征，实现不同语言外因素作用环境下的语义感知，甚至可以预测词汇语义的潜在演变。

---

① Гуц Е. Н. Психолингвистическое исследование языкового сознания подростка [M]. Омск：ОмГУ, Вариант-Омск, 2005：13-18.

② Рудакова А. В. Когнитология и когнитивная лингвистика [M]. Воронеж：Истоки, 2004：195.

第六章 核心术语"语言意识"的术语学阐释

语言意识理论植根于民族的个体思维与文化中，反映个体思维特点与民族文化特点。俄罗斯认知语言学倾向于将意识发展视为世界演化、人类进化的重要阶段。意识是思考、创造产生抽象的心理操作，可以做出反应，这是产生人类智慧和技术活动的前提。人类智力活动的科学基础是生产和生活。人类活动是人脑容量提升的前提，与语言共生共存。现代认知语言学认为，意识是一种体验结构，一种心理活动，是心理信息的加工和储存。

意识与思维、创作和理解、抽象、概括、形成道德概念和一系列人类改造自然活动等高级心理活动功能紧密相关。语言意识是意识的言语化表达，是语言与意识的共鸣和互动。语言意识与言语意识无鸿沟，在现代心理学文献中也可见到。从本质来看，认知语言学从产生之日起就关注语言意识，关注其动态语言表达，表达在语言和意识中互动会产生结构型搭配。不同学者在研究语言意识时使用不同的术语，如符号语汇（знаковой тезаурус）、言语网（вербальные сети）等。但能证明一点：语言意识的研究与语义和言语表达紧密相关。

俄罗斯语言学界有很多学者都基于语言意识的立场关注语义联想研究。波铁布尼亚、维果茨基、列昂季耶夫、塔拉索夫、乌沙科娃（Ушакова Т. Н.）等展开了深厚的理论和实证研究。卡拉乌洛夫、索罗金（Сорокин Ю. С.）、乌费姆采娃等对联想网络及其内部词汇进行了深入探讨。获取数据作为研究人语言能力的重要素材。这些学者都主张用语言语汇传达意识。语言意识的核心就是人用语言设计和表达客观存在，指向人的周围世界。

有学者从语言意识是人认知活动的组成部分这一角度着手研究语言意识。比较有代表性的是沃罗涅日学派，代表人物包括佩西娜（Песина С. А.）、波波娃和斯捷尔宁等。俄罗斯的民族心理语言学派将语言意识视为文化现象，语言是其特殊形式。克拉斯内赫、梅利尼科夫（Мельников А. А.）、尼基金娜（Никитина С. Е.）、拉希莉娜（Рахилина Е. В.）、索罗金和乌费姆采娃都持有类似观点。他们主张从语言视角入手研究民族意识的形成、民族思维的构成规律。还有学者从语言个性视角，如从性别、年龄、职业等方面探究语言意识。福明（Фомин А. Г.）、戈罗什科（Горошко Е. И.）都从这一视角展开研究。可以说，俄罗斯认知语言学界对语言意识这一术语的探讨是多方面的。

　　语言意识研究作为人语言心智世界探讨的手段值得关注。乌费姆采娃《语言意识是现实民族社会文化定型的反映》将语言意识与民族文化定型相联系，认为语言意识是对客观现实和民族文化的反映。扎列夫斯卡娅的《语言意识：理论问题》阐释了语言意识中存在的理论问题。塔拉索夫的《语言意识》全面地阐释了语言意识的理论、目标及问题。乌费姆采娃的《语言 意识：动态与变体》以及乌沙科娃的《语言·意识·文化》都阐释了语言、意识和文化之间的关系。索罗金的《意识概念：关于国内争论的解释》阐述了意识的概念。塔拉索夫等的《语言意识的学习问题》指出了外语学习中语言意识的重要性。俄罗斯语言学将语言意识与人的内心世界图景、内在思维联系起来，突破了单纯地对语言意识概念研究的局限，更多地探讨语言意识所反映出的民族思维方式、民族文化特点。对语言意识的研究不仅限于对语言本身的研究，更是对语言背后的民族思维与文化的探索。通过对语言意识的对比可以发现，不同民族间的思维、文化异同对语言研究有重要意义，对民族交流有现实意义。

　　每个民族特有的语言为意识的研究提供了素材，通过对语言的分析，不同民族间跨文化交际中的异同就可以显现出来。语言意识的契合与差异可以用来认知不同民族思维方式、文化与民族特色，可以使我们加深对不同国家和民族的认识，同时可以为国家间交流、学习提供启示与借鉴。

　　语言意识是认知的构成要素，也是人类言语活动的主导机制，是认知意识的一种，保障了言语活动的具体操作。齐姆尼娅娅（Зимняя И. А.）指出，语言意识是客观现实言语形式的反映，是个体认知的存在形式，是说话人、交际人的存在方式，是人作为社会存在的主要形式。[①] 斯捷尔宁将语言意识视为静止的现象，将语言思维视为动态的现象。思维是一种人脑意识的活动。[②]他指出，当代意识的种类主要分为五大类：一是反映言语思维活动不同事物的意识，包括政治意识、科学意识、宗教意识和日常意识等；二是描述主体的意识，包括性别意识、年龄意识、社会意识、团体意识等；三是受制于自身形成性的意识，包括发达意识和不发达意识；四是基于社会制度基础的意识，包括全球意识、民主意识、保守意识、反动意识等；五是受心智活动特点影响的意识，包括创意意识、技术意识、启智意识、勇敢意识等。语言意识是研究言语生成、言语理解和语言意识储存等言语活动的保障机制。

斯氏的观点被别尔姆语言学派巴利诺娃（Баринова И. А.）等人继承。他们主张人的意识存在于认知、语言和交际所在的三维空间内。这个三维空间内存在认知坐标、交际坐标和语言坐标。认知坐标以心智语言集合为基础来呈现，交际坐标的组织要依靠话语实践，实际是一种交际规则，语言坐标以民族语言为基础来呈现。[③] 索罗金认为，语言意识是同客体工具、言语符号一起识别个体、群体和民族认知经验的机制，参与人世界映像的建构。[④] 罗日杰斯特温斯基（Рождественский Ю. В.）把语言意识与语言熟巧一起视为构成语言思维的要素，是语言认知的一种类型。[⑤] 近些年来，语言意识开始被作为一个层级单位来研究。德里泽（Дридзе Т. М.）指出，语言意识是意识的一个层级，其中

---

① Зимняя И. А. Лингвопсихология речевой деятельности ［M］. М.：Московский психолого-социальный институт，Воронеж：НПО《МОДЭК》，2001. 159.

② Стернин И. А. Коммуникативное и когнитивное сознание. С любовью к языку ［M］. Воронеж，2002：44-45.

③ Баринова И. А.，Нестерова Н. М.，Овчинникова И. Г. Языковое сознание：К вопросу об определении и интерпретации термина ［J］. Вестник ЯЗ-ПЕД，2010（3）：18.

④ Пищальникова В. А.，Сорокин Ю. А. Введение в психопоэтику ［M］. Барнаул：Изд-во Алт. гос. ун-та，1993：164-165.

⑤ Рождественский Ю. В. Курс лекций по языкознанию ［M］. М.：ООО《Добросвет》，ИКЦ《Академкнига》，2002：99.

的形象、表征和思维结构可以获得语言外壳。① 戈罗什科在层级论的基础上建议区分出元语言意识这一层面。语言意识可以用来划分、范畴化和组织言语流。② 叶依格尔（Ейгер Г. В.）将语言意识比作执行特定功能的工具、手段，有反映、评价、选择、阐释、调节管理等功能。③ 福明立足于语言个性，从性别视角研究语言意识，观察个体活动的言语和非言语活动特征。④

国内学者杜桂芝、赵秋野、赵爱国等撰文阐释过其部分内涵，《论语言意识》《语言意识的民族文化特点》《从心理语言学角度探索民族精神》《俄罗斯心理语言学：关注语言意识与言语交际》《当代俄罗斯心理认知视阈的"语言意识"问题研究》等文章对语言意识的术语内涵进行了一定程度的阐介。

语言意识这一术语近些年来被广泛使用在各种认知学界的会议、专著、文章中，该术语得到了学界的广泛认可。作为一个比较时髦的术语，它的术语内涵还在不断完善，还需要界定、阐释和介绍。语言意识触及了心理学和语言学两门学科的概念。事实上，人类使用的语言反映了意识状态，折射出人内部世界的心理内涵，其本质是语言和思维的互动。很明显，认知语言学产生之前，语言对科学现实的关注多于对人的意识的关注。认知语言学产生后，言语活动自身是人交际活动的构成部分，与人的语言意识密切相关。语言意识研究几十年来一直被视为俄罗斯语言学比较前沿的课题，主要研究人类一般心理过程的语言意识形成

---

① Дридзе Т. М. Семиотический уровень как характеристика реципиента // Смысловое восприятие речевого сообщения（в условиях массовой коммуникации）［M］. М.：Наука，1976：201.

② Горошко Е. И. Языковое сознание（ассоциативная парадигма）：дис. … д-ра филол. Наук［D］. М.，2001.

③ Ейгер Г. В. Языковые способности：учебное пособие［M］. Харьков：ХГУ им. А. М. Горького，1992：15.

④ Фомин А. Г. Языковое сознание как имманентно присущий признак гендерной языковой личности［J］. Ползуновский вестник. Барнаул：АлтГТУ им. И. И. Ползунова，2003（3）：211-214.

规则、人心理世界形成过程中语言的作用等。

第三节 核心术语"联想"的术语内涵

约公元前350年，概念"联想"由亚里士多德提出。几乎在同一时代，战国的庄子在作品中多次探讨了词汇的联想问题。从东方到西方众多哲学家、语言学家研究了词汇联想问题。一种概念的产生必伴以另一种与之相似或相反、或在过去经验中曾与之同时出现的概念的产生，这是联想运行的内部机制。

一 联想

联想是研究语言意识的一种独特方法，对心理语言研究有特殊意义，是探讨、挖掘、分析语言意识和词汇语义的一种心理语言学技术。对受试心理词汇语义特征的提取展现了民族文化框架下的语言意识。实际上"联想"是两个或两个以上的心理反应（感觉、活动、知觉、概念等）在一定条件下产生的联系，是由一个客观事物或现象想到其他的心理过程。语言是通过联想习得的，其本身就是一套联想机制，语言习得是一个刺激—反应—强化的过程。[①] 联想指两个相关的现象、表征以及对象，通常就是刺激和相应的反应。联想是由一个客体想起另一个客体的心理过程，是现实事物或现象之间的某种联系在人脑中的反映。

冯特（Wundt）根据想象的创造性程度，将联想分为创造自由联想与控制联想两种类型。主试者出示一种刺激物、说出一个词或出示一种图片，受试者尽快说出联想到的词或事实。李盛平认为，冯特提出的联想内涵实际是"联想是主试者出示的刺激物和受试者实验反应表达之间关系的体现。如事先未加特定限制就是自由联想，若有特定限制（如主试者的刺激物和受试者的反应之间的关系必须是意义相反，整体和部分

[①] 刘宏：《俄语语言文化与跨文化交际》，外语教学与研究出版社2018年版，第282页。

关系等）就是定向联想"①。这两种联想方式所获得的资料、反应内容和时间，能帮助对某些心理现象进行对比分析。

"艾宾浩斯（Hermann Ebbinghaus）也研究了联想主义心理学，这成为他后来展开联想实验研究的思想基础。"② 彼时，心理学界普遍认为，学习、记忆和思维等心理历程不能用实验的维度和方法加以研究。艾宾浩斯用实验方法研究联想和记忆等复杂问题，讨论概念联想和联想规律。为了展现联想的形成过程，承认必须找到一种过去从未形成过联想的学习材料。实验加工出了一种能够满足实验要求的实验材料，将其称为"无意义音节"，用德文字母编造了两千多个无意义音节，把这些无意义音节随机地排列成长度不同的无意义音节系列，构成实验的主要学习材料。"在实验中，艾宾浩斯自己既做主试，又当被试。为了建立稳定的实验条件控制实验的变量恒定，他对阅读速度、时间、重音、休息时间、作息规律等都作了严格控制，力求使实验结果尽量不受心理变异和不规则因素的影响。他发现，音节系列的长度与识记音节系列次数密切相关。他使用各种不同长度的音节系列进行实验，学习各种不同长度的音节需要的重复次数，随着系列内音节数的增加而突出地增加。24小时后，受试再把每一音节系列重新学习直到能正确重现的程度，由此来探求重复感知和记忆的次数与有效程度间的关系。"③

英国研究联想有着深厚的理论积淀。17 世纪英国哲学家洛克（John Locke）首次提出联想的分类方法。此后，"联想"一词便成了心理学中最常用的术语之一。1748 年，休姆（David Hume）最初提出联想的形成有三个原则，即相似原则、时空接近原则和因果原则，与亚里士多德提出的类似联想、对比联想和相邻联想有相似之处。人们最初通过一种或几种特殊感觉获得知识，在生活中的一些感觉材料多次出现，

---

① 李盛平：《新学科新知识词典》，中国国际广播出版社 1989 年版，第 262 页。
② 张奇：《学习理论》，湖北教育出版社 1999 年版，第 72 页。
③ 张奇：《学习理论》，湖北教育出版社 1999 年版，第 73 页。

第六章 核心术语"语言意识"的术语学阐释

相互联系,并凝为人脑的意象或概念。人类的全部知识都是由分散的、简单的和个别的经验构筑而成。威廉·詹姆士（William James）强调一种由重复、前后相继的刺激诱发的中枢神经活动的联系,并主张用这一概念代替概念的联想。后来,休谟把联想律由三项改成两项,即把因果律归并到接近律之中。

1865年,学者密尔（John Stuart Mill）提出联想四大主要原则:相似律、接近律、对比律和不可分律。联想是由当前感知事物回忆起有关事物,或由想起一事物的经验又想起另一事物的经验。[①] 同时,联想主义则成为概括全部心理学的一种有效的理论。英国的高尔顿（Francis Galton）于1879年也进行了联想实验,选择了75个单词,将每个词单独写在一张空白的卡片上,然后按顺序地拿起卡片,看着它们,为清单中的每个单词写下了反应词,但拒绝发表及通报实验结果,原因在于他认为"它们暴露出人类思想的精髓,具有如此惊人的独特性,以至于出版后就难以保存"。他发现,有四成的联想可追溯到学龄前、青少年时代。他的研究证实了儿童早期经验对成人人格的影响。在研究中,许多早已忘记的事件浮现到了意识层面,这使他对无意识思维过程产生了深刻的印象。他开始相信"大脑最完善的工作完全独立于意识"。他指出了无意识的重要意义。联想实验是高尔顿在处理实验材料时运用想象提出的一种实验方法。这里的联想包括任意和非任意的。弗洛伊德在无意识的重要性方面明显地受到了高尔顿有关这一研究的影响。[②]

19世纪80年代,英国出现了一股强大的反对联想主义的思潮。随后,格式塔心理学者主张研究人的高级心理过程应全面否定联想主义。显然,联想主义未能成为心理学的普遍公设。但多数学者认为,联想是一个重要且有效的原理,能用于解释通过累积经验进行学习的事例。言

[①] https://baike.baidu.com/item/%E5%9B%9B%E5%A4%A7%E8%81%94%E6%83%B3%E5%BE%8B/4693036.
[②] [美]舒尔茨:《现代心理学史》,叶浩生、杨文登译,中国轻工业出版社2014年版,第163页。

语联想是认知科学比较可靠、相对强大的手段。弗洛伊德（Freud）和他的追随者们认为，不经控制的联想是内部意识（通常是无意识的）内容的展现，甚至是直接的映射。不同类型的联想实验在心理学、病理学、法学、语言学中广泛应用。① 行为主义心理学主张与概念联想的学说相同，也遭到了同样的批评。美国随后占主流并至今流传的刺激—反应心理学情况也是如此。随着心理学实验的发展，联想亦会不断面临新挑战。之后很多年里，欧美心理语言学界一直忽视语言意识与联想的研究。

俄国科学家巴甫洛夫（Павлов И. П.）认为，自由联想是一事物不受限制的想象，利于人自由精神和创造性的培养。他将联想分成自由和不自由两种。自由联想有不连续和连续自由联想两种。前者指在规定条件下，主试呈现一个刺激时，只要求受试立即回答其第一个反应；后者的核心则是让被试不断地尽量多地联想下去。② 在进行自由联想时，被试可自由表达反应。词语联想实验形式展现事物间存在的相似性。他用纯客观的方法研究联想问题，指出可用非条件和条件反射解释一切行为。条件反射理论和许多同时发展起来的行为主义理论是一种有关行为的联想主义心理学。客观事物是相互联系的，联想反映了客观事物间的相互关系。联想是神经中已形成的暂时神经联系的复活。③ 俄国学者巴甫洛夫20世纪提出了联想的关系分类，包括原因与结果、部分与整体、类与种等主要关系，创立了高级神经活动规律学次等内在关系的联想。他认为心理学者所称的联想就是生理学者所称的暂时联系，想象人在头脑里对记忆表象并用条件反射学说解释联想规律进行分析综合加工改造而形的生理机制。行为主义受巴甫洛夫学说的影响，提倡以刺激—反应

---

① Миронова Н. И. Ассоциативный эксперимент：методы анализа данных и анализ на основе универсальной схемы［J］. Вопросы психолингвистики，2011（5）：108.
② http：//mprj. ru/archiv_ global/2012_ 6_ 17/nomer/nomer21. php.
③ 钟百超：《论常规关系系统的构成与作用》，《外语学刊》1995年第4期。

第六章　核心术语"语言意识"的术语学阐释

这种新的形式代替联想。①

苏联心理学家哥洛万和斯塔林在本国较早地开展联想实验。他们提出，任何两个概念都可从不同阶段的概念建立起联想的联系，如："铁皮"和"篮球"是两个离得很远的概念，但只要经过中间联想，就可把二者联系起来，如：木质—树林—田野—足球场—足球。② 研究表明：每个词平均可同将近 10 个词发生直接联想。依此类推，经过不同的联系，发生联想的词语可达百个。经过中间联系，发生联系的词语可达一千个或万个，使两个毫无关系的概念都会发生自然联系。③

联想主义（associationism）是以观念或其他心理要素的联想来阐释心理或行为的一个基本理论原则和取向。其要义为：（1）一切心理现象均可用联想来说明。（2）以简单的心理观念的联合过程来解释复杂的心理行为。（3）联想过程遵循一定的规律，即联想律。联想主义有广义与狭义之分。狭义专指近代哲学心理学中经验论联想主义的理论形态。它可追溯于古希腊，柏拉图的回忆说便涉及了联想的形式，亚里士多德还区分出了相似、对比、接近三种联想。17—19 世纪联想主义兴盛于英国，霍布斯（Hobbes T.）是近代联想主义的先驱，开始用联想原则解释心理现象。作为联想主义的开创者洛克（Locke J.）首次提出"观念联想"的概念。到了 18 世纪休谟（Hume D.）进一步探讨联想形成的机制和法则。哈特莱（Hartley D.）以神经振动说为基础建立了一套较完整的联想主义心理学体系。穆勒父子又各自强化了力学观和化学观的联想主义理论。经由布朗区分出了联想的主律和副律。19 世纪联想主义最重要的代表培因（Bain A.）则是经验联想主义向进化联想主义转化的中介。古典联想主义坚持以经验事实的联结说明心理现象比纯粹灵魂思辨的官能心理学是一大进步，并探讨联想的种类、机制和规

---

① Емалетдинов Б. М. ВклАд И. П. Павлова В Развитие Психологии [J]. Вестник Башкирского университета，2009（4）：1593-1594.
② 楼金珍：《作文教学中的创新思维》，《语文教学与研究》2006 年第 1 期。
③ 李靖丝：《中学生认知训练》，吉林人民出版社 2012 年版，第 83 页。

律，在现代科学心理学的形成和发展上具有一定的影响。但尚缺乏实证的研究，存在机械决定论的倾向。而其广义上泛指现代科学心理学中联想主义取向。英国斯宾塞（Spencer H.）最早将进化论引入心理学，将研究重心由机器结构的有机体转移到有机体同环境的适应关系，建立进化联想主义。基于生理学的科学实验的联想主义的巴甫洛夫条件反射学说。现代科学联想主义的主要代表为 H. 艾宾浩斯、G. E. 缪勒等人，开展了大量有关无意义识记的联想形成的实验研究。20 世纪初桑代克建立了联结主义心理学，将传统的观念联合转变成刺激和反应的联结，进而导致行为主义的产生。现代联想主义虽然仍有机械论的倾向，但因与科学相结合，并建立在科学实验的基础上，故比古典联想主义有较大的科学价值，推动了现代科学心理学的发展。20 世纪 80 年代以来，网络取向的联结主义又取代符号取向的认知主义，成为现代认知心理学新的理论模式。联想主义虽受过严厉挑战如格式塔心理学派就曾予以摒弃，但它仍是一项悠久的研究心理学的原则。①

  语言学家波铁布尼亚（Потебня А. А.）认识到了联想在认知中的重要作用，指出不停的认识可以同时被感知，不会失去其完整性，不同的两种认识也可以融合在一起。在心理联结和联想基础上，语言在人类认知新知识、认识世界的过程中发挥着不可替代的作用，它能够表征客体，称名事物。② 联想是两个或两个以上的心理反应（感觉、活动、知觉、概念等）之间在一定条件下产生的联系，是由一事物或现象想到另一事物或现象的心理过程。从心理学角度看，联想既是一种思维方式，也是一种思维过程，是从一个认知域到另一个认知域的映射。联想是人类普遍存在的心理作用机制，就一般作用规律来讲，对同一事物的联想得到的结果应该是相同的。

  联想实验是为了了解受试者的联想系列，构建和分析词汇间的关联

---

① 车文博：《心理咨询大百科全书》，浙江科学技术出版社 2001 年版，第 34 页。
② Потебня А. А. Мысль и язык [M]. Киев：СИНТО，1993：77.

和关系，支撑联想词典的编纂。概念联想也会涉猎联想的多样性问题以及联想反应所需的时间问题。在行为主义理论中，联想占据核心地位，人类行为在行为主义理论中都可找到解释，特定刺激必须和反应联想结合起来，且人的联想能力是与生俱来的。在认知心理学里"刺激—反应"的环节可以确立联想进程与感应、指称过程与因果链条等过程的相互关系。联想是很多认知网运行的基础，从本质上来看，它是不同类型联想构成的单位链。联想是确立长时记忆（联想结构）的重要概念。联想对儿童认知发展有重要意义。范畴化在认知活动中是最重要的心智操作，决定了事物发展所需的努力。联想已成为认知语言学的基本原理，与回忆、记忆问题相关。联想是在回忆过去的事件或经验时，对这些事件有关系的事件和经验的回忆与思考。后来，这个术语的应用范围逐步扩大，还一度用来概括除原始感觉外的一切心理活动。

奥斯古德认为，联想可以从发音（созвучие）和意义（значение）两个层面展开，其中语义特征起到决定性作用。米勒从展现语义特征和参数的角度将"联想"分成 8 类：（1）对立（контраст）（мужчина—женщина）；（2）相似（сходство）（скорый—быстрый）；（3）从属（подчинение）（животное—собака）；（4）并行（соподчинение）（собака—кошка）；（5）概括（обобщение）（огурец—овощ）；（6）和音（ассонанс）（рот—крот）；（7）部分整体（часть—целое）（день—неделя）；（8）补充（дополнение）（вперед—марш）等。

欧美的联想理论对俄罗斯影响很大，克利梅恩科（Клименко А. П.）支持奥斯古德的观点，将其分为：（1）语音联想（фонетические ассоциации），依据刺激词和反应词的语音特点，弱表示或者不表达联想的语义基础（семантическое обоснование ассоциации）（如день—тень, лён—клён）；（2）构词联想（словообразовательные ассоциации），基于刺激词和联想词的构词基础，不明确表达各个词的语义关系（жёлтый—желтуха, жёлтый—жёлчь）；（3）聚合联想（парадигматические ассоциации），不唯语义关系但具备一点语义特征（如

стол—стул, высокий—низкий, достать—купить）；（4）组合联想（синтагматические ассоциации），一般刺激词和反应词间有一定的语义关系（небо—голубое, женщина—красивая, достать—билет, высокий—мужчина）；（5）主题联想（тематические ассоциации），依托主题相关进行联想（соль—земли, темно—ночь）；（6）索引联想（цитатные ассоциации）：старик—море, белый—пароход, дядя—Стёпа；（7）语法联想（грамматические ассоциации）：стол—стола, бежать—бегать 等。

俄罗斯心理语言学界还有一种知觉联想，是一种有效的概念理解和感知方式。可以通过设计特定问题的方式呈现，通过设计问题来获取受试的材料。

问题可以列出表格也可以直接提出，一般以如下问题形式开展。

（1）Что вы понимаете под…；

（2）Дайте свое определение…；

（3）Подберите синонимы к…；

（4）Выберите подходящие синонимы…；

（5）Выберите правильное, на ваш взгляд, определение…；

（6）Назовите противоположное понятие …；

（7）Выберите противоположное понятие…

（8）Это хорошо или плохо? и т. д..

也可以提供固定词汇给对方联想空间

（1）Закон-это…；

（2）Собака-это…；

（3）Счастье-это… и под.

Е. И. Грищук 在阐释概念 бдительность 的时候，给受试提出如下问题。

Бдительность-это…

（1）объяснить значение слова "бдительность" человеку, который его в первый раз слышит（иностранцу）；

（2）описать зрительный образ, который вызывает слово；

（3）назвать слово, близкое по значению；

（4）назвать слово, противоположное по значению.

然后主试根据概念的清晰度排序来确定意识中最重要的要素。他选取 50 个受试来分析主观释义。得出的概念有以下表达形式：внимательность（认真）；осторожность（小心）；внимание к происходящим событиям（对过往事件的关注）；настороженность（警觉性）；наблюдательность（观察力）；подозрительность（疑心）；чрезмерная мнительность（多疑）；зоркость（视觉敏锐）；сосредоточенность（集中）；собранность（精力集中）；умение быть начеку（警惕）；всегда наготове（时刻准备）；думать, что говорить（想说什么）；трезвый ум（清醒的头脑）；ответственное отношение（负责的态度）；поступать правильно（正确做事）。

词汇联想可以直观展示人脑中某一概念的联想，外化受试的语言意识。这种方法是联想的变体，可以获得某一概念理解和被阐释的信息，也被称为主观阐释法。实验结果具有概括性，研究者可以获得一系列认知特征，在语言承载者意识中依据清晰度有序排列。

二 联想实验的类型

20 世纪末，自由联想实验的方法体系已经形成。主试呈现一些简单的极值控制和条件，要求被试尽快地在头脑中浮现词或事实。联想实验现在是俄罗斯认知语言学的一个核心话题、核心术语，即给受试或某语言承载者一个刺激词并提出要求，让对方将最先涌入脑中的词汇表达出来。

苏联—俄罗斯认知学界比较倾向将联想实验归入自由检测实验（свободный контролируемый эксперимент）类别内。该实验的进行要设定的刺激词仅为一个，这被称为经典方案，也可设定反应词若干，这被称为链式联想（цепочки ассоциация）或持续联想（продолжающая ассоциация）。监测型联想实验指的是给受试提供的问题答案是有限制的，如反义词、同义词或者处于其他组合关系框架内。联想实验最大的特点是可以提供组织心理词汇质和量层面的监测。每个刺激词均可以在成分、数量、频率和顺序上引发不同的反应。

克留齐科娃（Крючкова Н. В.）指出，描写概念必须依靠概念在语言词汇语义系统中的共时描写，辅之以联想实验的结果来分析，研究体现概念的词汇的话语功能。① 俄罗斯认知学界先后出版了标准俄语联想词典、多语对比、教学等类型的联想词典。分析联想场时，我们可以在词汇的结构中看到其相关刺激词的语义关系（семантическая корреляция），还有可能看到一些特殊词汇的体系关系，如刺激词 осел 的联想词为 глупость，而 лететь 的联想词为 быстро。这种刺激—反应的模式被称为联想。这种类型关系建立在信息联想基础上。联想是个人对共同文化的认识和对词汇所指的自身表征，也称为个体联想（индивидуальная ассоциация）。在说某种语言的人身上词的联想场可能是基于受试的生活经验，其语义关系与周围人相关，才能解释通某些词汇的联想关系。② 这种联想关系是词汇单位语用层面意义的一种，是文化语言单位对被称谓事物的特定主观态度，这种主观态度具有评价性质和思辨性质，统称为联想信息。③

联想信息是主观的，就不能完全从本质上触及词汇单位所指事物的本质属性，但其主要认知特征能够得到充分体现。如 медведь 的联想信息涉及"熊"的行动笨拙的属性，осел 的联想信息涉及驴子的执拗、愚蠢属性。немец 涉及"德国人"，一般指其认真到一丝不苟程度的属

---

① Крючкова Н. В. Лингвокультурное варьирование концептов [M]. Саратов：Научная книга，2005：23.

② Кобозева И. М. Лингвистическая семантика [M]. М.：Изд. стереотип，2014：111-112.

③ 张家骅：《新时代俄语通论》（上），商务印书馆2006年版，第39页。

性，начальник 涉及"首长"的摆架子属性，ветер 有"风"的快速、无常的属性，мастер 的联想信息是大师都 на все руки（样样精通），положение 联想到艰难（трудное），свет 联想到都很鲜亮（яркий）等。这些属性不全是相关事物的客观本质属性，不参与构成事物的概念意义，是词汇的边缘信息，但与词汇单位的联系却具有恒常的性质。词典应将理想的详解纳进词汇单位的释义中。联想信息与概念意义不同，反映的不是事物本身的属性，而是对待它们的态度，属于语用意义层面；另一方面又不同于其他语用信息，表达的不是说话人作为个人的主观态度，而是作为语言文化共同体代表的主观态度。

俄罗斯学界将联想实验分成三类：自由联想实验、定向联想实验、链式联想实验。在分析联想实验的反应词时，主要是聚合联想和组合联想。对联想进行分类会考虑成对的刺激—反应关系。为了进行大规模实验，首先对受试者进行集中指导和引导。之后，分发包含刺激词列表的问卷，进行实验。受试者看到问卷刺激词后，利用较短时间写出第一个涌入脑海中的反应词。而后，收集受试者填写的问卷。通常情况下，会发给每个受试 100 个单词，要求在 7—10 分钟内回答完毕。通常由实验者朗读刺激词。

瓦列里耶夫娜（Валерьевна М. В.）认为，联想实验是专门研究语言意识的技术，能描写语言符号在意识中的体现形式。[①] 在言语交际中，它可帮助形成正确情景和选择正确情景。它在不同语种和同一语种中揭示词汇、搭配以及更加复杂的语言结构，发掘语言成分的形式和意义。联想实验通过许多实验者根据刺激词产生联想词的数量来分析民族语言意识核心词的情况，也可以对多语者、双语者、单语者进行自由联想实验。跨语言对比实验揭示了不同民族语言文化发展趋势及其特点，

---

① Валерьевнва М. В. Ассоциативное поле ценности толерантность как один из инструментов описания образа сознания носителей русского языка ［J］. Вопросы психолингвистики，2017（3）：174.

揭示民族意识的特点。①

作为概念联想场形成的重要方法，自由联想实验可以有效分析概念内容，展现概念的认知特征。自由联想实验有两种形式：一是不连续自由联想或原发性自由联想，即主试呈现刺激后，要求被试以头脑中浮现的第一个词作出反应；二是连续自由联想或继发性自由联想，即以刺激词的反应词作为新的刺激，不断地联想下去。根据受试自由联想的反应时间、同类联想重复次数、反应词特质，心理学工作者可分析出受试的心理状态并作出相关回应。

联想实验一般分析人的语言意识和特定词汇的心理语言意义，多为联想实验中第一个反应词。作为一种心理表现形式，语言联想揭示了生理、心理上对应建立的时间联系。它将现有语言系统的存在作为心理、生理活动的产物，力图解决该系统的形成过程及其形成机理问题。同时，联想实验使人表征整个语言系统结构时，能顺利揭示其语言意识的民族特点和该人群的心理发展历史。因此，认知语言学研究者认为，将语言实验中获得数据与语言联系纳入心理学、生理学研究中，并将其结合起来，这可解决语言意识的本质问题，是研究意识和语言关系的有趣且非常规的方法。个体言语发育的语言意识研究主要关注语音发展的早期阶段。

语言意识是人的重要心理功能，突出了人的心理状态和意识载体使用语言时的状态，突出了言语活动各要素的心理和语言特点。语言意识作为术语，具有很宽泛的指称场，包含了动态和结构两方面要素，一是揭示了人言语形式的意识状态、意识对语言的影响；二是语言要素产生人心理检验的结构特点。语言意识研究不可完全割裂语言和言语。语言意识充满了科学思维，是因为心理与物质间存在联系。语言意识发展、丰富了言语和语言现象的知识和心理意识现象的知识。

联想实验也可以用于测量被试的智力水平、情绪状态，在侦破工作

---

① 赵秋野：《语言意识核心词研究综述》，《解放军外国语学院学报》2008 年第 1 期。

中亦作为一种辅助手段。① 联想实验研究主要分为 3 类：（1）直接联想。按如 А、Б、В、Г 的联想设计顺序来逐一进行，只要想起 А 接着 Б、В、Г……就按顺序重现。（2）间接联想。项目间形成间接联结。（3）反向联想，联想不仅可以按顺序，也可以相反，即按倒转过来的次序进行联想。这种联想要经过认真的研究，不像顺序联想那样能自然产生事物联想。它的目的是筛选出认识方向、角度，进行采用解决这一问题相关的内容，可以扩大思维量，帮助正确认识和解决问题，加深对相关知识的本质的认识。这是从已知发现未知，发现新知识和经验，识记和恢复事物，建构新理论、新概念。它有利于构建发散思维，培养意识的活跃性，使知识经验得以再现。

俄罗斯语言意识联想研究成果颇多。扎列夫斯卡娅是利用联想实验研究词汇意义的先行者之一，她指出，联想实验可以用于实现很多科学研究的目标，通过个体认知和经验研究人的心理词汇，建构符号体系模型，展现人心理肖像都可通过该实验进行。② 俄罗斯科学院语言研究所心理语言学研究室 2006 年创立《心理语言学问题》杂志，其中有大量文章对语言意识实证研究进行了描写。

乌费姆采娃对俄罗斯及其他几个国家的几个重要民族的语言意识进行了长期的跟踪对比研究，从文化视角使用联想实验来提取语言意识的核心词（ядро языкового сознания）。她通过研究联想实验揭示文化载体脑中具有的世界形象，展现出定量的俄罗斯语言意识核心词。语言意识理论成功运用于心理实验，具有极强的可操作性，所蕴含的语言学价值是巨大的。近些年来，俄罗斯心理语言学的语言意识理论已经转向对其核心词的实验研究，而且更加注重不同民族的对比研究。俄罗斯学者分析了斯拉夫人、英国人、西班牙人等语言意识核心词的内容和结构的

---

① 车文博：《心理咨询大百科全书》，浙江科学技术出版社 2001 年版，第 101 页。
② Залевская А. А. Индивидуальное знание：Специфика и принципы функционирования [M]．Тверь：Тверской гос. Университет, 1992：135.

异同点，反映了客观世界和文化对人思维、语言、意识的影响。① 在二十多年间，他所利用实验的数据出版了多部联想词典。伽尔巴尔（Гарбар И. Л.）指出，语言意识研究是当下莫斯科心理语言学派的优先活动领域之一，基于将语言意识理解为特定文化世界的语言介导图像。语言意识是一组关于文化载体的知觉、概念和程序知识现实世界的对象。意识通过语言手段外化。在这种情况下，分析要素变成了意识的形象，作为客观现实的一种反映形式，特别是通过联想领域和联想词库作为这些场域来外化。②

别斯科罗瓦伊娜娅（Бескоровайная И. Г.）在 2004 年发表的《联想实验——语言意识片段重构的一种方式》一文中详细地介绍了联想实验，证明了联想实验对语言意识建构具有重要意义。米罗诺娃（Миронова Н. И.）刊文《希腊语演讲文本中联想场的特点》，文中分析了希腊演讲话语中的联想场，介绍了演讲话语核心词联想场的特点。此后，米罗诺娃发表了《联想场的语义分析》一文，阐介分析了联想场的语义结构。在联想实验中，语言意识的外化可以帮助分析个体的世界图景。实验提出了一种对联想分类的特定方法，其方法论基础是意识结构的某种普遍观念，有助于识别心理意象的语言表达方式之间的形式的、表面的联系，对识别这些心理意象的内容有效果。

叶弗谢耶娃（Евсеева О. В.）通过对母语者为英语、法语和俄语的被试进行自由联想实验，在联想实验得出的联想模型材料的基础上，对英语、法语和俄语人群文化的语言意识特性进行分析研究，对不同语言承载者间的语言意识异同进行了阐述。尼斯特拉托夫（Нистратов А. А.）2016 年撰文《联想结构和语义场范畴研究》，阐述了联想场结构与联想场中的语义关系范畴。科斯京斯卡娅（Костинская О. С.）分

---

① 赵秋野：《语言意识核心词研究综述》，《解放军外国语学院学报》2008 年第 1 期。
② Гарбар И. Л. Экспериментальное исследование языкового сознания: методология анализа ассоциативных полейВестник ВГУ. Серия: лингвистика и межкультурная коммуникация. 2009. (2): 43.

析了日语时间概念的联想场。索宁（Сонин А. Г.）、马赫宁（Махнин П. Н.）对受众为18—30岁的26人（13名男性、13名女性）进行自由联想实验，得到232组反应词，对有图形和文本的广告感知实验进行分析，为词汇感知分析提供了有益借鉴。俄罗斯学者米罗诺娃认为："联想实验是个体观察的最佳方法，是研究记忆系统，诊断言语心理、病理变化的最佳方案，是法庭审讯犯人、探测其言语真假度的可行手段。"①

学者们普遍认为，联想实验是研究词汇使用意义的有效方法，实验可以构建人的社会和个体知识体系，对构建联想场作用明显，是在认知话语范式下研究词汇的典型范例。总体看来，俄罗斯语言意识的阐述比较全面，分析了术语内涵，明晰了理论基础，指出了民族文化特点。

三 联想词典

俄罗斯的联想实验研究表明利用联想理论编撰联想词典、民族联想语汇等是可行的，对构建词汇联想口头网络，提高语言能力有较大作用，为话语和词汇研究提供了新的视角。俄罗斯自20世纪70年代起先后出版多部联想词典，这些词典均以联想实验为基础，是对大量自由联想实验的刺激词进行统计加工得出的。词典的刺激词选取数量很大，保证了联想的可信度和有效性。这些数据反映了俄罗斯人语言意识中对刺激词引发反应词的变化。受试一般都是以俄语为母语的处于1—4年级的大学生，年龄一般在17—25岁。因为，大学生受过高等教育，是国家的未来，他们联想测出的实验材料从某种程度来看反映了俄罗斯民族个体意识的发展趋势。近年来，列昂季耶夫、卡拉乌洛夫、切尔卡索娃和乌费姆采娃等俄罗斯学者将语言意识理论与实证研究相结合，运用自由联想实验的方法对不同国家、地区、民族的人进行言语自由联想实

---

① Миронова Н. И. Ассоциативный эксперимент: методы анализа данных и анализ на основе универсальной схемы [J]. Вопросы психолингвистики, 2011 (5): 108.

验，并且将实验结果词典化。

1973 年列昂季耶夫就编辑出版了《俄语联想标准词典》，为以后联想词典的编纂提供了借鉴。作者设计刺激词 196 个，词典分成两部分，正推联想和倒推联想，属于单语文化共性表达的义类词典。该词典为后来俄罗斯认知学界联想词典的编纂提供了借鉴范本。

表 6-1　　　　　　　　俄语语言意识核心问题

刺激词	不同反应词	反应词综合	一致反应词
бабушка 奶奶	124	622	93
бежать 跑	179	709	90
белый 白色的	126	695	62
билет 门票	124	620	73
большой 大的	78	216	52
бумага 纸	147	699	69
вернуться 返回	144	623	103
взять 拿	84	215	56
видеть 看见	88	226	60
вода 水	65	213	35
военный 战争的	170	700	97
война 战争	82	205	57
войти 进入	102	730	50
впечатление 印象	184	737	99
время 时间	79	199	39
вспоминать 回忆	183	686	97
встретить 遇见、迎接	146	666	73
встреча 见面	205	708	112
входить 进入	173	687	78

续表

刺激词	不同反应词	反应词综合	一致反应词
газета 报纸	144	725	74
глаз 眼睛	75	226	41
говорить 说	96	209	59
год 年	61	192	33
голова 脑	82	223	52
голос 声音	170	773	69
город 城市	75	235	47
гость 客人	140	695	63
группа 班级	170	613	104
гулять 散步	132	582	66
давать 给（未）	65	198	43
дать 完	79	194	58
девочка 女孩	135	601	84
делать 做	94	216	62
дело 事情	83	182	57
день 白天	65	242	43
деревня 乡村	189	709	99
детский 儿童的	121	795	63
добрый 善良的	107	569	67
договориться 谈妥	179	589	125
дом 房子	88	209	59
дорогой 亲爱的	97	625	65
достать 弄到	165	584	98
дочь 女儿	153	683	88
друг 朋友	57	209	38
думать 思考	89	180	66

续表

刺激词	不同反应词	反应词综合	一致反应词
дядя 叔叔	131	694	75
есть 是	165	608	101
ехать 去	86	203	56
желать 祝愿	125	678	64
жизнь 生活	84	201	48
жить 生活	83	201	55
журнал 杂志	159	698	77
занятие 课程	241	732	129
записать 记录	183	755	78
звонить 打电话	150	617	95
здоровье 健康	102	667	43
земля 地球	156	725	75
знакомый 熟悉的	126	619	83
знать 知道	88	225	64
идти 步行	70	218	39
интересный 有趣的	132	619	79
искать 找寻	181	581	112
история 历史	131	611	47
картина 图片	110	612	33
километр 千米	147	689	74
кино 电影	170	596	116
книжка 图书	185	608	114
комната 房间	81	231	50
кончать 结束	144	576	96
кончиться 终止	170	625	76
кричать 喊叫	141	699	80

续表

刺激词	不同反应词	反应词综合	一致反应词
курс 课程	147	594	95
лес 森林	155	758	75
литература 文学	150	730	83
любить 爱（动）	87	208	54
любовь 爱（名词）	94	197	59
люди 人们	92	217	65
мастер 大师	101	620	51
мать 母亲	122	647	77
место 位置	115	209	70
милый 亲爱的	79	761	44
мнение 观点	104	535	38
молодой 年轻的	66	213	43
надеяться 希望	139	702	72
найти 找到	81	199	54
народ 民众	75	202	54
настоящий 现在的	106	758	64
начало 开始	106	609	68
начальник 领导	136	701	55
начать 开始	129	610	84
небольшой 不大的	141	578	91
новый 新的	59	222	39
обещать 允诺	177	550	109
оказаться 证明是（完）	205	561	140
оказываться 证明是（未）	213	639	121
определенный 特定的	183	803	90
оставаться 是	187	589	119

227

续表

刺激词	不同反应词	反应词综合	一致反应词
ответить 回答（完）	180	701	93
отвечать 回答（未）	80	184	52
отец 父亲	74	216	51
папа 爸爸	137	675	77
передавать 教	164	686	79
передать 转达	165	577	98
петь 唱歌	139	660	70
писать 写	70	217	41
пить 喝	95	614	62
плохой 不好的	118	609	78
площадь 广场	106	761	39
повод 理由	154	699	65
подойти 走近	174	597	110
пойти 去	72	198	46
покупать 买	155	601	97
полный 满的	161	599	92
положение 位置	149	579	76
положить 放	116	683	52
помогать 帮助（动）	177	594	109
помощь 帮助（名）	187	648	92
понимать 理解	94	190	64
послушать 听一听	134	696	77
поступить 到达	96	790	51
потерять 失去	131	668	62
появиться 出现	187	675	107
право 权力	161	721	86

第六章 核心术语"语言意识"的术语学阐释

续表

刺激词	不同反应词	反应词综合	一致反应词
праздник 节日	148	613	84
прекрасный 美好的	147	730	68
прийти 来到	87	235	61
прислать 发送	85	738	50
приходиться 不得不	189	505	120
провести 度过	169	740	85
производство 生产	215	643	108
простить 原谅	135	582	47
простой 简单的	148	671	82
работа 工作（名词）	77	208	42
работать 工作（动）	87	213	51
рабочий 工人	87	226	53
разговор 对话	207	609	121
район 区域	180	580	122
ребенок 孩子	149	616	100
результат 结果	164	689	90
рука 手	67	195	43
русский 俄罗斯的	72	232	43
садиться 坐	128	747	57
свет 阳光	72	202	46
свободный 自由的	154	709	90
связь 联系	209	708	105
сдавать 提交	100	625	57
сделать 做	115	200	84
сесть 坐	101	768	50
сидеть 坐	73	232	41

续表

刺激词	不同反应词	反应词综合	一致反应词
сила 力量	82	191	54
сильный 强的	92	674	39
сказать 说	92	223	58
слава 荣耀	238	813	140
следовать 跟随	141	707	59
слово 词语	86	197	56
слышать 听	128	623	77
смотреть 看	74	244	47
смысл 含义	164	600	94
советский 苏联的	73	226	48
спросить 问	84	214	58
становиться 变成	181	707	99
стараться 努力	180	679	101
старый 老的	146	706	83
стол 桌子	67	233	42
сторона 方向	67	188	46
стоять 站着	75	187	54
студент 学生	193	658	105
суббота 周六	137	610	85
существовать 存在	181	618	111
счет 账户	209	684	104
темный 黑暗的	92	611	51
течение 流	109	773	58
товарищ 同志	50	212	31
точка 点	104	703	65
труд 劳动	97	166	78

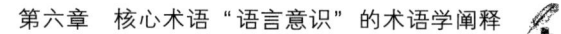

续表

刺激词	不同反应词	反应词综合	一致反应词
тяжелый 沉重的	95	722	47
увидеть 看见	113	185	90
угол 角落	148	702	79
уезжать 离开（未）	140	688	82
уехать 离开（完）	159	620	104
уметь 能够	132	585	88
упасть 摔倒	172	710	79
успеть 成功	157	714	66
утро 早晨	120	613	72
учительница 女教师	139	730	64
учить 学、背、记	157	734	63
учиться 学习	75	219	44
фамилия 姓名	138	696	75
форма 形状	124	714	55
хлеб 面包	99	635	46
хороший 好的	67	239	40
час 时	64	184	40
человек 人	109	214	79
чистый 干净的	182	684	107
школа 学校	87	208	53
экзамен 考试	177	625	99

在列昂季耶夫的研究基础上，乌费姆采娃等人主编了《斯拉夫语联想词典》。该词典是《俄语联想标准词典》的继续，以112对等值的刺

激词为材料，在母语者为白俄罗斯人、保加利亚人、俄罗斯人和乌克兰人中以书面问卷的方式进行大众联想实验。它由两部分组成，正推和倒推词典，给出了说话人使用语言中的词汇搭配，其中可以看到典型、常用词组，了解四个斯拉夫民族的语言世界图景。词典深入四个斯拉夫民族语言承载者的社会历史记忆和意识当中，从某种程度看，观察到他们语言意识的异同。这本词典为语言学，尤其是心理语言学、民族语言学和社会语言学引入一种新的科学研究尝试，可以重新审视四个亲缘斯拉夫民族共生基础上民族世界图景的共性与不同。①

两卷本《俄语联想词典》、由卡拉乌洛夫等编写，第一卷由刺激到联想，收录 7000 个刺激词，共 784 页；第二卷共 992 页，收录反应词 100000 余条。下面以概念 друг 的释义为例，括号内为其所占联想场反应词的比率：верный 69；враг 47；детства 33；мой 28；товарищ 27；лучший 20；собака 17；близкий，хороший 16；милый 12；брат，подруга 10；единственный，надежный，настоящий，недруг 9；закадычный 8；детство，человека 5；круг，любимый，приятель，семьи，сердечный，старый，хорошо，человек 4；большой，вдруг，верность，жизни，преданный 3；дорогой，дружба，и враг，любовь，на всю жизнь，навеки，навсегда，нет，по несчастью，рядом，товарищ и брат，ушел 2；反应词个数为 1 的占比 3%，此处不做列举。这组数据展现了俄罗斯人语言意识中朋友的形象，分析了俄罗斯民族核心概念中"朋友"所占据的重要地位，构建了俄罗斯人语言意识中该词的联想言语网。

整本词典都是以这样的模式对概念进行研究的，可以看出，这本词典反映了俄罗斯人语言意识在 30 年间的联想语言模型变化，对 20 世纪末至 21 世纪初俄罗斯人语言意识进行了动态的科学研究，研究了俄罗

---

① Гольдин В. Е. К типологии ассоциативных словарей русского языка ［J］. Вопросы психолингвистики，2008（3）：118.

斯人的"语言和智力肖像"及俄罗斯人世界观的演变。正如卡拉乌洛夫所说:"联想词典"是处在成为言语的预备状态中的语言（язык в его предречевой готовности），反映了通过直接观察而获得的珍贵的、隐藏的东西，是语言承载者记忆中储存语言的方式，解开了人语言能力的神秘面纱。①

古茨（Гуц Е. Н.）编撰了《未成年人联想词典》，受试为15—17岁青少年，刺激词是265个，是单语词典。别列斯聂娃（Береснева Н. И.）、杜博罗夫斯卡娅（Дубровская Л. А.）和奥弗齐尼科娃编撰的《儿童联想词典》，受试为6—10岁儿童，刺激词为70个，是单语词典。索科洛娃（Соколова Т. В.）编撰的《幼儿联想词典》，受试为3—6岁儿童，刺激词18个，也是单语词典。俄罗斯学界的联想词典对语言个性进行了深入探讨，研究各年龄的语言意识和联想场。此外，学者们还编撰了俄罗斯民族同西班牙、英国、美国、吉尔吉斯、哈萨克、乌兹别克等民族的对比联想词典。俄语对比联想研究也出现了多语种发展的趋势，2000年桑切斯·普依格（М. Санчес Пуиг）主编出版了《西班牙语和俄语标准联想词典》，该词典共分为《西班牙语联想词典》和《俄语联想词典》两部分，呈现的是日常西班牙语和俄语词汇联想实验结果。2014年，切尔卡索娃和乌费姆采娃编纂了《俄语区域联想词典》，是俄罗斯科学院语言研究的最新版联想词典，设计常用刺激词1000个，分成正推和倒推两部分，展现了当代俄罗斯各联邦主体的语言意识，对研究词汇联想网、构建联想场展现俄罗斯民族的人生观和价值观意义重大。这些辞书为分析不同国家民族的语言意识提供了详尽的语料。

在语言意识框架下，苏俄心理语言学者进行了大量自由联想实验，其数据分析结果主要服务于辞书编撰研究。联想词典的编撰都是建立在人意识单位与心理表征的关系基础之上的，感知形象、表征、概念、情

---

① Караулов Ю. Н., Черкасова Г. А, Уфимцева Н. В., Сорокин Ю. А., Тарасов Е. Ф. Русский ассоциативный словарь: в 2 т. ［Z］. М.: АСТ-Астрель, 2002: 191.

绪及感觉等均可作为意识单位，联想词典编撰一般依托自由联想实验获得的数据。语言意识研究最重要的成果就是系列辞书的编撰工作。俄罗斯自20世纪70年代起先后出版多部联想词典，如《俄语联想标准词词典》《俄语联想词典》等。这些词典均以联想实验为基础，对大量自由联想实验的刺激词进行统计加工得出。词典的刺激词选取数量很大，保证了联想的可信度和有效性。

联想词典是利用行为主义理论研究词汇的实证，利用联想实验获得的语料反映了民族语言意识的动态发展过程。这种词典是描写词典，是语言承载者口头记忆和语言意识模式的直观反映。利用这种词典可以掌握平均水平词汇的语言承载者的联想语料，是研究和习得语言的新方法，为分析民族和个体语言意识，促进语言教学提供了良好的词汇基础。词典词条的释义都是一个联想场，可以提供词汇的同义序列、反义序列、主题序列、句法搭配、词汇变化和构词多样性等形式。

第四节　概念联想场的建构

人意识中都有"联想场"，作为称名的组成部分和事物间彼此相互的联系而存在。大部分联想都以固定语言表达和现成套语为基础。联想场是分析语言意识的新形式，是一种实验性的人造物。概念联想的心理语言学分析在认知语言学中的重要性不可忽视。当然，各种联想词典包含了大量的概念特征信息。概念的语义内容往往是这一概念的具象成分，具有情感和评价性质的信息也有可能超出了字典解释的范围。但基于联想实验获得的刺激词联想场是种族群体世界形象的片段，反映在特定文化的"平均"持有者的意识中。语言意识承载者的动机和评价则能反映出其文化价值观。联想实验的目的是研究记忆、词汇、言语产生和感知，并研究不同语言使用者的语言意识的民族文化特征。联想场提供了一个富有成效、最好的方法来研究语言意识，可以把语言意识作为一个主观代表系统表达得淋漓尽致。联想场为跨文化研究提供了丰富语料，使人能够识别既有自由联想的普遍特征，且可以展现不同文化词语间联系的具体环节。

一 联想场的术语内涵

查尔斯·巴利（Charles bally）曾使用过"联想场"的概念，即与一个词有所关联的、能更详细地规定该词价值的体系，如"牛"一词的联想场有"公牛""母牛""牛犊""劳动""强壮""耐劳"等。实质上，它是围绕一个词展开的联想网络。所有词语都被联想的网络包围，依次和其他词产生联系，这种联想包括意义关系层面、形态层面和混合层面。科博泽娃（Кобозева И. М.）认为，在心理语言学实验中词汇间存在联想关系。给出一些刺激词后，受试展开联想，所得出的实验词群称为联想场（ассоциативное поле）。不同受试给出的联想场综合到一起具有很大程度的普遍性。① 戈罗什科（Горошко Е. И.）在《心理语言学：联想实验的研究方法》一文中，对联想场的定义如下：联想实验中，刺激词的所有反应词的集合叫作该词的联想场，并且指出联想场有中心（高频反应词）和边缘（低频反应词）之分。②

以联想场形式描写自由联想实验中人的言语行为结果是语言意识外化的主要途径。联想由刺激词的声音形式或书写形式产生，为表征由刺激词联想意识形式提供可能性。在联想实验中，对同一刺激词进行自由联想，具有不同民族文化的被试会形成各自联想场，蕴含着被试对本民族语言的语义结构、思维方式、认知模式等信息的掌握，通过对联想场的分析可以发现不同民族间语言意识的异同，从而对不同民族文化特点进行描写与探究。

刺激概念的联想—反应融合在一起，构成了该语言定型的联想场，

---

① Кобозева И. М. Лингвистическая семантика [M]. М.：Изд. стереотип，2014：111-112.

② Горошко Е. И. Интегративная модель свободного ассоциативного эксперимента [M]. Харьков，2001：8.

联想场是反映语言民族文化特色的一个重要方面。事实上，于不同民族而言，在联想刺激词和联想反应词间建立的联系不尽相同。不同民族在不同生活环境里建立了不同的文化体系，同一概念在不同的文化氛围下使用，会获得不同的联想意义，因此会激起不同的心理反应。联想意义涉及语言的内容层面，是词在语言中从能指向所指的延伸。它体现为词、比喻、成语以及某些句法模式等语言单位。句子和语篇所引发的联想也随处可见。①

联想场是概念的关系场，是词义与词义、主题与主题或者其他使人产生联想要素间的关系，构成了一种虚化、非物质的空间域。联想场是动态的，表现为词义与词义间的组合关系。在一个联想场内，所有词都相互联系。词义取决于这个场内与之相邻的各词的意义。联想场是语音、词汇、语法、主题和思维定式中有某种关联的词汇聚合体，形成相互联系、依存、制约的关系。聚合体中每个词都有共同要素，同时有区分性要素。共同要素使不同词能够聚合在一起，而区分性要素又使不同词能够相互区别。头脑中产生的联想意义可以运用场的理论原理，这与言语联想网络等理论有相似之处。一个刺激源引发的联想反应组成的聚合体就是联想场。一个联想场围绕特定刺激词而建，这个刺激源是场的内核，围绕内核形成系列联想意义，这些联想意义共同构成了特定联想场。

联想场各意义之间相对独立，没有直接联系，每个联想意义都与刺激源联系，刺激源与每个联想意义间呈放射状的指向联系，形成特定的联想常量，各联想意义围绕刺激源而形成聚合体。联想试验是俄罗斯认知语言学研究中一种新引入应用的方法，是为了研究语言在人认知机制中的应用。语言意识借助语言手段体现，包括词、词组、词的组合、句子、语篇等语言单位。由于限定了实验时间，刺激词激活的通常是受试认知基础上最常用、最重要的语言知识。这些知识通过联想实验被外化

---

① 宋洪英：《语言文化学视野下的定型研究》，河南大学出版社 2011 年版，第 113 页。

出来形成反应,也就是联想意义。联想意义揭示了具备相同社会特征的人在社会环境中普遍使用的某种语言表现形式,是人现实生活的经验在使用语言时联想思维和情感反应的结果。它体现了语言意义及社会文化的内在关系。

二 联想场的内部关系

联想场在语义上、主题上或其他意识关系上有联系。联想场不是单一的,可能是几个联想场联合起来,构成场内有场,场外有场的一种常态。联想场一般以与某概念有关的词语为中心,以此为起点会产生不断的联想,有文化差异。同一概念在不同语言里不一定是同一个词(等值词)。同样,同一个词不一定表达完全相等的概念。因此,某一语言文化的联想场与另一个语言文化所对应的联想场(假使都能对应)不一定在各个方面都对应等值。个中差异既是各个语言文化的魅力,又是跨文化交流和翻译存在的意义。[①]

语言具有系统性,所以,联想按照语符在音响形象和意义两方面表现出的相似性来进行。不过,联想还有第三个触发因素,就是语言符号的书写形式。可见,一个语符的声音、书写和意义均可引发联想,并构成不同联想场。每个场都是潜在词项的集合体,场中词项相互依存(词项间共同成分),也可能互相排斥(词项间不同成分,每次只能从联想场中选择一个成分,联想场内不同单元不能在同一组合段中共存)。这表明,大众文化系统与语言符号系统密不可分,但不完全相同。语言学理论运用于大众文化符号系统研究时应因地制宜。[②]

很多学者认为,联想场实际并未超出聚合和组合关系之外,对联想场的论述与研究主要还是围绕这两种关系展开。联想场的关系一般分为

---

① 侯国金:《语言学百问和硕博指南》,四川大学出版社 2009 年版,第 155 页。
② 司文会:《符号·文学·文化罗兰·巴尔特符号学思想研究》,中国书籍出版社 2016 年版,第 116 页。

组合和聚合两种。聚合关系分为上下义场、反义场、同义场等。

（1）上下义场。学科对研究对象的科学分类是一个严整的上下位关系的概念系统。上下位关系是上位概念与下位概念间的关系。上位概念指在同一范畴内内涵较少，外延较大，概括能力较强的概念，而内涵较多，外延较小，概括能力较弱的概念是下位概念。贾彦德认为，上下位关系是类与种之间的关系。① 上下位关系是指意义较概括的、抽象的、泛指的上位词或上义词与意义较具体的、具象的、专指的下义词之间的语义关系，而这种语义关系更多倾向于概念间的类义关系。它是词汇语义场多层级结构的框架。一系列表示不同概念的下位术语（гипонимы）从属于同一个表示属概念的上位术语（гипероним），如下位词云杉、红松、椴树是树的下位概念，同时树又是植物的下位概念。上下位词用来组成表达认知的重要方式，即下位词是某词的上位词。这种表达方式根据客观实际把个别同一般联系起来，让人认识个别事物属于哪类一般事物，个别在一般中又有自身的特点。如狗是嗅觉发达的哺乳动物。собака（狗）是下位词，животные（动物）是上位词。词汇能找到一定的上位词。上下位的类义关系有严格的限制，用来构成定义的类概念（上位概念）应该是被定位的种概念（下位概念）最接近的类，说明被定义概念的特征应是本质属性。上下位关系是类义关系的一个重要表现。对不同语言的上下位词进行比较就会观察出词汇的不同特点。毋庸置疑，上下位关系在词联想关系建构中有重要作用。

在分类场中，处于同一语义场的各词义都指同一类事物、运动或性状，一般是多层次的。在联想场中，上一层词义称为上位，下一层的词义称为下位，上下词义之间存在着领属关系。上位表示联想场的领域，下位表示该领域中的分类，处于中间层次的词义，既是其上位的分类，又是其下位的领域，如阐释汽车的联想场可能由车头、车身、车轮、驱

---

① 贾彦德：《汉语语义学》，北京大学出版社1999年版。

动、底盘、车尾等构成。

（2）反义场。一般是指词汇或术语所表达的概念意义在逻辑上处于两个极端对立的关系。语言单位间的反义关系是客观世界对立同义规律的反映。一组类义词项的意义之间包含相互对立的部分，构成的词项聚合就是对立语义场。① 对立关系是语言中表达对立意义的语言范畴。科学思维具有二元对立的特性，概念的产生总是成对的。构成词汇之间反义关系的逻辑基础是同义概念之下两个相反的中概念，这两个概念各居一端，相互对峙，又彼此依存。它们是同一属概念特征体现的两个相反方面。如扩展句和非扩展句，直接客体和间接客体等。反义关系的作用是表达事物、行为和性质的对立，当然也可以是表示同一事物不同关系的对立。尽管对立关系的争议一直存在，其在组织某一领域科学术语中的角色不容忽视。它是一种特殊场型。在反义场型中，词义之间存在着对立关系，例如硬软、开关、进退、生死、男女等。这种对立可表现在性质、状态、运动方向、运动结果、所处位置、所处时间等方面的义素对立。

（3）同义场。在同义场型中，词汇意义是相同的，只是附属于理性意义的风格、色彩等方面的义素不一样，如计算机与电脑，妻子、夫人、媳妇与老婆等。当前，对联想场研究表现出系统化、功能化趋势。联想场被置于聚合关系和组合关系的相互作用中进行。联想场是语言体系中有共同特点的亚位构成的聚合体，还是语言常用词汇搭配构成的集合。联想场有自身结构性特点，是运用了结构主义语言学理论的产物。同时，它强调语言因素的相互联系和影响，突破了传统语义学孤立的研究方法和研究范围，不再局限于研究一个词、一类词，而是力图描写出整个词汇系统，分析词汇间的结构关系。② 别里亚宁（Белянин В. П.）认为，联想实验能够建立词汇的语义结构，是研究语义场心理等值物的

---

① 周国光：《现代汉语词汇学导论》，广东高等教育出版社2015年版。
② 张媛媛等：《英语词汇教学与词汇学习研究》，中国商务出版社2018年版，第252页。

宝贵材料，客观揭示语言承载者的心理词汇语义关系。①如此一来，所获取反应词在汇总后，能形成某一语言文化受试的概念情景框架。描写概念可以使用自由联想实验获得的数据，因为这些参数可以说明概念联想场特征，能够把概念以场的形式展开。

三 联想场的研究现状

联想的心理语言研究在一般认知语言学探讨概念中具有重要意义。当然，各种词典来源包含大量表征概念语义内容的信息，但是，通常概念的隐喻要素、情感和评估性质的信息仍然在字典释义之外。它属于民族语言世界图景的部分，反映在文化承载者的意识里，在其动机、评价和文化定型里。联想实验的目的是研究语言的记忆、词汇、生成和感知，并研究不同语言使用者的语言意识的民族和文化特征。联想提供了一种富有成效的，也许是研究作为主观表征系统的语言意识的最佳方式。联想实验为跨文化研究提供了丰富的材料，使识别自由联想的"普遍"特征和不同文化中词语间关系的细节成为可能。

联想研究是苏俄言语活动理论研究的重要手段。② 场描写依靠科学数据，对展现概念结构和认知特征十分有效。③ 根据联想实验的结果，刺激词联想场是人言语记忆片段的呈现，也是民族文化语言承载者的世界形象的体现。由此，一些民族语言中的关键词汇就对研究十分重要。俄罗斯认知学界将其称为语言意识核心词。语言意识核心词由俄罗斯心理语言学家扎列夫斯卡娅于1981年提出，最初为内部词汇核心（ядро внутреннего лексикона），④ 用于解释词汇分类意义。语言单位有自身

---

① Белянин В. П. Психолингвистика［M］. Москва: Новый гуманитарный университет Натальи Нестеровой, 1999: 25.
② Леонтьев. А. Н. Деятельность. Сознание. Личность［M］. Москва: Издательство Политиздат, 1977: 10.
③ Стернин И. А. Когнитивная лингвистика［M］. М.: Восток-Запад, 2007: 150.
④ Бубнова. И. А., Зыкова И. В., Красных В. В., Уфимцева Н. В., Неопсихолингвистика и психолингвокультурология: новые науки о человеке говорящем［M］. М.: Гнозис, 2016: 40.

第六章 核心术语"语言意识"的术语学阐释

具体感官的意义，构成了使用语言单位的机制。语言意识核心词证明词汇间有着千丝万缕的联系。本书选取的俄罗斯科学院语言研究所乌费姆采娃等人建立的联想语料库中的数据，概念的排位是按照 21 世纪俄罗斯语言的最新研究做出的，提出的俄语语言核心词是最前沿的。

不同主体对某一刺激词重复的联想反应反映了客观地存在于主体脑中的词之间的联系，最常见的反应包括给定语言中词的主要含义。联想场的主要组成部分是联想核心、中心和外围，由层次、范式和组合相关的联想组成。联想场的核心是意义关联，即使这种联想被不同的受试重复两次也不是偶然的，通常将不太频繁的联想称为联想的外围区域。单个反应不应被忽视，因为它们中的大多数延续了中央联想区联想所概述的方向。对所有反应的全面描述是必要的，单个反应表明语言联想结构的细节。词汇联想是系统性的。这种一致性是基于许多语言承载者自觉使用的联想策略，包括在文本生成过程中。基于各种词汇联想的内部语义排序，词汇联想揭示了一些常体特征。在一个词汇——语法类别的刺激词——中识别出的联想场的结构具有统一性，是大量的母语联想的显著范围的重合。说话人联想中的类型具有相似性。俄罗斯科学院心理语言学研究所编写了三部大型联想词典，确立了俄罗斯人语言意识的核心概念词，如表 6-2 所示。

表 6-2 俄语语言意识核心概念排列

词典	俄语区域联想词典		俄语联想词典		俄语标准联想词典	
	排行	频率	排行	频率	排行	频率
Дом 家	1	83	1	82	3	65
Человек 人	2	80	2	72	1	74
Жизнь 生命	3	78	5	53	9	42
Хорошо 好	4	66	3	71	2	69
Радость 高兴	5	56	6	47	31	27
Деньги 金钱	6	54	12	41	18	32

续表

词典	俄语区域联想词典		俄语联想词典		俄语标准联想词典	
	排行	频率	排行	频率	排行	频率
Дело 事情	7	52	11	43	5	46
Плохо 坏	8	51	6	47	18	32
Мир 和平	10	50	26	33	53	24
Нет 没有	10	50	10	44	9	42
Работа 工作	10	50	19	37	15	34
Друг 朋友	12	47	4	53	4	51
Отдых 休息	13	46	85	22	76	21
Время 时间	14	45	34	30	28	28
Быстро 快	16	40	13	40	7	45
Много 多	16	40	15	39	14	36
Учеба 学习	16	40	144	18	115	17
Предмет 课程	18	39	46	27	66	22
Любовь 爱情	20	38	22	34	76	21
Счастье 幸福	20	38	30	32	76	21
Хороший 好	20	38	15	39	8	43

四 联想场的具体建构

俄罗斯认知语言学借鉴了心理语言学的语言意识理论，重点阐释人的内部心理机制，主要是探讨言语生成和言语理解过程中的心理机制，而上述问题的探讨归根结底是语言意识问题。认知语言学对意识的研讨绝非偶然，在言语生成和理解中有复杂的意识现象，语言意识是语符产生并组建成话语表达及其理解过程中传播的不同的意识形象。交际者在思想互通过程中想表达自己的想法，让对方清楚自己的意思，这是意识活动。思维不能由人体器官直接接受和传输，因此双方采用语言符号进行。为了清楚地展现语言意识的内涵，展现语言意识和联想实验的实际用途，笔者自己制定了联想实验，刺激词是对应俄语语言意识核心词前五位的名词概念,以证明该理论和实验可以用于汉语词汇研究。

(一) 研究目的

操不同语言个体的民族文化及思维方式不同,对同一概念的认知也不同。本研究从俄罗斯科学院心理语言学研究所界定的俄语语言意识核心词中选取了前5个名词概念,并做了汉语中相应概念的联想实验,通过对俄汉语主要概念联想场的对比,探析中俄民族间的思维、心理、文化及语言定型差异,以期从中发现中俄两国语言意识的差异及各自的民族特点,研究成果有利于俄语教学及汉语高频词研究,力图发现人语言意识中的语义关系,了解两个民族的跨文化交际因素。

(二) 研究意义

本书以联想实验结果为依据,对俄罗斯科学院排行前十位的核心概念与其中文对应概念进行了联想场分析对比。研究不仅可以对国内外汉语概念语言意识的研究提供理论借鉴,而且对于中俄跨文化交际和俄语教学有应用价值。首先,从理论贡献来说,语言意识是俄罗斯认知语言学的研究热点问题,也是俄罗斯认知语言学与其他认知语言学不同的地方,同时与民族文化传统、语言特性研究相结合,进行不同国家、民族的语言意识对比研究,通过不同对象、侧面、视角进行对比分析,进一步探究不同民族间的思维、心理、文化及语言定型差异。理论上对心理语言学、认知语言学、普通语言学、语言文化学、语言哲学等学科提供了理论和研究方法上的参考,可为外语教学及专业俄语教学提供新的思路。

(三) 实验对象

本书俄语语料出自俄罗斯联想语料库(Ассоциативный тезаурус),汉语语料系笔者所做的自由联想实验获得的数据。

实验基本信息如下。

1. 院校、人员分布

数据来自黑龙江大学、黑龙江科技大学、兰州大学、兰州理工大学、华北水利水电大学、大庆师范学院、大连外国语大学、佳木斯大

选项：	小计	比例 %
工人	0	0
教师	28	2.96
学生	893	94.4
其他	25	2.64
本题有效填写人次	946	

图 6-1

学、哈尔滨师范大学、四川大学、北京第二外国语学院、中南财经政法大学、新疆大学、南昌大学、贵州师范大学、哈尔滨师范大学、浙江越秀外国语学院、内蒙古师范大学、武汉大学、黑龙江中医药大学、四川外国语大学、东北大学、重庆大学、山东大学、莫斯科大学、西南大学、广东外语外贸大学、北京外国语大学、摩尔多瓦国立大学、中南林业大学、齐齐哈尔大学、中国青年政治学院、东北林业大学、安徽师范大学、浙江大学、普希金俄语学院、莫斯科管理大学、北京大学、哈尔滨理工大学、东北农业大学、新西伯利亚国立大学、牡丹江师范学院、黑龙江剑桥学院、黑龙江交通学院、吉林大学、圣彼得堡大学等国内外高校中国学生的问卷。

2. 专业情况

俄语语言文学专业 712 人、商务英语专业 48 人、外国文学专业 39 人、教学论专业 34 人、电子商务专业 24 人、英语专业 15 人、外国语言学及应用语言学专业 9 人、教育学专业 9 人、非通用语专业 8 人、国际关系专业 7 人、法学专业 7 人、管理学专业 4 人、中西医专业 3 人、汉语国际教育专业 2 人、旅游管理专业 2 人、土木工程专业 3 人、临床医学专业 3 人、艺术专业 1 人、社会工作专业 1 人、俄罗斯学专业 1 人、物流专业 1 人、中文专业 1 人、财务管理专业 1 人、口译专业 1 人、广播电视编导专业 1 人、语文学专业 1 人、历史专业 1 人、电气工程专业 1 人、金融学专业 1 人、国际贸易专业 1 人、社会学专业 1 人、法语专业 1 人、财经类专业 1 人、政法学专业 1 人。

3. 男女比例

其中男性受试 455 人，女性受试 491 人。

4. 年龄情况

年龄在 17—26 岁。

（四）实验步骤

实验于 2020 年 6—8 月进行，实验问卷由"问卷星"平台进行，由主测人描述实验目的、操作方法后，受试在保证不被干扰的独立条件下进行。受试需要填写学校、专业、性别和年龄信息，刺激词选自上文中俄语语言意识核心词前十位中的名词概念，要求写出受试脑中最先浮现的词、词组和句子，在受试完成后立即收回问卷。

表 6-3　　　　　　　　俄汉语言意识核心概念对比

概念刺激词	反应词+频率（俄语）	反应词+频率（汉语）
1 человек/人概念的反应词	概念"человек"的反应词 Невидимка 25, хороший 25, амфибия 22, добрый 21, разумный 18, животное 16, умный 16, зверь 15, обезьяна 13, большой 12, друг 10, дела 9, люди 9, земля 8, любимый 8, существо 8, гордый 7, я 7, личность 6, плохой 6, разум 6, человек 6, это звучит гордо 6, в футляре 5, закон 5, красивый 5, сильный 5, слова 5, веселый 4, гордость 4, гражданин 4, жизнь 4, машина 4, мужчина 4, анатомия 3, без имени 3, загадка 3, индивид 3, милый 3, незнакомый 3, с большой буквы 3, свой 3, царь 3, homo sapiens 2, больной 2, брат 2, в шляпе 2, волк 2, высокий 2, глупый 2, гора 2, гуманный 2, дело 2, долга 2, живет 2, живой 2, за бортом 2, звучит гордо 2, земли 2, земля = вселенная 2, интересный 2, космос 2, мелочь 2, много 2, мудрый 2, надежный 2, настоящий 2, ниоткуда 2, новый 2, птица 2, робот 2, с Луны 2, смелый 2, со стороны 2, старый 2, странный 2, существует 2, труда 2, трудный 2, упрямый 2, хозяин 2	概念"人"的反应词 人类 109、善良 29、好人 28、动物 19 妈妈 18、家人 17、人性 15、男人 15 人生 12、生命 12、女人 11、人群 9、中国 8、老师 8、习近平 8、人物 8、父母 7、生活 6、个体 5、人山人海 5、地球 5、生物 5、普希金 5、人文 5、人口 4、母亲 4、世界 4、命运 4、共同体 4、人品 3、自私 3、男女 3、英雄 3 军人 3 孔子 3、社会 3、朋友 3、年轻人 3、爸爸 3、和谐 3、以人为本 3、责任 3、道德 3、姓名 2、公民 2、善恶 2、学霸 2、健康 2、亲人 2、关系 2、赵悦 2、千玺 2、衣服 2、智慧 2、之初 2、医生 2、毛泽东 2、名字 2、同学 2、各种各样 2、人权 2、吴彦祖 2、美好 2、人云亦云 2、幸福 2、普京 2

续表

概念刺激词	反应词+频率（俄语）	反应词+频率（汉语）
2 дом/ 家园	概念"дом"的反应词 родной 12, большой 4, мой 4, в деревне 3, кирпичный 3, крыша 3, с мезонином 3, семья 3, белы 2, деревня 2, жилой 2, красивый 2, на окраине 2, строить 2, тепло 2, хата 2, /2	概念"家园"的反应词 地球 148、家园 82、中国 68、美好 63、祖国 33、美丽 26、幸福 25、国家 25、绿色 24、和谐 24、故乡 23、温馨 19、房子 19、温暖 17、家庭 16、和平 15、家乡 12、环境 11、精神家园 10、哈尔滨 7、花园 6、人类 6、小区 5、土地 5、守护 5、父母 4、森林 4、亲人 4、家人 4、黑龙江 4、别墅 4、安宁 3、爱护 3、大自然 3、守卫 3、完整 3、庄园 3、舒适 3、乐园 3、生活 3、爸爸妈妈 3、健康 3、毁灭 3、卫士 2、港湾 2、环保 2、唐顿 2、辽宁 2、祥和 2、精神 2、花草 2、生态 2、城市 2、草地 2、家国 2、世界 2、珍惜 2、战争 2、动物 2、共筑 2、庭院 2、地方 2、草原 2、废墟 2、开垦 2、内心 2、快乐 2、平安 2、团圆 2、树木 2、情怀 2
3 жизнь/ 生命	概念"жизнь"的反应词 смерть 62, прекрасна 30, долгая 16, хороша 16, коротка 13, короткая 12, жестянка 12, короткая 12, тяжелая 12, моя 9, прожить 9, длинная 8, прожить не поле перейти 7, взаймы 6, дорога 6, интересная 6, продолжается 6, прошла 6, хорошо 6, человека 6, веселая 4, любовь 4, поле 4, прекрасная 4, река 4, сложная 4, судьба 4, счастливая 4, большая 3, вечность 3, впереди 3, долг 3, и смерть 3, Клима Самгина 3, наш 3, прекрасно 3, радость 3, существование 3, счастье 3, трудная 3, /2, без конца 2, борьба 2, век 2, весна 2, идет 2, кончена 2, малина 2, мир 2, Мопассан 2, начинается 2, нелегкая 2, огромная 2, одна 2, пролетела 2, проходит 2, пустота 2, путь 2, сложная штука 2, смысл, солнце 2, Фердинанд Люс 2, яркая 2	概念"生命"的反应词 81、可贵 62、珍贵 56、宝贵 42、珍惜 41、短暂 34、婴儿 20、脆弱 18、无价 17、珍爱 17、动物 16、健康 13、敬畏 13、绿色 13、美好 11、活力 8、生活 8、有限 7、植物 6、小草 6、灵魂 6、爱护 6、细胞 6、鲜活 6、不息 6、永恒 5、意义 5、源泉 5、诚可贵 5、热爱 5、价值 5、平等 5、心脏 4、生命力 4、生命安全 4、科学 4、人生 4、海洋 4、人类 4、运动 4、红色 3、命运 3、生生不息 3、母亲 3、小狗 3、蓬勃 3、地球 3、万物 3、爱惜 3、生命诚可贵 3、孩子 3、顽强 3、漫长 3、律动 3、高贵 2、钱财 2、和谐 2、父母 2、神奇 2、尊重 2、长短 2、纯洁 2、生命危险 2、人命 2、渺小 2、狗狗 2、妈妈 2、复活 2、至上 2、医生 2、幸福 2、基因 2、阳光 2、生命不息 2、受精卵 2、疫情 2、新生儿 2、自由 2、动植物 2、儿子 2

续表

概念刺激词	反应词+频率（俄语）	反应词+频率（汉语）
4 деньги/金钱	概念"деньги"的反应词 большие 41, много 19, бешеные 14, кошелек 14, золото 12, бумага 11, крупные 11, нужны 11, мало 10, зло 9, рубль 9, бумажные 8, вода 8, время 8, не пахнут 8, нет 8, /7, кончились 5, счастье 5, считать 5, бумажки 4, грязные 4, грязь 4, есть 4, мелочь 4, мои 4, монета 4, получить 4, тратить 4, чужие 4, бабки 3, в кармане 3, вперед 3, дать 3, деньги 3, дрянь 3, жизнь 3, заработанные 3, мусор 3, на бочку 3, необходимость 3, получать 3, работа 3, стипендия 3, товар 3, шальные 3, вещи 2, взаймы 2, делать 2, деревянные 2, доллар 2, доллары 2, доход 2, заработать 2, зеленые 2, истрачены 2, левые 2, мани 2, машина 2, медные 2, монеты 2, не нужны 2, немалые 2, нету 2, огромные 2, пахнут 2, счет 2, трудовые 2, это зло 2	概念"金钱"的反应词 金钱46、粪土45、人民币33、利益26、财富22、物质20、时间20、万能18、至上17、美元16、金钱至上14、金币13、有用12、工作9、权利9、生活9、身外之物9、越多越好8、诱惑8、富裕7、铜臭6、权力6、黄金6、浪费6、取之有道6、硬币5、金色5、金钱观5、贪婪4、马云4、必需品4、无价4、钱财4、奴隶4、暴富4、珍贵4、挥霍4、自由4、价值4、货币3、力量3、健康3、买买买3、经济3、消费3、贫穷3、富贵3、努力3、富婆3、黄色3、美女3、纸币3、工资3、交易3、金钱豹3、罪恶3、支付宝3、商品3、珍惜3、适量3、动力2、房子2、艰难2、浮云2、有钱人2、墨香2、难赚2、诱人2、金灿灿2、地位2、不易2、庸俗2、土豪2、赚钱2、别墅2、权势2、名誉2、快乐2、金子2、必不可少2、宝贵2、无用2、开心2、东西2、铜钱2、爱惜2、富人2、可贵2、有钱2、一百2、股票2、不可缺少2、金钱万能2、现金2、道义2、拾金不昧2、钞票2、名利2、享乐2、纸醉金迷2

续表

概念刺激词	反应词+频率（俄语）	反应词+频率（汉语）
5 друг/朋友	概念"друг"的反应词 верный 69、враг 47、детства 33、мой 28、товарищ 27、лучший 20、собака 17、близкий 16、хороший 16、милый 12、брат 10、подруга 10、единственный 9、надежный 9、настоящий 9、недруг 9、закадычный 8、детство 5、человека 5、круг 4、любимый 4、приятель 4、семьи 4、сердечный 4、старый 4、хорошо 4、человек 4、большой 3、вдруг 3、верность 3、жизни 3、преданный 3、дорогой 2、дружба 2、и враг 2、любовь 2、на всю жизнь 2、навеки 2、навсегда 2、нет 2、по несчастью 2、рядом 2、товарищ и брат 2、ушел 2	概念"朋友"的反应词 87、珍贵 36、友谊 29、闺蜜 27、友情 27、真诚 24、真心 24、珍惜 24、陪伴 21、知己 19、知心 18、快乐 12、可贵 11、家人 10、温暖 9、关系 9、一生 9、信任 8、忠诚 8、开心 8、伙伴 8、亲人 7、两肋插刀 7、交心 6、兄弟 6、财富 6、好友 5、无价 5、同学 5、亲密 5、挚友 5、名字 5、情谊 5、敌人 5、知心朋友 5、爱情 4、高中 4、美好 4、友爱 3、高山流水 3、哥们 3、女朋友 3、幸福 3、利益 3、一辈子 3、君子之交淡如水 3、志同道合 3、狐朋狗友 3、真挚 3、衣服 3、真情 3、粉色 2、三五 2、友好 2、同行 2、伴侣 2、人际关系 2、知交 2、交友 2、友人 2、沙雕 2、男朋友 2、人群 2、虚伪 2、游戏 2、人生 2、背叛 2、宝贝 2、女生 2、朋友圈 2、和睦 2、灵魂 2、几个 2、互相帮助 2、用心 2、宝贵 2、忠义 2、孤独 2、姐妹 2

语言学家华劭认为，组合关系指可能体现于连贯话语（话语片段）中各语言单位之间的横向关系。① 表6-3中的человек 和 разумный、умный、зверь、большой、друг、любимый、гордый、плохой、разум、в футляре、красивый、сильный、веселый 是一种组合关系。人和善良、人山人海、自私、以人为本、健康、各种各样、人权、美好、人云亦云、幸福、贪婪等展现的是组合关系的联想场。聚合关系指话语之中，可能与某一言语单位出现在同一位置上，并执行相同功能单位之间的纵向垂直关系。② 聚合关系包括上下位联想（也称属种联想）、

---

① 华劭：《语言经纬》，商务印书馆2003年版，第98页。
② 华劭：《语言经纬》，商务印书馆2003年版，第102页。

第六章 核心术语"语言意识"的术语学阐释

同义联想、反义联想。

认知语言学对研究对象的科学分类一般是一个严整的上下位关系的概念系统。这种关系是上位概念与下位概念间的关系。上位概念是指在同范畴内，内涵少，外延大，概括能力较强的概念，而内涵较多，外延较小，概括能力较弱的概念是下位概念。① 贾彦德认为，上下位关系是类与种之间的关系。② 综合看来，上下位关系是指意义较概括的、抽象的、泛指的上位词或上义词与意义较具体的、具象的、专指的下义词之间的语义关系，而这种语义关系更多倾向于概念间的类义关系。它是词汇语义场多层级结构的框架。

一系列表示不同概念的下位（гипоним）从属于同一个表示属概念的上位（гипероним），在联想实验中与"朋友"存在上下义关系的有：闺蜜、知己、好友、挚友、知心朋友、狐朋狗友、沙雕、男朋友。"金钱"的下位联想有：人民币、美元、金币、黄金、硬币、金色、货币、纸币。"друг"概念的反应词：собака、близкий、хороший、милый、брат、подруга、любимый、приятель、товарищ и брат 也是反映了这种语义关系。上下位的类义关系有严格的限制，就是用来构成定义的类概念（上位概念）应该是被定位的种概念（下位概念）最接近的类，说明被定义概念的特征应是其本质属性。上下位词是类义关系的一个重要表现，如果对不同语言的上下位词进行比较，就会观察出不同语言词汇的特点，而俄语的上下位关系在词汇体系建构中有重要作用。语言中常见到用某种事物现象的词作为基底，加上修饰限定的语素，阐述新的下位词。

同义关系指表达相关或交叉概念的不同词汇指称同一所指的现象。③ 语言中存在同一现实片段使用语音不同的单位表达的现象。词汇

---

① 周国光：《现代汉语词汇学导论》，广东高等教育出版社 2004 年版，第 30 页。
② 贾彦德：《汉语语义学》，北京大学出版社 1999 年版，第 177 页。
③ Алефленко Н. Ф. Теория языка [M]. М.：Изд-во. Academa，2004：218.

间的同义关系是同一词类的不同词在意义上完全重合或者部分重合的关系，词与词间相互替换不改变行业交际的内容。根据词汇同义程度的大小可以分为绝对同义词和相对同义词。绝对同义词不仅意义全部重合，而且搭配领域、表情色彩、语体属性、使用范围、使用频率等方面也没有差别。如钱财和金钱、利益、财富、物质；правописание 和 орфография 指正字法，лингвистика、языковедение 和 языкознание 都指语言学。同义序列可以用来信息检索，找寻等值词，进一步获得整个词汇体系，可以单独提取词汇。

语言单位的反义关系是客观世界对立规律的反映。构成词汇间反义关系的逻辑基础是同义概念之下两个相反的中概念，这两个概念各居一端，相互对峙，又彼此依存。它们是同一属概念特征体现的两个相反方面。如朋友与敌人，жизнь 和 смерть 等。反义关系的作用是表达事物、行为和性质的对立，当然也可以是表示同一事物不同关系的对立。可见，俄汉语中概念的联想场有差异也有不同，联想场的构建可以呈现语言体系中的意义关系，可以是语义相关、主题相关等联系的组合，这种关系也是类义关系。类义分类体系反映了人对自身和世界的认识，突出了人的地位和作用，分类层次清晰易于读者使用。

可以看出，文化承载者语言意识核心词的联想场能够来补充语言学分析的方法，能监测到特定语言中的世界形象，从本质上看出不同民族语言的区别和相似之处。学者卡拉乌洛夫提出的"语义格式塔"的目的也大致如此。联想场研究旨在揭示词汇背后的民族文化特色，展现民族文化承载者对世界知识的概念化和范畴化过程。正如扎里兹尼亚克（Зализняк А. А.）等指出的那样，现代语言学一贯的传统就是研究文化词汇和语篇中关键词承载的民族性格和生活习惯。[1]

联想场由研究人员根据母语使用者对一个刺激词的反应形成。表达

---

[1] Зализняк А. А., Левонтина И. Б., Шмелев А. Д. Ключевые идеи русской языковой картины мира [M]. М.：Языки славянской культуры，2005：48.

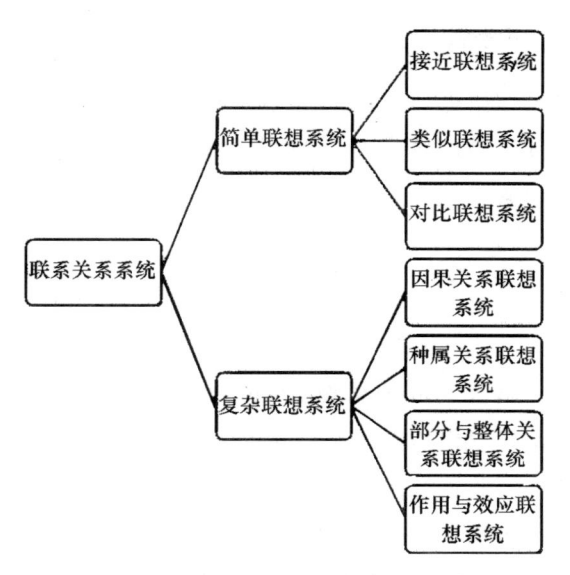

第六章 核心术语"语言意识"的术语学阐释

```
                    ┌─ 接近联想系统
        ┌ 简单联想系统 ─┼─ 类似联想系统
        │           └─ 对比联想系统
联系关系系统 ┤
        │           ┌─ 因果关系联想系统
        └ 复杂联想系统 ┼─ 种属关系联想系统
                    ├─ 部分与整体关系联想系统
                    └─ 作用与效应联想系统
```

图 6-2 联想关系构成图

联想场的手段并没有明确的答案。可以假设联想场在特定的民族文化中承载着与刺激词相关的知识。语言意识从动态来看是用词语形式表达意识状态，以语言为桥梁表达意识。它是一种语言结构体系，突出人的意识、思想和心理与外部话语的有机结合特点。语言意识整合了人在处理感性信息和话语行为中的知识。分析语言意识需要展示词汇关系的心理、生理信息。俄罗斯学者详细分析了联想场的研究方法和构建方式，为了回答受试者思维中有哪些知识与刺激词相关联的问题。研究人员发现每个词条都是反应词的组成部分，按频率排序并按字母顺序排列在同一等级内。联想场内要素频率在时间上是稳定的。学者们通过长时间努力将联想场归类和阐释并加以揭示，将联想场中反应词分组，并考虑词类在其中发挥的作用。联想场这样一种新的探讨意识方式，预示着意识分析会有所进步。最后，联想场（作为意识的外化手段）要基于人的记忆，探讨语言意识和意识、语言意识和文本表达的关系。概念场表现概念的内容，支撑了认知的清晰度和活动力。如果研究不采取实验方法以词典和文本作为支撑的话，清晰度就要依靠语言单位称名概念的使用频率，验证这些现象主要要靠实验。概念联想场清晰地展现了认知的特征，依托受试的数据更具说服力。概念联想场研究是受试概念体系的展现。概念是由词汇进行描写的，可以具体描写人语言意识中内核和边缘的层级和构成要素。

本章小结

俄罗斯认知语言学对范畴理论十分关注，指出了范畴化在人语言意识中的作用。语言意识是人类脑中范畴化机制的结果。范畴化对联想的产生也有影响。因此本章在探讨语言意识时对范畴化作了阐释。在实验方法选择上，俄罗斯认知语言学引入了心理语言学的自由联想实验研究，通过对刺激词和反应词的数据分析来研究语言意识。可以说，语言意识是民族语言在意识中的呈现，是意识的言语化表达，对其研究对推进概念的民族心理和文化语义有重要指导作用。本章在中俄高校众多专业的中国大学生中开展了联想实验。在俄语语料选取上，以俄罗斯大型联想库作为依据，这是苏联—俄罗斯学者多年联想研究的权威成果。俄罗斯学界利用现代化技术手段建设了联想语料库。笔者对俄罗斯联想数据库中排位靠前的5个名词概念进行筛选，并在中国进行了大范围的联想实验，还进行了对比分析。研究表明，中俄两国大学生的金钱、生活、友谊等概念联想具有一定的相似性，对研究中俄两国大学生心理、二语词汇教学方面有指导作用。

结　　语

俄罗斯认知语言学作为独立学科有其特定研究对象，并具备能够解释本学科相关理论的核心术语。我国的认知语言学从20世纪80年代引入后便发展成为一门独立的交叉学科，初步形成其术语体系。有基于此，从本学科已有核心术语出发能把握其已有的基本理论，这正是本书研究的立足点及其价值所在。本书的主要内容可总结为以下几个方面。

（1）术语是人科学认知活动的产物，与认知语言学密切相关。本书探讨了认知语言学作为独立学科的元语言体系建构问题，主要研究了其术语体系及其标准化的问题。认知语言学从引入到本土化的过程中，其术语运用及理解存在着诸多误译、误解、误用的现象。遴选认知语言学核心术语体系以综观、阐释认知语言学研究及术语标准意义重大，对核心术语的研究可以建构俄罗斯认知语言学学术话语体系，促进其知识体系完善及推广，有利于认知语言学乃至于语言学术语的标准化。

（2）俄罗斯认知语言学关注语言的一般认知机制，主要探讨感知、理解的神经基础，语言知识结构表征及信息加工过程，语言习得的神经机制及结构化原则，言语生成及言语理解等问题。在这一基础上，本书主要探讨了语言意识、概念理论和术语的认知研究等课题。可以说，本书构建了俄罗斯认知语言学术语体系的核心纽结，能够从某种程度上推动认知语言学向前发展，对其知识体系建构和理论研究影响深远。

（3）在认知语言学的学科术语体系中，核心术语是不可或缺的，其价值、作用不容忽视。俄罗斯认知语言学中遴选出了一定数量的核心术语是其学科领域得以建立和完备的基础。本书从术语学视角厘清了认知语言学的核心术语。因此，核心术语的理论建构是本书的特色。本书深刻剖析了核心术语的内涵，界定了核心术语的类型，提出了核心术语研究的方法论。全书立足俄罗斯认知语言学独特的研究视角，不仅介绍了欧美、俄罗斯认知语言学的主要学派、其划分标准、地域分布和研究方法，还对中国认知语言学乃至整个认知科学研究有一定方法论启迪意义。此外，本书还用了大量篇幅阐释了游离于语言学之外的一些核心术语的内涵，从心理学、哲学、逻辑学、语言学、哲学的视角入手，给出了所论证认知语言学核心术语的工作定义。

（4）笔者用定量和定性相结合的方法分析了认知语言学的概念体系，提高了认知语言学术语体系研究的科学性，创新了其研究方法。书内提出了认知语言学的最核心术语是"概念"。"概念"在国外语言学界是风靡盛行、备受关注的核心术语。因此，为了把握其术语内涵，尝试着对其术语意义加以总结。概念是语言、国家传统、民俗、宗教、意识形态、生活经验、艺术形式、价值观念和体系等因素作用的产物，构成了特殊的文化层面，是人类和现实世界的中介。概念是语言认知过程中的文化节点，是人走向文化的中介。概念的术语学阐释有利于人文社会科学中对这一术语深度的挖掘。本书从概念视角入手去了解世界观、行为方式以及民族共性与个性，运用联想实验研究俄罗斯民族心智中的文化概念，主要探讨了概念的层级结构、分类方法、民族文化特点，以及概念与范畴、术语和意义等核心术语的关系，充分展示了俄罗斯语言学者概念分析的视角，对概念的分类和称名场也开展了细致的研究。

（5）本书从术语和认知两个维度阐释术语的功能。术语在科学认知中的作用十分重要，对行业术语研究意义重大。认知语言学推动了认知术语学走向成熟。认知语言学核心术语展现了俄罗斯民族的语言意识、阐述联想、联想实验和联想场的术语内涵。这项研究方法在俄汉语言概念对比中完全可以应用。俄罗斯认知语言学的探讨路径从认知术语学到认知概念学，注重语言学、心理学交叉框架下的语言现象研究，尤其是术语的研究。称名不仅是给客观世界命名的过程，还是认知、建设、评价以及阐释世界的过程。术语在科学认知中起着记录、发现和传播新知识的作用，是人类认知活动的产物，是人类对知识加工与范畴化的产物。

（6）本研究彰显了俄罗斯认知语言学的独特之处，因其有浓厚的俄国心理语言学色彩，将"言语活动论"（心理语言学）的核心概念语言意识及其研究方法纳入认知语言学话语体系中是俄罗斯语言学界的首创之处。语言意识理论和自由联想实验方法的融合是构建俄汉语言意识中核心文化概念联想场的基础，是俄罗斯现有的主要联想词典的理论和实践依据，彰显了俄罗斯认知语言学的理论独特性和应用性，为词汇研究与教学，跨文化交际理论的研究和俄汉语言学研究对比提供了新的研究视角。

（7）笔者坚持以人本中心主义范式为出发点，凸显认知语言学中人的因素。从维果茨基、列昂季耶夫、卢利亚等俄国认知科学研究先驱手中接下了"人本"思想。俄罗斯认知语言学研究范式不断完善与更迭，突出表现了"人本主义"的内涵，关注人本身和言语活动的互动。这一范式拉近了语言学和其他学科的关系。本书以"人"作为语言分析的出发点，尝试阐释"语言与人"的二维互动，从俄罗斯认知语言学的跨学科态势入手对核心术语进行分析，为心理学、计算机科学、哲学、语言学的发展提供了新的研究视角。

俄罗斯认知语言学遴选甄别出很多彼此有密切关系的术语，且这些术语多具有跨学科属性。核心术语可以引导人们了解某一学科或者理论。俄罗斯认知语言学的话语体系建设工作展现了其前沿理论，整合了研究成果，规范了其学科术语使用现状。它成功吸收心理学、语言学、信息科学、逻辑学、哲学等学科的发展成果，将格式塔、框架等术语纳入进去，拓展了固有学科的发挥空间和理论阐释力。俄罗斯认知语言学的建构概念系统和理论框架建立在自身核心术语基础上，围绕这一主题能够搭建理论框架。此类研究有利于破解自身发展过程中的术语问题，加深对其话语体系建构推广的认识，有助于形成新的研究议题，推动认知语言学本土化研究。这种核心术语分析法更能为分析语言学术语提供普遍指导方法,主要侧重从术语结构和术语表达关系进行科学概念解读。他山之石,可以攻玉。这项研究也能为我国认知语言学的术语称名、规范和编纂提供方法论参考,为我国学术话语体系的对外传播积累提供借鉴经验。总而言之,他山之石,可以攻玉。俄罗斯认知语言学的核心术语研究独具特色,在一些关键领域进行的有益探索为我国认知语言学发展、词汇教学与研究、语言实证分析以及跨文化交际提供方法论指导。

参考文献

Авербух К. Я. Общая теория термина［M］. Иваново：ИвГУ，2004.

Алексеева Л. М., Мишланова С. Л. Медицинский дискурс：теоретические основы и принципы анализа［M］. Пермь：Изд-во Пермского ун-та，2002.

Алексеева Л. М. Проблемы термина и терминообразования：учеб. пособие поспецкурсу［M］. Пермь，1998.

Алефиренко Н. Ф. Поэтическая энергия слова. Синергетика языка, сознания икультуры［M］. M.：ACADEMIA，2002.

Алефленко Н. Ф. Теория языка：текст［M］. M.：Изд-во. Academia，2004.

Апресян Ю. Д. Избранные труды［M］. T. I. M.：Языки русской культуры，1995.

Арутюнова Н. Д. Язык и мир человека［M］. M.：Языки русской культуры，1999.

Аскольдов С. А. Концепт и слово// Русская словесность. От теории словесности к структуре текста. Антология［M］. M.：Academia，1997.

Бабенко Л. Г. Филологический анализ текста. Основы теории, принципы и аспекты анализа：Учебник для вузов［M］. M.：Академ. проект，2004.

Бабушкин А. П. Концепты разных типов в лексике и фразеологии и методика их выявления ［A］. Методологические проблемы когнитивной лингвистики ［C］. Воронеж, 2001.

Бабушкин А. П. Типы концептов в лексико-фразеологической семантике языка ［D］. Воронеж, 1996.

Балашова Е. Ю. Концепты любовь и ненависть в русском и американском языковых сознаниях ［D］. Саратов, 2004.

Баранов А. Н. Введение в прикладную лингвистику: учеб. пос. 2-е изд., испр ［M］. М.: Едиториал УРСС, 2003.

Баринова И. А., Нестерова Н. М., Овчинникова И. Г.《Языковое сознание》: К вопросу об определении и интерпретации термина ［J］. Вестник ЯЗ-ПЕД, 2010 (3).

Белянин В. П. Психолингвистика ［M］. Москва: Новый гуманитарный университет Натальи Нестеровой, 1999.

Болдырев Н. Н. Когнитивная семантика: Курс лекций по английской филологии ［M］. Тамбов: Изд-во Тамб. ун-та, 2001.

Брокгауз Ефрон. Малый энциклопедический словарь ［Z］. СПб.: Лангенбек, 1902.

Бубнова И. А., Зыкова И. В., Красных В. В., Уфимцева Н. В. Неопсихолингвистика и психолингвокультурология: новые науки о человеке говорящем ［M］. Гнозис, 2016.

Булыгина Т. В., Шмелев А. Д. Языковая концептуализация мира (на материале русской грамматики) ［M］. М.: Языки славянской культуры, 1997.

Бурханов И. Учебный словарь системы понятий лингвистической семантики ［Z］. Издательство Wydawnictwo Wyszej Szkoy Pedagogicznej, 1995.

Валерьевнва М. В. Ассоциативное поле ценности толерантность как один из инструментов описания образа сознания носителей русского языка [J]. Вопросы психолингвистики, 2017（3）.

Васильева Н. В., Виноградов В. А., Шахнарович А. М. Краткий словарь лингвистических терминов [M]. М.: Русский язык, 1995.

Вежбицкая А. Прототипы и инварианты [A]. Язык. Культура. Познание [C]. М., 1996.

Видинеев, Н. В. Природа интеллектуальных способностей человека [M]. М.: Мысль, 1989.

Виноградов В. В. Вступительное слово//Татаринов В. А. История отечественного терминоведения: В 3 т. Т. 2. Направления и методы терминологических исследований: Очерк и хрестоматия [M]. М.: Московский лицей, 1995: 334.

Володина М. Н. Теория терминологической номинации [M]. М.: Изд-во Моск. ун-та, 1997.

Воркачев С. Г. Методологические основания лингвоконцептологии [A]. Теоретическая и прикладная лингвистика [C]. Вып. 3: Аспекты метакоммуникативной деятельности. Воронеж, 2002.

Воркачев С. Г. Счастье как лингвокультурный концепт [M]. М.: ИТДГК «Гнозис», 2004.

Гаспаров, Б. М. Язык. Память. Образ. Лингвистика языкового существования [M]. М.: Новое Литературное Обозрение, 1996.

Голованова Е. И. Введение в когнитивное терминоведение [M]. М.: Флинта, 2011.

Голованова Е. И. Введение в когнитивное терминоведение [M]. М.: Флинта, Наука, 2014.

Голованова Е. И. Категория профессионального деятеля: Формирование. Развитие. Статус в языке [M]. М.: Элпис, 2008.

Головин Б. Н., Кобрин Р. Ю. Лингвистические основы учения о терминах [M]. М.: Высшая школа, 1987.

Гончарова Н. Н. Концепт как основа языковой картины мира ［J］. Известия Тульского государственного университета. Гумани тарные науки, 2013（3）.

Городецкий Б. Ю. Термин и его лингвистические свойства ［A］. Структурная и прикладная лингвистика ［C］. Вып 3. Л. ЛГУ, 1987.

Горошко Е. И. Интегративная модель свободного ассоциативного эксперимента ［M］. М.：Институт языкознания РАН Харьков：РА Каравела, 2001.

Горошко Е. И. Языковое сознание (ассоциативная парадигма) ［D］. дис. … д-ра филол. наук. М., 2001.

Гринев-Гриневич С. В. Введение в терминоведение ［M］. М.：Моск овский лицей, 2008.

Даниленко В. П., Новикова Н. В. Гл. IV. Культура научной и професс иональной речи// Граудина Л. К. Ширяев Е. Н. (ред.). Культура русской речи ［M］. М.：НОРМА-ИНФРА, 2001.

Демьянков В. З. Когнитивная лингвистика как разновидность интер претирующего подхода ［J］. Вопросы языкознания, 1994 (4).

Демьянков В. З. Когниция и понимание текста ［J］. Вопросы когнит ивной лингвистики. М.：Институт языкознания；Тамбов：Тамбов ский гос. университет им. Г. Р. Державина, 2005 (3).

Дзюба Е. В. Когнитивная лингвистика：учебное пособие для высших учебных заведений ［M］. Екатеринбург：Урал. гос. пед. ун-т., 2018.

Дзюба Е. В. Концепт и исторический контекст политическая лингви стика ［M］. Екатеринбург：Уральский государственный педагогиче ский университет, 2011 (37).

Дридзе Т. М. Семиотический уровень как характеристика реципиента// Смысловое восприятие речевого сообщения (в условиях массовой коммуникации) ［M］. М.：Наука, 1976.

Ейгер Г. В. Языковые способности: учебное пособие [M]. Харьков: ХГУ им. А. М. Горького, 1992.

Жолковский А. К., Мельчук И. А. О семантическом синтезе кибернетики [A]. Самойленко С. И. Проблемы нейрокибернетики [C]. Вып. 19. Ростов-на-Дону, 1967.

Залевская А. А. Психолингвистический подход к проблеме концепта [A]. Методологические проблемы когнитивной лингвистики [C]. Под. Ред. И. А. Стернина. Воронеж: ВорГУ, 2001.

Залевская А. А. Психолингвистические исследования. Слово. Текст: Избранные труды [M]. М.: Гнозис, 2005.

Зализняк А. А., Левонтина И. Б., Шмелев А. Д. Ключевые идеи русской языковой картины мира [M]. М.: Языки славянской культуры, 2005.

Зимняя И. А. Лингвопсихология речевой деятельности [M]. М.: Московский психолого-социальный институт, Воронеж: НПО «МОДЭК», 2001.

Зиновьев Е. И., Юрков Е. Е. Лингвокультурология: Учебник [M]. СПб., 2006.

Зинченко В. П. Деятельность как методологическая проблема психологии// Большой психологический словарь [Z]. СПб.: Прайм-Еврознак, 2004.

Зусман В. Г. Концепт в культурологическом аспекте// Межкультурная коммуникация: Учеб. Пособие [M]. Нижний Новгород: Деком, 2001.

Иванов Л. Ю., Сковородников А. П., Ширяев Е. Н. Культура русской речи: Энциклопедический словарь-справочник [M]. Флинта, Наука, 2003.

Канделаки Т. Л. Семантика и мотивированность терминов [M]. М.:

Наука, 1977.

Карасик В. И., И. А. Стернин. Антология концептов [C]. Том 4. Волгоград: Парадигма, 2006.

Карасик В. И., Прохвачева О. Г., Зубкова Я. В., Грабарова Э. В. Иная ментальность [M]. Гнозис, 2005.

Карасик В. И., Слышкин Г. Г. Лингвокультурный концепт как единица исследования [A]. Методологические проблемы когнитивной лингвистики [C]. Воронеж, 2001.

Карасик В. И. Языковой круг: Личность, концепты, дискурс [M]. Волгоград, 2002.

Караулов Ю. Г., Сорокин Ю. С., Тарасов Е. Ф., Уфимцева Н. В., Черкасова Г. А. Русский ассоциативный словарь. Ассоциативный тезаурус современного русского языка [Z]. М., 1994-1998.

Караулов, Ю. Н. Русский язык и языковая личность [Текст] / Ю. Н. Караулов. [M]. Наука, 1987.

Касавин И. Т. Традиции и интерпретации: Фрагменты исторической эпистемологии / И. Т. Касавин [M]. Спб: Изд-во РХГИ, 2000.

Касаткин Л. Л., Клобуков Е. В., Лекант П. А. Краткий справочник по современному русскому языку: учеб. пос. 3-е изд., испр. и доп. [Z]. М.: Высшая школа, 2006.

Касьян Л. А. Термин концепт в современной лингвистике: различные его толкования [J]. Вестник ЮГУ. 2010.

Кобозева И. М. Лингвистическая семантика [M]. М.: Изд. стереотип, 2014.

Кодухов В. И. Введение в языкознание: учеб. для студентов пед. ин-тов. 2-е изд. [M]. Просвещение, 1987.

Колесов В. В. Язык и ментальность /Русистика и современность. Т. 1. Лингвокультурология и межкультурная коммуникация [M].

СПб，2005.

Комарова З. И. Методология, метод, методика и технология научных исследований в лингвистике［M］. Екатеринбург：Издательство УрФу им. Первого Президента России Б. Н. Ельцина，2012.

Комарова З. И. Структура специального слова и ее лексикографическое описание［M］. Свердловск：Изд-во УрГУ，1991.

Костин А. В. Способы концептуализации обиходно-бытовых понятий в разножанровых произведениях В. И. Даля（на материале концепта «вода»）［D］. Автореф. дис…. канд. филол. наук. Иваново，2002.

Кравченко А. В. О традициях, языкознании и когнитивном подход［A］. В сборнике：Горизонты современной лингвистики：Традиции и новаторство Сборник в честь Е. С. Кубряковой［C］. Сер. "Studia philologica" Институт языкознания РАН. Москва，2009.

Красавский Н. А. Эмоциональные концепты в немецкой и русской линг вокультурах［M］. Волгоград，2001.

Красных В. В. 《Свой》 среди «чужих»：миф или реальность［M］. М. ：ИТДК Гнозис，2003.

Красных В. В. Виртуальная реальность или реальная виртуальность? （Человек. Сознание，Коммуникация）. ［M］. ，1998.

Крючкова Н. В. Взаимодействие концептов как основа их варьирования ［J］. Известия Волгоградского государственного педагогического уни верситета，2008.

Крючкова Н. В. Лингвокультурное варьирование концептов［M］. Саратов：Научная книга，2005.

Кубрякова Е. С. ，Демьянков В. З. ，Панкрац Ю. Г. ，ЛузинаЛ. Г. ［M］. М. ：Филол. ф-т МГУ им. М. В. Ломоносова，1996.

Кубрякова Е. С. В поисках сущности языка // Международный конг ресс по когнитивной лингвистике：сб. Материалов［C］. Тамбов，

2008.

Кубрякова Е. С. Об установках когнитивной науки и актуальных проблемах когнитивной лингвистики〔J〕. Вопросы когнитивной лингвистики, 2004（1）.

Кубрякова Е. С. Парадигмы научного знания в современной лингвистике〔M〕. М.： Институт научной информации по общественным наукам РАН, 2008.

Кубрякова Е. С. Язык и знание： На пути получения знаний о языке： Части речи с когнитивной точки зрения. Роль языка в познании мира〔M〕. М.： Языки славянской культуры, 2004.

Кузлякин С. В. Проблема создания концептуальной модели в лингвистических исследованиях // Русистика и современность〔M〕. СПб, 2005.

Куликова И. С., Салмина Д. В. Введение в металингвистику системный лексикографический и коммуникативно-прагматический аспекты лингвистической терминологии〔M〕. СПб.： САГА, 2002.

Кун Т. Структура научных революций〔M〕. М.： ПРОГРЕСС, 1977.

Лагута О. Н. Стилистика. Культура речи. Теория речевой коммуникации： уч. словарь терминов. Уч. пос. Ч. 2.〔Z〕. Новосибирск： Новосибирский гос. ун-т, 2000.

Лантюхова Н. Н., Загоровская О. В., Литвинова Т. А. Термин： Опеределение понятия и его сущностные признаки〔J〕. Вестник Воронежского института ГПС МЧС России, 2013（6）.

Лейчик В. М. Терминоведение： предмет, методы, структура. 4-е изд., испр. и доп.〔M〕.： ЛИБРОКОМ, 2009.

Лейчик Терминоведение： Предмет, методы, структура〔M〕. М.： Стереотип, 2014.

Лемов А. В. Система, структура и функционирование научного терм ина [M]. Саранск: Изд-во Мордовского ун-та, 2000.

Леонтьев А. Н. Деятельность. Сознание. Личность [M]. М.: Политиздат, 1977.

Леонтьев А. Н. Избранные психологические произведения [M]. М.: Педагогика, 1983.

Лингвистический энциклопедический словарь/ Под ред. В. Н. Ярцевой [Z]. М.: Советская энциклопедия, 1990.

Лингвистический энциклопедический словарь [Z]. Под ред. В. Н. Рябцевой, 2002.

Лихачев Д. С. Концептосфера русского языка [J]. Изд. РАН. Серия лит. и яз, 1993. Т. 52 (1).

Лотман Ю. М. Беседы о русской культуре. Быт и традиции русского дворянства (XVIII-начало XIX века) [M]. М.: Азбука, 1994.

Лукин В. А. Концепт истины и слово «истина» в русском языке. (Опыт концептуального анализа рационального и иррационального в языке) [J]. Вопросы языкознания, 1993 (4).

Лыткина О. И. Проблема изучения концепта в современной лингвистике [J]. ЖУРНАЛRhema. Рема, 2009 (1).

Ляпин С. Х. Концептология: к становлению подхода // Концепты. Вып. I [C]. Архангельск, 1997.

Маслова В. А. Когнитивная лингвистика: учеб. пособие [M]. М.: / ТетраСистемс, 2005.

Маслова В. А. Когнитивная лингвистика [M]. М.: Флинта, Наука, 2007.

Маслова В. А. Лингвокультурология [M]. М.: Издательский центр «Академия», 2001.

Матвеева Т. В Полный словарь лингвистических терминов [Z]. М.: Феникс, 2010.

Миронова Н. И. Ассоциативный эксперимент: методы анализа данных и анализ на основе универсальной схемы [J]. Вопросы психолингвистики, 2011 (5).

Морозова Л. А. Терминознание: основы и методы [M]. М.: Прометей, 2004.

Немченко В. Н. Введение в языкознание [M]. М.: Дрофа, 2008.

Павиленис Р. И. Проблема смысла: Современный логико-философский анализ языка [M]. М.: МЫСЛЬ, 1983.

Пименов Е. А., Пименова М. В. Кемерово [M]. М.: ИПК «Графика», 2004.

Пименова М. В., Кондратьева О. Н. Концептуальные исследования. Введение: учебное пособие [M]. М.: Флинта, 2011.

Пименова М. В. Душа и дух: особенности концептуализации [M]. Кемерово, 2004.

Пименова М. В. Коды культуры и проблема классификации концептов [A]. Язык. Текст. Дискурс. Научный альманах [C]. Вып 5. Ставрополь-Пятигорск, 2007.

Пименова М. В. Символы культуры и способы концептуализации внутреннего мира человека (концептуальная метафора дома) // Концепт. Образ. Понятие. Символ [M]. Кемерово: ИПК «Графика», 2004.

Пименова М. В. Типология структурных элементов концептов внутреннего мира (на примере эмоциональных концептов) [J]. Вопросы когнитивной лингвистики, 2004 (1).

Пименова М. В. Типы концептов и этапы концептуального исследования [J]. Вестник Кемеровского государственного университета, 2013 (2).

Пищальникова В. А., Сонин А. Г. Общее языкознание [M]. М.:

Р. Валент, 2017.

Пищальникова В. А., Сорокин Ю. А., Введение в психопоэтику [M]. Барнаул: Изд-во Алт. гос. ун-та, 1993.

Пищальникова В. А. Концептуальный анализ художественного текста. Учебное пособие [M]. Барнаул: Алтайский гос. ун-т, 1991.

Попова З. Д., Стернин И. А. Когнитивная лингвистика [M]. М.: Восток-Запад, 2007.

Попова З. Д., Стернин И. А. Семантико-когнитивный анализ языка [M]. Воронеж: Истоки, 2006.

Попова З. Д. Очерки по когнитивной лингвистике [M]. Воронеж: Истоки, 2001.

Попова Л. В. Моделирование многофункционального словаря терминов когнитивной лингвистики [J]. Наука о человеке: гуманитарные исследования, 2012 (3).

Потебня А. А. Мысль и язык [M]. Киев: СИНТО, 1993.

Прохоров Ю. Е. В поисках концепта [M]. М.: Флинта, Наука, 2008.

Прохоров Ю. Е. Национальные социокультурные стереотипы речевого общения и их роль в обучении русскому языку иностранцев [M]. М.: URSS, 1997.

Рахилина Е. В. О тенденциях в развитии когнитивной семантики [J]. Известия РАН. Серия литературы и языка, 2000 (3).

Рождественский Ю. В. Курс лекций по языкознанию? . М.: ООО «Добросвет», ИКЦ «Академкнига», 2002.

Рытухина Л. В. Нано как ключевое слово эпохи [D]. Саратовская государственная юридическая академия курсовая работа, 2014.

Рябцева Н. К. «Вопрос»: прототипическое значение концепта [A]. Логический анализ языка: Культурные концепты [C]. М.: Наука, 1991.

Самбурова Г. Г. Словарь терминолога: основные понятия и термины теории и практики упорядочения специальной терминологии [A]. Сборники научно-нормативной терминологии [C]. Вып 11. М.: Наука, 1990.

Сенина И. В. К вопросу о разграничении понятий «термин» и «предтермин» (на материале немецкой терминологии в области диалектологии) [J]. Известия Саратовского университета. Серия Филология, 2019.

Словарь лингвистических терминов: Изд. 5-е, испр-е и дополн. Назрань [M]. Изд-во Пилигрим, 2010.

Слышкин Г. Г. Концепт чести в американской и русской культурах (на материале толковых словарей) // Языковая личность: культурные концепты [M]. Волгоград-Архангельск: Перемена, 1996.

Слышкин Г. Г. Лингвокультурные концепты и метаконцепты [D]. Волгоград, 2004.

Слышкин Г. Г. Лингвокультурный концепт как системное образование [J]. Вестник ВГУ. Серия Лингвистика и межкультурная коммуникация, 2004 (1).

Соломоник А. Семиотика и лингвистика [M]. М.: Молодая гвардия, 1995.

Степанов Ю. С. Константы. Словарь русской культуры. Опыт исследования [M]. М.: Языки русской культуры, 1997.

Степанов Ю. С. Слово // Русская словесность. От теории словесности к структуре текста. Антология [Z]. М.: Academia, 1997.

Стернин И. А., Шилихина К. М. Коммуникативные аспекты толерантности [M]. Воронеж, 2001.

Стернин И. А. Когнитивная лингвистика [M]. М.: Восток-Запад, 2007.

Стернин И. А. Коммуникативное и когнитивное сознание. С любовью к языку.［М］. Москва-Воронеж：Федеральное государственное бюджетное учреждение науки Институт языкознания Российской академии наук，2002.

Стернин И. А. Типы значений и концепт // Концептуальное пространство языка：Сб. науч. тр.［C］. Под ред. Проф. Е. С. Кубряковой. Тамбов：Изд-во ТГУ им. Г. Р. Державина，2005.

Суперанская А. В.，Подольская Н. В.，Васильева Н. В. Общая терминология. Вопросы теории［М］. М.：Наука，1989.

Суханова Т. В. Концепт как базовое понятие когнитивной лингвистики［J］. Актуальные вопросы современной филологии и журналистики，2008（4）.

Тавдгиридзе Л. А. Любовь Альбертовна Концепт "Русский язык" в русском языковом сознании［D］. Воронеж，2005.

Телия В. Н. Русская фразеология. Семантический，прагматический и лингвокультурологический аспекты［М］. М.：Языки русской культуры，1996.

Тихонова С. А. Концепты зло ievil в российской и американской политической картине мира. Дис⋯ канд. фил. Наук［D］. Омск，2006.

Урысон Е. В. Мысль，идея // Новый объяснительный словарь синонимов русского языка［Z］. М.：Языки славянской культуры，1997.

Ушакова Т. Н. Функциональные структуры 2-й сигнальной системы. Психофизиологические механизмы речи［М］. М.：Наука，1979.

Фомин А. Г. Языковое сознание как имманентно присущий признак гендерной языковой личности［J］. Ползуновский вестник Барнаул：АлтГТУ им. И. И. Ползунова，2003.

Фомин Т. Д. Динамика концепта в политическом дискурсе（на примере выступлений Дж. Буша и Т. Блэра, посвященных второй военной кампании в Ираке): дис. ⋯ канд. филол. Наук [D]. М., 2006.

Фомина М. Д. Анализ структурно-грамматических особенностей научных терминов: метод. рекомендации [M]. М.: РУДН, 1983.

Чанышев А. Н. Курс лекций по древней философии: Учеб. пособие для филос. фак. и отделений ун-тов [M]. М.: Высшая школа, 1981.

Чернёнко Л. О. Лингвофилософский анализ абстрактного имени [M]. М.: Либроком, 1997.

Шахмайкина Ю. А. Термин // Новая Российская энциклопедия. ТXVI (1) [Z]. М.: Энциклопедия, 2016.

Шведова Н. Ю. Выходные данные [M]. М.: Яз. славян. культуры, 2005.

Швырев В. С. Теоретическое эмпирическое в научном познании [M]. М.: Наука, 1978.

Шейгал Е. И. Семиотика политического дискурса [M]. Волгоград: Перемена, 2004.

Шелов С. Д. Об определении лингвистических терминов опыт типологии и интерпретации [J]. Вопросы языкознания, 1990 (3).

Шулежкова С. Г История лингвистических учений: [M]. М.: Флинта, 2017.

Энновьева Е. И. Понятие «концепт» в отечественном языкознании: основные подходы и направления исследования [J]. Вестник санкт-перербурского университета. Сер 2. Языкознания, 2003 (2).

[美] 舒尔茨:《现代心理学史》, 叶浩生、杨文登译, 中国轻工业出版社2014年版。

《逻辑学辞典》编辑委员会:《逻辑学辞典》, 吉林人民出版社1993年版。

《毛泽东选集》，人民出版社 1991 年版。

《普通逻辑》编写组：《普通逻辑》（增订本），上海人民出版社 1993 年版。

车文博：《当代西方心理学词典》，吉林人民出版社 2001 年版。

车文博：《心理咨询大百科全书》，浙江科学技术出版社 2001 年版。

陈楚翔：《术语·术语学·术语词典》，刘青，《中国术语学研究与探索》，商务印书馆 2010 年版。

陈福国：《实用认知心理治疗学》，上海人民出版社 2012 年版。

陈雪：《认知术语学核心术语》，博士学位论文，黑龙江大学，2014 年。

陈原：《当代术语学在科学技术现代化过程中的作用和意义》，《中国科技术语》1985 年第 1 期。

辞海编辑委员会：《辞海》（第六版），上海辞书出版社 2010 年版。

辞海编辑委员会：《辞海》，上海辞书出版社 1999 年版。

丁煌：《科学方法辞典》，延边大学出版社 1992 年版。

董桂平：《现代汉语义类词典分类体系考察与研究》，硕士学位论文，鲁东大学，2012 年。

杜桂枝：《论语言意识》，《中国俄语教学》2006 年第 4 期。

冯志伟：《术语学中的概念系统与知识本体》，《术语标准化与信息技术》2006 年第 1 期。

冯志伟：《现代术语学引论》，商务印书馆 2011 年版。

冯志伟：《现代术语学引论》，商务印书馆 2011 年版。

冯志伟：《中国术语学的八大特点》，《中国科技术语》2019 年第 2 期。

龚学胜：《当代汉语词典》，商务印书馆 2004 年版。

桂诗春：《认知和语言》，《外语教学与研究》1991 年第 3 期。

海森伯：《物理学与哲学》，商务印书馆 1999 年版。

侯国金：《语言学百问和硕博指南》，四川大学出版社 2009 年版。

华邵：《语言经纬》，商务印书馆 2003 年版。

贾彦德：《汉语语义学》，北京大学出版社 1999 年版。

姜雅明：《对"концепт"的解读与分析》，《中国俄语教学》2007 年第 1 期。

金岳霖：《形式逻辑》，人民出版社 1979 年版。

句云生：《术业专攻——俄罗斯认知术语学》，《中国社会科学报》2019 年 4 月 2 日。

李广文、师庆新：《体能研究：概念、范畴、历史与发展》，《德州学院学报》2019 年第 6 期。

李靖丝：《中学生认知训练》，吉林人民出版社 2012 年版。

李盛平：《新学科新知识词典》，中国国际广播出版社 1989 年版。

李晓茜、贺善侃：《中西方语言的差异对科学认知的影响》，《东华大学学报》（社会科学版）2009 年第 1 期。

梁爱林：《从术语的价值看术语工作（一）》，《中国科技术语》2009 年第 2 期。

梁爱林：《论认知术语学的理论基础及其应用》，《术语标准化与信息技术》2009 年第 1 期。

梁爱林：《术语学概念研究的再思考》，《中国科技术语》2020 年第 1 期。

梁爱林：《术语学研究中关于概念的定义问题》，《术语标准化与信息技术化》2005 年第 2 期。

梁宁建：《当代认知心理学》，上海教育出版社 2003 年版。

刘宏：《俄语语言文化与跨文化交际》，外语教学与研究出版社 2018 年版。

刘青：《中国术语学研究与探索》，商务印书馆 2010 年版。

刘希平：《心理学关键词》，北京师范大学出版社 2007 年版。

楼金珍：《作文教学中的创新思维》，《语文教学与研究》2006 年第 1 期。

卢乐山：《中国女性百科全书》，东北大学出版社 1995 年版。

倪荫林：《关于概念的新定义及其逻辑学意义》，《社会科学辑刊》1998

年第 6 期。

牛曼卿：《概念是事物的反映》，《九江师专学报》（哲学社会科学版）1988 年第 3 期。

潘书祥：《关于加强我国术语学建设的几点思考》，《科技术语研究》2005 年第 1 期。

彭聃龄：《普通心理学》，北京师范大学出版社 2010 年版。

彭玉海：《刍议文化概念分析》，《外国语言文学》2017 年第 3 期。

彭玉海等：《谈俄罗斯民族主干文化概念》，《俄罗斯语言文学与文化研究》2014 年第 2 期。

钱冠连：《论语言哲学的基本元素〈语言哲学精典原著系列〉总序》，《外国语文》2010 年第 6 期。

束定芳：《隐喻学研究》，上海外语教育出版社 2015 年版。

司文会：《符号·文学·文化：罗兰·巴尔特符号学思想研究》，中国书籍出版社 2016 年版。

宋洪英：《语言文化学视野下的定型研究》，河南大学出版社 2011 年版。

隋然：《语言认知理论研究中的概念现象问题》，《外语学刊》2004 年第 4 期。

孙淑芳：《言语行为理论中若干术语的阐释》，《外语学刊》2002 年第 3 期。

王馥芳：《认知语言学核心术语面临挑战》，《中国社会科学报》2015 年 3 月 9 日第 A07 版。

王国维：《王国维文集》，中国文史出版社 1997 年版。

王建莉：《〈尔雅〉同义词考论》，博士学位论文，浙江大学，2004 年。

王强：《中国古代名物学初论》，《扬州大学学报》（人文社会科学版）2004 年第 6 期。

王松泉：《简明学习方法词典》，辽宁大学出版社 1992 年版。

王寅：《认知语言学》，上海外语教育出版社 2007 年版。

文旭：《语言的认知基础》，科学出版社 2014 年版。

文旭等：《认知语言学：反思与展望》，《中国社会科学评价》2018 年第 3 期。

吴丽坤：《20 世纪 90 年代俄罗斯术语学研究概况》，《科技术语研究》2001 年第 3 期。

吴丽坤：《术语学的研究对象、宗旨和任务》，《中国科技术语》2007 年第 1 期。

伍铁平：《普通语言学概要》，高等教育出版社 2006 年版。

杨明天：《观念的对比分析》，上海译文出版社 2009 年版。

杨治良、郝兴昌：《心理学辞典》，上海世纪出版股份有限公司辞书出版社 2016 年版。

叶蜚声：《汉语术语的合格性》，《中国科技术语》1991 年第 1 期。

叶蜚声：《雷科夫、菲尔莫教授谈美国语言学问题》，《国外语言学问题》1982 年第 2 期。

叶其松：《术语研究关键词》，黑龙江大学出版社 2016 年版。

张春泉：《术语的认知语义研究》，武汉大学出版社 2017 年版。

张春泉：《王国维的术语学思想》，《长沙理工大学学报》（社会科学版）2010 年第 1 期。

张辉、祝良：《认知语言学概述》，《外语研究》1999 年第 2 期。

张家骅：《新时代俄语通论上》，商务印书馆 2011 年版。

张履祥、葛明贵：《普通心理学》，安徽大学出版社 2004 年版。

张奇：《学习理论》，湖北教育出版社 1999 年版。

张秀萍：《认知语言学理论视角下英语教学新向度研究》，中国商务出版社 2017 年版。

张媛媛、雷安乐、王丹丹：《英语词汇教学与词汇学习研究》，中国商务出版社 2018 年版。

赵爱国：《语言世界图景理论及其研究》，《外语与外语教学》2004 年第 11 期。

赵爱国：《语言文化学方法论》，《外语与教学》2007 年第 11 期。

赵秋野：《语言意识核心词研究综述》，《解放军外国语学院学报》2008年第1期。

赵艳芳：《认知的发展与隐喻》，《外语与外语教学（大连外国语学院学报）》1998年第10期。

赵艳芳：《认知语言学》，上海外语教育出版社2001年版。

郑述普：《俄罗斯当代术语学》，商务印书馆2005年版。

郑述谱：《跨学科性：术语研究的内在属性》，《中国社会科学报》2012年4月2日。

中国人民大学哲学系逻辑室：《形式逻辑》，中国人民大学出版社1984年版。

中国社会科学院语言研究所词典编辑室编：《现代汉语词典》（第六版），商务印书馆2016年版。

附 录

附录 1　　　认知语言学主要术语对照表

背景	фон
场	поле
范畴	категория
范畴化	категоризация
概念	концепт
概念分析法	метод концептуального анализа
概念化	концептуализация
概念系统	концептуальная система
概念域	концептсфера
格式塔	гештальт
脚本	сценарий
具身认知形象	конкретно-чуственный образ
科学认知	научная когниция
框架	фрейм
联想	ассоциация
联想实验	ассоциативный эксперимент
联想实验法	метод ассоциативного эксперимента
民族特征	национальная специфика

续表

背景	фон
命题	пропозиция
前景	фигура
人本主义	антропоцентризм
认知加工	когнитивная обработка
认知科学	когнитивная наука
认知模型	когнитивная модель
认知心理学	когнитивная психология
认知语言学	когнитивная лингвистика
日常认知	обыденная когниция
图式	схема
意识	сознание
语言意识	языковое сознание
语义微分法	метод семантического дифференциала
域	домен
原型	прототип

附录 2　　俄语、英语人名译名对照表

Абдулфанова А.	阿布杜尔法诺娃
Анюшкин Е. А.	阿纽什金
Алексеева	阿列克谢耶娃
Алефиренко Н. Ф.	阿列甫连科
Аскольдов С. А.	阿斯科里多夫
Арутюнова Н. Д.	阿鲁玖诺娃
Апресян Ю. Д.	阿普列相
Арапова О. А.	阿拉波娃

续表

Агаркова Н. Э.	阿加尔科娃
Абыякая О. В.	阿贝亚卡娅
Агиенко М. И.	阿吉延科
Адонина Л. В.	阿多尼娜
Болдырев Н. Н.	博尔德列夫
Бабушкин А. П.	巴布什金
Балашова Е. Ю.	巴拉绍娃
Булыгина Т. В.	布雷金娜
Быков Г. В.	贝科夫
Баранов А. Н.	巴拉诺夫
Бабина Л. В.	巴宾娜
Бабенко Л. Г.	巴别恩科
Бусурина Е. В.	布苏莉娜
Бабаева Е. В.	巴巴耶娃
Бондарева Е. П.	邦达列娃
Бадмаева Т. И.	巴德玛耶娃
Бутенко Е. Ю.	布腾科
Бочарова Е. Н.	巴恰罗娃
Бойченко А. Г.	白琴科
Болдырев Н. Н.	波尔德列夫
Борискина О. О.	波利斯金娜
Богородицкий В. А.	博戈罗基茨基
Бондарко А. В.	邦达尔科
Баринова И. А.	巴利诺娃
Бескоровайная И. Г.	别斯科罗瓦伊娜娅
Белянин В. П.	别利亚宁
Ведерникова Ю. В.	韦杰尔尼科娃

续表

Виногур Г. О.	维诺库尔
Выготский Л. С.	维果茨基
Воркачев С. Г.	沃尔卡乔夫
Воробьёв В. В.	沃罗比约夫
Верещагин Е. М.	维列夏金
Виноградов В. А.	维诺格拉多夫
Вежбицкая А.	韦日彼此卡娅
Вильмс Л. Е.	维尔米斯
Веселова Р. И.	韦谢洛娃
Востоков А. Х.	沃斯托克夫
Винокур Г. О.	维诺库尔
В. Вундт	冯特
Валерьевна М. В.	瓦列利耶芙娜
Герасимов В. И.	格拉西莫夫
Гиздатов Г. Г.	吉兹达托夫
Головин Б. Н.	戈洛温
Герд А. С.	盖德
Голованова Е. И.	戈洛万诺娃
Горелов И. Н.	戈列洛夫
Гайсина Р. М.	盖西纳
Гоннова Т. В.	贡诺娃
Грабарова Э. В.	格拉巴罗娃
Григорьева Т. М.	格里高利耶娃
Гершанова А. Ф.	格尔沙诺娃
Горбачева Е. Н	戈尔巴乔娃
Гуняшова Г. А.	古尼亚朔娃
Григоренко Н. В.	格里戈伦科

续表

Глушкова Т. С.	格鲁什卡娃
Горошко Е. И.	戈罗什科
Грищук Е. И.	格里修克
Демьянков В. З.	杰米扬科夫
Дюба Е. В.	玖芭
Даниленко В. П.	达尼连科
Димитрова Е. В.	德米特罗娃
Дорофеева Н. В.	多罗费耶娃
Дженкова Е. А.	杰恩科娃
Дударева З. М.	杜达列娃
Долгова И. А.	多尔戈娃
Дридзе Т. М.	德里泽
Евтушенко Е. Н.	叶甫图申科
Ефимова Н. Н.	叶菲莫娃
Елохова Г. В.	耶罗霍娃
Ермолаева Е. Н.	耶尔莫拉耶娃
Ейгер Г. В	叶伊戈尔
Евсеева О. В.	叶甫谢耶娃
Залевская А. А.	扎列夫斯卡娅
Зиновьева Е. И.	季诺维耶夫娜
Зубкова Я. В.	祖布科娃
Зайкина С. В.	扎伊金娜
Змиева И. В.	兹米耶娃
Зацепина Е. А.	扎采皮娜
Земская Е. А.	泽姆斯卡娅
Зимняя И. А.	齐姆尼娅娅
Иванов С. З.	伊万诺夫

续表

Нестерова Н. М.	涅斯杰罗娃
Ипполитов О. О.	伊波利托夫
Ипанова О. А.	伊帕诺娃
Игнатова Е. М.	伊戈纳托娃
Колесов В. В.	科列索夫
Куликова И. С.	库利科娃
Кибрик А. А.	吉布里克
Кравченко А. В.	克拉甫琴科
Кобрин Р. Ю.	科布林
Карасик В. И.	卡拉西克
Красных В. В.	克拉斯内赫
Костин А. В.	科斯京
Костомаров В. Г.	科斯托马罗夫
Кубрякова Е. С.	库布里雅科娃
Караулов Ю. Н.	卡拉乌洛夫
Комарова З. И.	科马罗娃
Кубрякова Е. С.	库博里亚科娃
Колесов В. В.	科列索夫
Катаева Н. М.	卡塔耶娃
Кондратьева О. Н.	康德拉季耶娃
Козина Н. О.	科金娜
Контримович А. А.	科恩特里莫维奇
Кусов Г. В.	库索夫
Кузнецова Л. Э.	库兹涅佐娃
Крюков А. В.	克留科夫
Кожанов Д. А.	科扎诺夫
Керимов Р. Д.	克里莫夫

续表

Катуков С. С.	卡图科夫
Крылов Ю. В.	克雷洛夫
Кошманова О. В.	科什马诺娃
Корогодина И. В.	科罗戈基娜
Калюжная И. А.	卡留施娜娅
Крячко В. Б.	科里亚奇科
Кирияк О. А.	基里雅克
Киреева Н. В.	基列耶娃
Крючкова Н. В.	克留奇科娃
Кобозева И. М.	科波斯娃
Кретовый А. А.	克列托维
Клименко А. П.	克利梅恩科
Костинская О. С.	科斯京斯卡娅
Лурия А. Р.	卢利亚
Леонтьев А. А.	列昂季耶夫
Лихачев Д. С.	利哈乔夫
Ляпин С. Х.	利亚平
Лукашевич Е. В.	卢卡舍维奇
Лебедева И. Л.	列别杰娃
Лунёва Т. В.	卢尼奥娃
Маслова В. А.	玛斯洛娃
Михальчук И. П.	米哈里秋克
Макович Г. В.	马科维奇
Мещерякова Ю. В.	梅谢里亚科娃
Милованова Г. Н.	米洛瓦诺娃
Моспанова Н. Ю.	莫斯帕诺娃
Мошина Е. А.	莫什娜

续表

Майоренко И. А.	玛伊奥连科
Малинович М. В.	马利诺维奇
Молоткова А. И.	莫洛特科娃
Мирошниченко Л. М.	米罗什尼琴科
Миронец Е. С.	米罗涅茨
Медведева Д. И.	梅特韦杰娃
Мержоева З. С.	梅尔若耶娃
Мельников А. А.	梅利尼科夫
Дж. Миллер	米勒
Миронова Н. И.	米罗诺娃
Махнин П. Н.	马赫宁
Новодранова	诺瓦德兰诺娃
Нерознак В. П.	聂罗兹那克
Неровная Н. А.	涅罗夫娜娅
Некора Н. Е.	涅科拉
Никитина С. Е.	尼基金娜
Нистратов А. А.	尼斯特拉托夫
Никуличева Д. Б.	尼库莉切娃
Осгуд Ч.	奥斯古德
Осипова А. Г.	奥西波娃
Орлова О. Г.	奥尔洛娃
Осипова А. А.	奥西波娃
Овчинникова И. Г.	奥弗齐尼科娃
Павлов И. П.	巴甫洛夫
Попова Л. В.	波波娃
Панкрац Ю. Т.	潘克拉茨
Потебня А. А.	波特布尼亚

续表

Павилёнис Р. И.	帕维廖尼斯
Пищальникова	皮夏利尼科娃
Прохоров Ю. Е.	普罗霍洛夫
Пименова М. В.	皮梅诺娃
Палашевская И. В.	帕拉舍夫斯卡娅
Панченко Н. Н.	潘琴科
Прохвачева О. Г.	普罗霍瓦切娃
Полиниченко Д. Ю.	波利尼琴科
Паскова Н. А.	帕斯克娃
Петелина Ю. Н.	佩杰丽娜
Полина А. В.	波琳娜
Передриенко Т. Ю.	佩列德利耶恩科
Подзолкова Н. В.	波德佐维科娃
Прищепенко М. В.	普里谢佩恩科
Палеха Е. С.	帕列哈
Панина Т. Г.	潘妮娜
Плавинская В. С.	普拉温斯卡娅
Потебня А. А.	波铁布尼亚
Песина С. А.	佩西娜
Реформатский А. А.	列法尔马茨基
Рахилина Е. В.	拉希莉娜
Рабенко Т. Г.	拉别恩科
Рябцева Н. К.	里亚布彩娃
Рудакова А. В.	鲁达科娃
Рухленко Н. Н.	鲁赫连科
Растатуева С. Г.	拉斯塔图耶娃
Радван В. М.	拉德万

续表

Рубинштейн С. Л.	鲁宾斯坦
Рождественский Ю. В.	罗日杰斯特温斯基
Стернин И. А.	斯捷尔宁
Скребцова Т. Г.	斯科列布措娃
Соколов Е. Н.	索科洛夫
Суперанская А. В.	苏佩兰斯卡娅
Сеченов И. М.	谢切诺夫
Себеок Т.	西贝奥克
Степанов Ю. С.	斯捷潘诺夫
Слышкин Г. Г.	斯雷什金
Сахно С. Л.	萨赫诺
Соссюр Ф.	索绪尔
Солохина А. С.	索洛希娜
Сергеева Н. М.	谢尔盖耶娃
Сергеева Е. Н.	谢尔盖耶娃
Сергеев С. А.	谢尔盖耶夫
Смотрова Т. Г.	斯莫特罗娃
Соловьева Ю. Г.	索洛维耶娃
Свистунова Н. И.	斯维斯图诺娃
Садыкова М. А.	萨特科娃
Сайко О. А.	萨依柯
Стешина Е. Г.	思杰什娜
Сорокин Ю. С.	索罗金
Сонин А. Г.	索宁
Татаринов	塔塔里诺夫
Телия В. Н.	杰莉娅
Ткочева Л. Б.	特卡乔娃

续表

Токарев Г. В.	托卡列夫
Топорова В. М.	托波罗娃
Тихонова С. А.	吉洪诺娃
Трущинская А. С.	特鲁辛斯卡娅
Тарасов Е. Ф.	塔拉索夫
Телешева С. В.	捷列舍娃
Усачева А. Н.	乌萨切娃
Урусова О. А.	乌鲁索娃
Уфимцева Н. В.	乌费姆采娃
Ушакова Т. Н.	乌沙科娃
Фархутдинова Ф. Ф.	法尔胡特金诺娃
Фуре Л. А.	弗列
Фреге	弗雷格
Федотова Н. С.	费多托娃
Филиппова М. А.	菲利波娃
Федянина Л. И.	费佳尼娜
Фомин А. Г.	福明
Хайдеггер М.	海德格尔
Хизова М. А.	希佐娃
Хохлов Д. В.	霍赫罗夫
Чудинов А. П.	邱吉诺夫
Чернейко Л. О.	切尔聂伊科
Черкасова И. П.	切尔卡瑟娃
Чесноков И. И	切斯诺科夫
Чайковская Н. Ю.	柴科夫斯卡亚
Черкасова Е. Н.	切尔卡索娃
Шеляховская Л. А.	舍里娅霍夫斯卡娅

续表

Шкатова Л. А.	什卡托娃
Шелов С. Д.	舍洛夫
Шмелев А. Д.	施梅廖夫
Шпет Г. Г.	施佩特
Шахматов А. А.	沙赫马托夫
Шведова Н. Ю.	施维多娃
Шемарова В. А.	舍马罗娃
Шевченко И. С.	舍甫琴柯
Шаманова	沙马诺娃
Щерба Л. В.	谢尔巴
Юрков Е. Е.	尤尔科夫
Яковлев А. А.	亚科夫列夫
Charles bally	查尔斯·巴利
Fillmore	菲尔莫尔
Givon T.	吉冯
Galton F.	高尔顿
Hume D.	休姆
Ipsen G.	伊普森
Pierce C.	皮尔斯
Rosch E.	罗斯
Trier J.	特里尔
William Labov	威廉·拉波夫
William James	威廉·詹姆士
Ward J.	沃德

致　　谢

　　本书以本人博士学位论文为基础，笔者对文稿进行了一定修改和增补。在付梓之际，心内万分欢喜。千言万语汇成两个字：感谢。

　　一谢父母。要感谢我的父母。子成人父，方解油盐非易事。女为人母，才知酱醋味千般。父母生我，养我，教我做人，让我求学。三十几年的付出，亦是你们生活的全部。我从未让你们为傲，你们却视我为宝，以一生无尽无所求的爱哺育着我。

　　二谢老师。桃李不言，下自成蹊。感谢我的博士导师吴丽坤教授对我的教育培养。她善良大度、学识渊博，带我走上了术语学的学术殿堂，让我从入学时的一无所知到对术语学充满热情与向往。导师不辞辛苦指导我的论文写作，从标点符号改起，对学术认真对待，一丝不苟，让我十分感动和佩服。感谢我的博士后协作导师于文秀教授，导师仁心大爱，聪明睿智，学富五车，为我的成长提供了源源不断的支持。我还要感谢黑龙江大学张家骅教授、邓军教授、薛恩奎教授、孙淑芳教授、何文丽教授、彭玉海教授、黄东晶教授、叶其松教授、靳铭吉研究员、贾旭杰教授、张春新副研究员、刘伟副图书馆员等恩师对我的悉心教导，感谢解放军信息工程大学易绵竹教授、哈尔滨师范大学张志军教授、张金忠教授、东北师范大学高国翠教授、北京外国语大学蔡晖教授、江苏师范大学林春泽教授、俄罗斯科学院乌费姆采娃教授、塔拉索夫教授、俄罗斯人民友谊大学丘尔金娜教授、莫斯科国立语言大学皮夏利尼科娃教授等在本书撰写过程中给我提出的宝贵建议和材料。他们教我技能，传我知识，授我道理，照亮了我俄语教学与研究的路。

致 谢

  三谢妻子。感谢我的妻子对我学业和事业的支持。同声自相应，同心自相知。她陪我从油城走到冰城，从冰城到京城，从京城到莫斯科城，一路波折，不离不弃。

  四谢女儿。感恩女儿的到来，让我的生活平添了无数美好，让我燃起战胜一切的斗志。借用唐代诗人韦庄《与小女》的句子：见人初解语呕哑，不肯归眠恋小车，一夜娇啼缘底事，为嫌衣少缕金华。这六年为父付出甘之如饴，所得归于欢喜。余有明珠一颗，照破青山花朵。

  五谢自己。过尽千帆，努力不减。纵使卧在病榻仍坚持做学问。二十几年求学艰辛难表，多年问道，终于略有所成。

  每当黎明的太阳升起，美好的一天复又开始。生活就像减法，每一页撕去，都不可以重来。珍惜每一天，珍惜拼搏的自己。经过千般磨难，用汗水换来今天的成果。行文至此，思绪万千。鲜衣怒马，不负韶华，余将笔耕不辍为人生开启新篇章。